Inhalt

Miron Białoszewski **Die Sonne und ich** S. 3
Esther Kinsky **Die Verwortung der Welt** S. 7
Miron Białoszewski **Warschau,
das alte Leben** S. 11

„EINE PILGERFAHRT, EIN DING IN VERSEN ..." –
Clarel, Herman Melvilles großer Versroman

Herman Melville **Clarel** *Gedicht und Pilgerreise ins Heilige Land.
Stationen, Lotungen, Begängnisse*
Deutsch und mit Anmerkungen von Rainer G. Schmidt S. 33
Alexander Pechmann **„Eine Pilgerfahrt, ein Ding
in Versen ..."** *Herman Melvilles „Clarel"* S. 95

DER FASCHISMUS DES HERZENS –
William H. Gass' Roman *The Tunnel*

Ingo Schulze **Toast oder Popcorn?**
*Ein verworfener Spickzettel für eine Rede zum 80. Geburtstag
von William H. Gass* S. 103
William H. Gass **Der Faschismus des Herzens**
aus: „Der Tunnel" S. 106
Heide Ziegler **William H. Gass: der Übersetzer Deutschlands**
(im Namen von Goethe, Hölderlin und Rilke) S. 122
William H. Gass **Emma betritt einen Satz
von Elizabeth Bishop** *englisch, französisch, deutsch* S. 131

EIN BEWOHNER VON ZWISCHENWELTEN –
Wolli Köhler und Arnfrid Astel sprechen über Hubert Fichte

Jan-Frederik Bandel / Gerd Schäfer **Ein Bewohner
von Zwischenwelten** *Vorbemerkung* S. 143
Wolli Köhler im Gespräch mit Jan-Frederik Bandel
über St. Pauli, Hubert Fichte, Norbert Grupe, den Prinz von Homburg,
Wolli Indienfahrer, Wolf Wondratschek und Fritz J. Raddatz S. 145
Arnfrid Astel im Gespräch mit Gerd Schäfer
über Archilochos, Sappho, Martial, Empedokles, Ezra Pound
und Hubert Fichte S. 171

Autoren S. 189

*Übergeben Sie bitte Kisten 2&3 („Clarel")
mit zweihundertvierundzwanzig Exemplaren auf meine Rechnung
der Papiermühle.*

Herman Melville, 27. März 1879, in einem Brief
an G. P. Putnam's & Sons

Impressum

Schreibheft, Zeitschrift für Literatur, **Nr. 63**, Oktober 2004
Herausgegeben von Norbert Wehr

Schreibheft erscheint zweimal jährlich
im Rigodon-Verlag, Nieberdingstr. 18, D - 45147 Essen, Tel.: 0201-778111, Fax: 0201-775174
Internet: www.schreibheft.de, E-Mail: schreibheft@netcologne.de
ISBN 3-924071-19-5, ISSN 0174-2132

Bankverbindungen:
SEB Bank AG Essen, Konto-Nr. 1 206 309 700 (BLZ 360 101 11)
Postbank NL Essen, Norbert Wehr, Schreibheft, Konto-Nr. 3303 12 - 435 (BLZ 360 100 43)

Redaktion: Hermann Wallmann und Norbert Wehr
Co-Lektorat: Katharina Narbutovič
Umschlag: Barbara Thoben und Norbert Wehr
Druck: Fuldaer Verlagsanstalt, Fulda

© für die einzelnen Beiträge bei den Autoren und Übersetzern
© für dieses Heft beim Herausgeber

Wir freuen uns über unverlangt eingesandte Manuskripte, können jedoch weder für sie haften
noch in jedem Falle Korrespondenz führen.
Manuskripte werden nur zurückgeschickt, wenn ihnen entsprechendes Porto beiliegt.

Einzelverkaufspreis: 10,50 €
Abonnement (4 Hefte): 29,00 € zuzgl. Versandspesen
(Inland 6,00 €; Ausland 10,50 €)

Rat und Tat: Alida Bremer, Annette Brockhoff, Roland Buhles, Eliza und Friederike Dobisch, Simone Giesen,
Peter Hamm, Ulrike Janssen, Barbara Moeller, Magdalena Platzová, Klaus Sander, Ingo Schulze, Hildegard Steimer,
Hans Thill, Barbara Thoben, Walsa, Veronika Zapp und Heide Ziegler

Dank für Unterstützung gilt dem Deutschen Literaturfonds e.V., Darmstadt
und der G.D. Baedeker Stiftung, Essen

Auf dem Umschlag: Herman Melville, ca. 1870, am Beginn der Arbeit an *Clarel*

Miron Białoszewski
Die Sonne und ich

DIE SONNE UND ICH

Ich flog auf
ins wilde Land mit der Weichsel,
schon schliefen die mit den Flügeln
und die Hunde und zwei Autos
zwischen Weidenbäumen wie Palmen,
dann flüchtete ich vor dem Morgen,
noch rechtzeitig,
aus dem Fenster erst sah ich's,
der Tag
stand auf, weich, warm
in einem Kokon aus Wolken, Nebelschleiern
unten rosa angehaucht
sonntagsartig

30. JULI NACHTS

Warm. Reglos.
Wieder bin ich runtergefahren. Ging
in die Chamower Sträßchen
zwischen Zwillingshäusern
Hochhäusern
Unkräutern.
So viele Unkräuter, jemineh,
und immer gleich
ganze Plätze davon, Straßen,
mehr als mannshoch
und sie wachsen noch weiter.

Ich komme zum Flughafendamm.
Dunkel, am Fuße ein Dorf,
Hunde jagen davon.
Ein Kreuz – ich lese:
„Den für das Vaterland
Gefallenen
in der Schlacht gegen die Schweden
am 28., 29. und 30. Juli
1656"

In diesem Hinterwald.

Genau jetzt war's zu Ende.
Vor 319 Jahren.
Na so was.

Ich gehe weiter, hinter dem Damm hinunter,
Grünzeug und Gelb, das Wasser schimmert.
Ist das Wasser?
Es steht überall, steht, schon
sind die Bäume im Wasser,
ich schaue hin, wo ich stehe,
und ich stehe
mit den Bäumen auf der Weichsel.

PAPPELN, DAS WASSER SCHIMMERT, LOCKT

Ich gehe aus   Nacht   warm
unten Unkräuter
schwellend.
Chamowisch.

Ich komme zur Brücke. Bleibe stehen
und drehe mich um –
überall Fülle.
Von oben kommen sie herab, von der Marszałkowska
die Autos,
sechsspurig
und zurück
klimmt die große Stadt hinauf.
Ein Stern – der Mond
hängt
grochowisch,
zur Hälfte,
und türkisch
nach Sobieski.
Gras wächst
durch Siekierki
nach Konstantinopel

Es verschiebt sich
versternt

Das kleine Fenster.
Verharren.

Tiefen drehen sich umeinander.

Die Nacht
schwenkt zurück

Morgen

die Erde dampft.

Formt sich.
Bäume.
Noch gibt es keine Tiere.

EIN BISSCHEN SPÄTER

Luft an den Blocks
Blocks an der Luft
hellblau
an den Bäumen
und an sich
alles hellblau.

Das ist rechts.

Und links
Nebel und Nebel und
das Morgenrot ist herbeigeflogen
und hat gefruchtet

Der Tag hat sich ausgeglichen
nach allen Seiten
umnebelt
in taubenviolett
Tauben springen
unter Flattern in die Tiefe.
Streifen. Was für Weichseln?
Ausblicke durchschneiden
kreuzen sich.

Auf meiner hohen Wohnung
auf diesem meinem Leuchtturm
und auf mir darin
blasses Grau
kündigt sich dort an und von dort
winken sie mir
frühestens, früher, früh
das Helldunkel,
eins und
zwei und
die Sonne   in Schwung
und ich
und die Menschen

Auch im Nebel kann man sich sehen
ganz im Hintergrund
von sich selbst

Steeehnbleiben!
Die Unruhe herauslassen.
Ruhig stehen.
Ruhig stehen.
In sich stehen.

DIE SELIGE UNRUHE HEREINLASSEN

Und jetzt kann man tanzen und stehen,
sich biegen und wiegen
wie die mit Blättern
wie die mit Flügeln.

**Den ganzen Tag
lebt die Sonne hier**
und der Schatten.

Und ich.

Aus dem Polnischen von Esther Kinsky

Esther Kinsky
Die Verwortung der Welt
Miron Białoszewski

Miron Białoszewski wurde am 30. Juni 1922 in Warschau geboren. Seine Familie gehörte zum alteingesessenen Warschauer Handwerker-Milieu. Die bescheidenen Verhältnisse, in denen er aufwuchs, beschreibt er in „Das alte Leben". Sein Großvater war Tischler, die Mutter Schneiderin, der Vater arbeitete hier und da, schließlich als kleiner Beamter in einem Ministerium.

Als die Deutschen in Warschau einmarschierten, war Białoszewski 17 Jahre alt. Die Erfahrung von Krieg, Okkupation und Widerstand sowie schließlich im August 1944 – nach fünf Jahren der Besatzung – des Warschauer Aufstands (nicht zu verwechseln mit dem tragischen Aufstand im Warschauer Ghetto, der 15 Monate zuvor stattgefunden hatte) waren prägend für sein ganzes Leben.

1942 debütierte Białoszewski als Lyriker, nach dem Krieg arbeitete er kurze Zeit als Journalist, bis er aus politischen Gründen seine Stellung verlor. 1955 gründete er mit zwei Freunden ein experimentelles Zimmertheater in seiner Wohnung an der Tarczynska-Straße, in dem seine Stücke und Improvisationen aufgeführt wurden. Er war ein bewußter Außenseiter im literarischen Milieu, hielt sich von jeder politisch oder ästhetisch definierten Gruppierung fern.

Ende der sechziger Jahre schrieb er das Buch, das ihn in Polen mit einem Schlag zu einer umstrittenen Berühmtheit machte, *Nur das was war, Erinnerungen aus dem Warschauer Aufstand,* ein Text, der sowohl stilistisch als auch inhaltlich in der Behandlung des Themas mit allen Konventionen in Polen brach. Es ging nicht um Helden, um Opfer- und Tätertum, um irgendeine Form von Wertung, das ganze Buch liest sich, als wäre es spontan, ungefärbt und ungeordnet erzählt, die Betrachtungen eines Außenstehenden, der dem Geschehen zusieht und allem, was er erblickt, die gleiche Bedeutung beimißt, ohne jemals gefühllos oder zynisch zu werden.

Białoszewski war jede Form von Pathos und schönfärberischem Patriotismus ebenso fremd wie die Ästhetisierung von Erfahrung. „Ich schreibe das Leben", war das, was er über seine Texte zu sagen hatte, in denen alles gleich wichtig ist, ob es sich um einen kurzen auf der Straße aufgeschnappten Dialog oder um metaphysische Überlegungen handelt, um ein zerschlissenes Wischtuch auf dem Balkon seiner Nachbarin oder um eine Bachkantate, um die traumatischen Erinnerungen an den Warschauer Aufstand, seine Erfahrungen auf der kardiologischen Intensivstation oder einen vorsichtigen, tastenden Vorstoß auf den verwilderten jüdischen Friedhof.

Białoszewskis ganzes Schaffen kreist um die möglichst unmittelbare, unvermittelte, von keiner vorgegebenen Form oder Kategorie beeinflußte „Verwortung" der Welt. Er schrieb das Leben, und sein Leben war Schreiben. Białoszewskis dichterische Kompromißlosigkeit machte ihn zum Außenseiter, aber auch zur Kultfigur in Polen – doch ungeachtet seiner vielen Bewunderer bildete sich in der eher konservativen, Tradition und Konvention sehr verhafteten polnischen Nachkriegsliteratur keine „Schule", die von seinem Schaffen und seiner sprachlichen Auseinandersetzung mit der Wirklichkeit geprägt gewesen wäre.

Miron Białoszewski verbrachte sein ganzes Leben in Warschau und der Umgebung der Stadt. Als Jugendlicher und junger Mann erlebte er die grausame und vorsätzliche Zerstörung Warschaus durch die Deutschen, und wahrscheinlich war es diese Erfahrung, die ihn zu einem ebenso unermüdlichen wie idiosynkratischen Chronisten seiner für ihn unerschöpflichen Stadt machte. Er lebte bescheiden, in kleinen Wohnungen, den größten Teil seines Lebens auf der westlichen Innenstadtseite Warschaus, die letzten Jahre auf der Ostseite der Weichsel, am Dabrowski-Platz im Stadtteil Saska Kępa.

Die Ferien seiner Kindheit und Jugend verbrachte er in Otwock, einem kleinen Ort am Südostrand Warschaus mit Kiefernwäldern, Heide und Holzhäusern. Die Kuren nach seinen Herzinfarkten führten ihn nicht weiter als bis nach Konstancin, wenige Kilometer von Otwock auf der westlichen Seite der Weichsel gelegen. Natürlich reiste er auch, unter anderem nach Amerika, Ungarn und Paris, doch seine Reisenotizen spiegeln eine zwar neugierige, aber gleichzeitig fast kindliche Fremdheit in der Welt außerhalb Warschaus wider.

Białoszewski starb am 17. Juni 1983 an den Folgen eines dritten Herzinfarkts. Er hinterließ ein umfangreiches Werk, nur teilweise von ihm selbst für die Veröffentlichung vorbereitet. In Polen zählt er inzwischen zu den bedeutendsten Autoren des 20. Jahrhunderts, unzählige Publikationen sind seinem Werk gewidmet, zwanzig Jahre nach seinem Tod ist er von einer Kultfigur zum Mythos geworden.

Übersetzt wurde er allerdings kaum, ins Deutsche bislang nur die Erinnerungen an den Aufstand und einzelne Gedichte. Das hat mehrere Gründe. Zum einen sicher den, daß Białoszewskis Werk in keine Kategorie so recht paßt. Bis auf wenige Ausnahmen handelt es sich um Aufzeichnungen, Gedanken, Eindrücke und Erinnerungen ohne narrative Struktur, ohne Komposition. Die Grenzen von Theater, Lyrik, Prosa, von Reflexion und Impression sind aufgehoben.

Białoszewski *registrierte* unentwegt und überall, er zeichnete auf, notierte, schrieb, sein Leben war die unablässige Übersetzung seiner Welt in Sprache, und so breitet sich sein Schaffen auch vor dem Leser aus – als eine bewegte, vielschichtige Welt mit all ihren Unwägbarkeiten und Unklarheiten, die jenseits von kompositorischer Logik liegen. Białoszewski war alles andere als der allwissende Autor, der einen Stoff mit Planung und Vorsatz formt, er überläßt sich der Welt, und seine dichterische Einmaligkeit liegt darin, wie er die Welt, die ihn umgibt, in der er, wie man manchmal meint, zu *schwimmen* oder zu *treiben* scheint, in seiner ihm ganz eigenen Sprache lesbar macht.

Ein anderer Grund dafür, daß so wenig übersetzt ist, ist seine Unübersetz*barkeit*. Białoszewskis Texte sträuben sich gewissermaßen gegen eine Übersetzung. Sein Umgang mit den Worten ist ein schöpferisches Abenteuer, er nutzt die der polnischen Sprache vorbehaltenen Eigenheiten und die Besonderheiten des Warschauer Dialekts, um neue Worte zu schaffen, und seine Sprache ist eine Absage an literatursprachliche Konvention. Eine weitere Schwierigkeit stellt das Geflecht von historischen, lokalen, literarischen und sozialen Bezügen und Anspielungen dar, in dem seine Texte so tief verwurzelt sind.

Es wird kaum einen schwerer zu übersetzenden Autor geben und auch – so fern, wie ihm jede Form von Patriotismus oder gar Nationalismus war – kaum einen *polnischeren*. Eine Übersetzung seiner Werke verlangt nicht nur viel vom Übersetzer, sondern auch vom Leser. Białoszewskis Schreiben ist mit dem Ort Warschau, seiner Geschichte, Sprache, sozialen Struktur und Topographie, unlösbar verbunden, und der Leser sieht sich einer Flut von Namen und Andeutungen gegenübergestellt, die ihm fremd und unzugänglich erscheinen. Aber bei Białoszewski geht es nie um die Oberfläche. Nur zur äußeren Orientierung ist ein Ausschnitt der Karte von Warschau beigegeben, auf dem die meisten Straßennamen zu finden sind, die in seinen Texten vorkommen. Als historischer „Subtext" von Bedeutung ist die Tatsache, daß das ungefähr dreieckige Gebiet östlich des jüdischen Friedhofs – auf der Karte als Stadtteil Muranów bezeichnet – der alte jüdische Stadtteil und unter der deutschen Okkupation das Ghetto war.

Von den hier zusammengestellten Texten ist der „Jüdische Friedhof" sicher der schwierigste. Im Original trägt er den Titel „Kirkut", das alte polnische Wort, das implizit einen jüdischen Friedhof bezeichnet (ohne das Wort jüdisch zu benutzen).

Wer sich auf den Text einläßt, der merkt schnell, daß es sich bei dieser Expedition – zu einem Zeitpunkt, als der jüdische Friedhof noch hinter verschlossenen Toren verwilderte, als Lähmung, Schrecken und Schweigen nach der Shoah aus den wenigen verbliebenen Spuren jüdischen Lebens gleichsam eine Sperrzone machten – um einen Tabubruch handelt. Es ist ein Vorstoß in ein Totenreich, in ein bis dahin unantastbares Stück Vergangenheit, das schwierige

Erinnerungen und wahrscheinlich auch Schuldgefühle weckt – denn wenn der Autor und sein Gefährte sich gegenseitig auf die polnischen Inschriften hinweisen, steht dahinter das Eingeständnis, daß die Juden in Polen immer „die anderen" waren und das Bekenntnis eines großen Teils der jüdischen Bevölkerung zu polnischer Sprache und Kultur von den Polen selbst mißachtet oder sogar mit Feindseligkeit bedacht wurde.

Der Ausflug auf den jüdischen Friedhof war ein Unternehmen, das Mut verlangte. Alles ist durchdrungen von dem Bewußtsein der *Abwesenheit* der jüdischen Bevölkerung und dem Grauen, das mit dieser Abwesenheit verbunden ist. Jeder Bezug, jedes Wort, jedes Bild ist geprägt von der Realität der letzten Jahre jüdischen Lebens in Warschau – Verfolgung, Zerstörung, Vernichtung – und dem Schweigen über diese Wunde in Warschau.

Der Text ist eine schmerzliche und schwierige Reise in die polnische Vergangenheit. Durch das Dickicht des jüdischen Friedhofs arbeiten sich die beiden in die Vorkriegszeit, die Straßen am katholischen, mohammedanischen und tatarischen Friedhof entlang mit den Spuren, die Białoszewskis älteren Gefährten Ludwik in seine Kindheit zurückführen, in der Warschau noch dem russischen Zaren unterstand.

Der „Jüdische Friedhof" mutet stellenweise wie ein Theaterstück an, ein Dialog mit Regieanweisungen, als inszeniere sich der Autor selbst. Er schafft einen Abstand zwischen seinem schreibenden und seinem handelnden Ich und damit eine Verfremdung, durch die das Symbolische der Handlung hervorgehoben wird.

Die Gedichte stammen aus dem Band *Odczepić się,* auf deutsch etwa „Loslassen" oder „Sich losmachen". 1974 zog Białoszewski aus der Innenstadt Warschaus in den Stadtteil Saska Kępa auf der anderen Seite der Weichsel. Er lebte nun allein – ohne seinen langjährigen Lebensgefährten Leszek – im neunten Stock eines Hochhauses, und zwar mit Lift, was zum Verständnis der Gedichte nicht unwichtig ist.

Die Gedichte kreisen um den völlig veränderten Ausblick auf die Welt. Der lichtempfindliche Nachtmensch Białoszewski beobachtet die Tageszeiten, das Heraufziehen des Morgens, das auf einen Spielzeugmaßstab verkleinerte Leben rings um ihn. Er orientiert sich neu in einer Welt der „Ameisenhaufen" (das sind die Wohnblocks), die an sehr alte Teile von Praga – dem rechtsufrigen Teil Warschaus – grenzen. Die Bezugspunkte verschieben sich, der Himmel spielt plötzlich eine größere Rolle als die Straßenlaternen, und die Bäume – besonders die Pappel vor seinem Haus – bekommen eine ganz neue Bedeutung. Vor allem in seiner Betrachtung und Behandlung dieser urbanisierten Natursprenkel offenbart sich Białoszewskis metaphysische Seite, die in den letzten zehn Jahren seines Schaffens immer stärker hervortritt.

Die hier zusammengetragenen Texte geben einen kleinen Einblick in Białoszewskis Œuvre, in seinen Umgang mit der Sprache, seinen Zugang zur Welt. Sie vermitteln vielleicht auch einen Eindruck von einer Stadt, die auf besonders tragische Weise Opfer der Geschichte des 20. Jahrhunderts gewesen ist und in Białoszewskis Werk in ihrer Vielschichtigkeit und Eigenartigkeit lebendig bleibt.

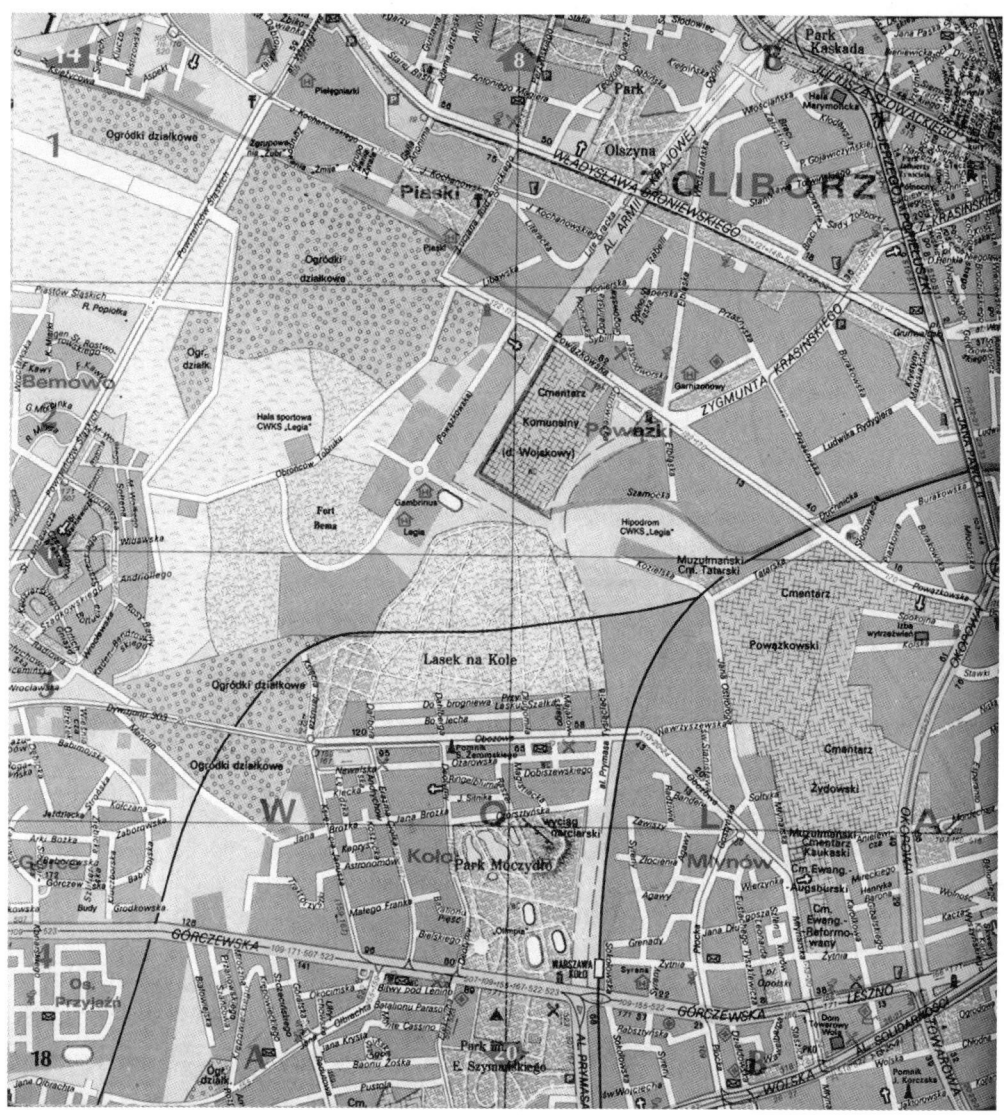

Miron Białoszewski
Warschau, das alte Leben

Leszno 99

Ecke Wroniastraße. Gleich an der Ecke war der Laden eines Händlers, bei dem die Leute nicht um die Preise feilschten. Auf der Seite der Wroniastraße war die Post. In der Leszno hatte Izrael Bojmal seine Schneiderei. Dort wohnte er auch, im Zwischenstock, mit Frau und zwei Söhnen. Einer der beiden Söhne erschrak vor einem großen Hund so sehr, daß er vor lauter Angst am Herzschlag starb. Nachdem die Juden ins Ghetto gesteckt worden waren, bemühte sich mein Vater um Bojmals Laden. Das war so ein Traum von ihm. Ein Geschäft wollte er gründen. Aber es wurde nichts daraus, keine Ahnung, warum. Meine Mutter und ich saßen ein paar Stunden in dem Laden herum, räumten ein bißchen auf, froren ein bißchen darin, sogar im Sommer.

Aber zurück zu Piłsudskis Zeiten. Ein anderes kaltes Geschäft auf der Lesznoseite war das sogenannte Milchkomitee. Da stand ein großes bauchiges Gefäß, aus dem die Milchfrau in weißer Schürze den Kunden mit einem langen Zapfen die Viertel Milch ausschenkte. Daneben tauchte irgendwann das „Gespinst" auf. Er eröffnete einen Schreibwarenladen. Nanka hatte ihn so genannt, weil er so sonderbar aussah. Klein, häßlich, fuchsig. Er hatte etliche fuchsige Kinder. Die Werkstatt von Schneider Bojmal hatte eine zusätzliche Tür im Hauseingang, so ein hölzernes Geheimtürchen. Hinter diesem Türchen war noch eins mit einem kleinen Fenster, und dort lebten die Hausmeistersleute.

Zuerst Szklarskis.

Die Szklarskis hatten eine Tochter namens Lodzia und zwei Söhne. Eines Wintermorgens fanden die Eltern zwei Leichen, beide Jungen waren am Kohlendunst erstickt. Ich kann mich noch an das Begräbnis in Bródno erinnern. Ich durfte mit. Die Leute kamen in Mengen. Lodzia wurde ohnmächtig, sie hatte einen getupften Pelz an.

Auf dem Hof war eine Mangelstube. Dort ging ich schrecklich gern mit Nanka oder Mama hin. In der Mangelstube standen große Körbe. Es war sehr dunkel. Viele Frauen, die redeten, das beeindruckte mich. Alles dort gehörte nämlich zum Mangelritual. Die einen Frauen falteten die Wäsche auf oder zusammen. Die anderen gaben sie in die Mangel. Wieder andere drehten das Rad. Und man hörte dieses stete Dru-dru-dru-dru.

Gegenüber der Extratür in Bojmals Laden, auf der anderen Seite der Toreinfahrt, war eine ebensolche Extratür zu Limpcias Laden. Nanka schickte mich öfter dorthin.

„Geh doch mal rüber zu Limpcia und hol ein halbes Pfund Salz."

Limpcia war groß, füllig, glattfrisiert, alterslos. Sie waltete in einer bodenlangen gestreiften Schürze. Mehrere Säcke standen dort herum. Jahrelang glaubte ich, bei ihr im Laden gäbe es nichts als Salz. So wie die Ofirskis in der Wroniastraße einen Laden hatten, wo es nur Essig gab, und im Sodaladen daneben gab es nur Sodawasser, das zischend aus Schläuchen in die Spritzflaschen gefüllt wurde. Aber nur von Salz hätte Limpcia nicht leben können.

Limpcia nannten sie den „Pastor", denn wenn sie in die Stadt ging, trug sie immer einen schwarzen knöchellangen Rock, darüber einen schwarzen Mantel, einen schwarzen Hut, und unter dem Arm hatte sie eine schwarze Tasche mit einem Schnappverschluß. Limpcia wohnte im Hinterhaus, im zweiten Stock, in unserem Stiegenhaus, sie wohnte zusammen mit der Schwester des Schneiders. Sie hatte eine Magd. Einmal war Limpcia schon auf der Treppe, da steckte die Magd den Kopf aus der Tür und rief hinter ihr her:

„Bitte sehr, was soll ich zum Mittagessen machen?"

„Suppe mit Reis und Fleisch mit Scheiß", antwortete Limpcia prompt.

Im ersten Stock lebten auch zwei Schwestern. Einmal stritten sie sich. Die eine sprang vom Balkon auf die Wroniastraße. Aber es war nur aus dem ersten Stock, und sie fiel glücklich, deshalb stand sie auf, ging durchs Haustor an der Leszno wieder hinauf und klingelte an der Wohnung.

Wir, also meine Eltern, Sabina, Nanka und Michał, der Großvater und ich, wir wohnten in einem Zimmer mit Küche ganz am Ende des linken Gangs im vierten Stock. Dieser Gang kam mir immer sehr lang vor, denn wenn ich aus unserer Tür an der Ecke schaute und jemand kam, dann ging er und ging und schaukelte von einer Seite zur anderen. Am längsten ging Frau Smerdzewska, wenn sie abends nach Hause kam, nachdem sie ihren Tabakkiosk geschlossen hatte, der weit weg gelegen war, an der Bagatela. Nebenan wohnte Zosia Romanowska, meine Nenntante. Dahinter Frau Bachman, die „der Alte Zygmunt" genannt wurde, das war meine Idee gewesen, aus der Zeit, als ich gerne Matejkos *Post der polnischen Könige* betrachtete. Im Krieg gabelte der Alte Zygmunt einen gewissen Oles auf, der mit ihr auf dem Sofa saß, bis Herr Bachman schließlich auszog. Ihn hatten wir gern. Er holte mit dem Krug Wasser aus dem Gemeinschaftshahn. Wenn Nanka vergessen hatte, wer *La Bohème* geschrieben hatte, dann ging sie und fragte Herrn Bachman, denn er spielte Klavier in einer Wirtschaft. Und einmal, als Nanka den Wischlappen ausschütteln wollte und die Tür im Durchzug zuknallte und sie in Unterwäsche auf dem Flur stand, da ging sie auch zu Herrn Bachman, damit er ihr half.

Den Bachmans gegenüber wohnte Sylwester mit Frau und vier Kindern. Er betrank sich, und nachts verprügelte er die Kinder. Er hieß mit Nachnamen genauso wie Nanka und Michał, und manchmal irrten sich Leute. Darüber war meine Familie böse.

Hinter dem Klosett und dem Wasserhahn war die Werkstatt von Schuster Dynuś, den meine Tanten Cycuś nannten. Zu ihm schickten sie mich mit ihren Schuhen, wenn sie geflickt werden mußten. Er, Dynuś, saß auf einem Schemel, zeigte auf ein Bild mit sturmbewegtem Meer und sagte: „Der Teufel wird die Welt regieren." Er war Bibelforscher. Er ging auf Versammlungen in der Chłodnastraße.

Auf unserem Gang waren zwei Gemeinschaftsklosetts. Eines für unseren Gang, das andere für den anderen. Das andere war schlechter. So hieß es. Weniger gepflegt. Wie überhaupt der ganze Gang dort drüben kürzer war als unserer. Dort wohnten ein alter Junggeselle namens Ernest, der nie jemanden reinließ, und die Gawrońska mit ihren zwei unehelichen Söhnen. Einmal wollte sich mein Vater zu Fasching als Frau verkleiden. Sogar mit Frauenunterhosen und -strümpfen. Er lieh sich die einzelnen Teile seiner Garderobe von verschiedenen Frauen, nur mit den Schuhen hatte er Probleme. Da kam jemand auf die Idee, daß doch die Gawrońska die größten Füße hätte, und er lieh sich die Schuhe von der Gawrońska. Tür an Tür mit der Gawrońska wohnte die Familie vom Blinden, er hatte einen Invalidenkiosk in der Żelaznastraße, wo er Zigaretten verkaufte. Er hatte ein Glasauge und ein Holzbein. Während der Besatzung, als wir alle wieder bei Nanka in der Leszno 99 unterkrochen, starb der Blinde. Mein Vater vermittelte beim Verkauf des Holzbeins, das er hinterlassen hatte. Das Holzbein, das bis zur Leiste reichte, war aus Leder und aus einzelnen Teilen zusammengesetzt. Es stand bestimmt eine Woche da, weil mein Vater es nicht gleich verkaufen konnte.

Zur Frau des Blinden sagten alle „Die vom Blinden" oder auch nur „Blinden", ohne jeden Zusatz. In einer Kammer wohnten der Blinde, die Mutter vom Blinden, die ihn unehelich bekommen hatte, die erwachsene Tochter vom Blinden aus einer früheren Ehe, die uneheliche Tochter der Frau des Blinden aus einer früheren unehelichen Ehe und ihre gemeinsame uneheliche Tochter, die keinen Vornamen hatte und die ich deshalb Halinka nannte. Dauernd kam jemand aus der Familie des Blinden, um bei uns etwas zu leihen, mal das Bügeleisen, mal die Kleiderbürste und dergleichen.

Die vierte Wohnung auf diesem Gang gehörte der alten Orczyńska, die einen Rock trug, der bestimmt noch aus der Zeit vor dem letzten Krieg stammte, und sie hatte die weißen Haare zu einem Dutt frisiert. Sie sprach schnell, in einem spitzigen Flüsterton. Sie beneidete Nanka um die Fenster zur Straße.

„Also wissen Sie, wenn ich so ein Fenster hätte, würde ich den ganzen Tag daran sitzen."

Man wußte immer, wann sie auf dem Klosett war, denn sie hielt die Tür mit zwei Fingern von unten zugedrückt. Und als sie starb, hieß es, sie würde jetzt im Abtritt spuken. Denn die alte Orczyńska hatte ein Tor- und Flurleben geführt. Zu Hause hatte sie nichts zu tun. Zu jeder erträglich unkalten Zeit des Jahres saß sie, die Schlüssel zwischen den Knien in der Hand, auf der Bank mit der Hausmeisterfamilie, den Nachfolgern der Szklarskis. Im Winter nahm sie die Bank, stellte sie quer zwischen ihrer Tür und der von Ernest auf, und so saß sie mit dem Gesicht zur Treppe und unserem ganzen Flur, damit sie ein langes Beobachtungsfeld vor sich hatte. Über ihr flackerte die gelbe Glühbirne. Die Leute erzählten, die Lehrersfrau ginge nicht mehr zum Klosett und verbrenne ihre Haufen in Papier gewickelt im Herd.

Zwischen den Gängen, der Treppe gegenüber, war die Tür zu den Hotkiewiczs. So schrieben sie sich. Nur mit „H" und mit „t". Als wir im Geschichtsunterricht zu Karol Chodkiewicz kamen, wunderte ich mich, daß er mit „Ch" und „d" geschrieben wurde. Trotzdem war die Hotkiewicz eine richtige Generalin. Sie herrschte über alles, wußte alles, der Schlüssel zum Dachboden war immer bei ihr. Den ganzen Tag hatte sie die Tür angelehnt, und sobald jemand vorbeiging, schaute sie hinaus. Immer zu einem Gespräch aufgelegt. Wenn ich mit meiner Nenntante Zosia Romanowicz über die Treppe ging, schaute die Hotkiewicz heraus und verschwand direkt wieder. Zosia sagte zu mir, „komm schon, komm", und das alles nur, weil sie und die Hotkiewicz vor Jahren befreundet gewesen waren, sich aber dann zerstritten hatten. Im September neununddreißig aber, als Zosia auf einen Krankenpflegekurs ging, verabschiedete sie sich vorher von der Hotkiewicz, und das war gut so, denn am achten September kam sie beim Bombenangriff um.

Wenn ich mit meiner Mutter von einem Spaziergang zurückkehrte, kam die Hotkiewicz auf die Treppe hinaus und begann zu erzählen, alles, was sich in der letzten Zeit bei ihnen getan hatte, bei ihrer Tochter, bei ihren Bekannten. Die Hotkiewicz wurde immer ausladender dabei, machte immer größere Gebärden, warf sich an die Wand, trat hinunter auf den Treppenabsatz und zog uns dabei auch mit, und dort auf dem Podest erzählte sie zu Ende, mal von einer Beerdigung oder von Ropcia oder davon, wie Mizia den Vorhang angepinkelt hatte. Sie lachte Tränen dabei und krähte vor Vergnügen. Ich war immer ganz begeistert von diesem Theater, meine Mutter strengte es an.

Die Hotkiewiczs wohnten seit Zarenzeiten hier.

„Das waren Zeiten", erinnerte sich die Hotkiewicz.

Aber auch jetzt ging es ihnen prächtig. Sie hatten oft Besuch. Fast jeden Sonntag. Dann hörte man das Grammophon, manchmal ein ganz schönes Gejohle. Auf der Hochzeit meiner Eltern hatten die Hotkiewicz mit brüchiger Stimme und Oma Frania mit heiserer Stimme zusammen ein Trinklied gesungen, „Schon sind die Gläser bis zum Rand gefüllt".

Herr Hotkiewicz verdiente sechshundert Zloty im Monat. Er gehörte zu der Belegschaft, die die Straßenbahnweichen reparierte. Er sagte immer „Weischen". Die Weichen wurden nur nachts repariert. Hotkiewicz kam morgens früh von der Arbeit und ging schlafen. Einmal ging Nanka zum Optiker, und da erzählte ihr eine Frau, sie leide an Hornhauterweischung. Nanka dachte sofort an Herrn Hotkiewicz.

Als kleiner Junge ging ich gern zur Hotkiewicz. Sie ermahnte mich immer, leise zu sein. Hinter der angelehnten Tür roch es nach Bohnerwachs, im Topf surrte die Suppe, hinter dem grünen Vorhang im Zimmer schlief Herr Hotkiewicz, in der Ecke sang der Kanari. Die Hotkiewicz gab mir Barschtsch mit Kartoffeln, danach fragte sie, ob ich die Zeichnungen ihrer Tochter anschauen wollte. Ich sagte immer ja. Dann öffnete die Hotkiewicz die Ottomane und zeigte mir die Bilder, eines nach dem anderen, und ich betrachtete sie still und bewundernd.

Wenn Herr Hotkiewicz mit meinem Vater sprach, der Zenek hieß, sagte er:

„Herr Zhymek."

Anstatt „jeder" sagte er „cheder". Er hatte auch seine eigene Philosophie:

„Cheder Mensch hat soundso viel Prozent Verrücktheit, der eine hat fünfundzwanzig Prozent, der andere fünfzig Prozent, aber cheder hat etwas."

Einmal kam er aus dem Kino und erzählte:

„Wie dieser Neo da die Türe tschumachte und dann wieder aufmachte, und wie all die Vögel rauschgeflattert kamen ..."

Neo, das war Noah, und die Tür war an der Arche.

Im Krieg hatten die Hotkiewiczs einen Pekineserhund, Dschidscha. Dschidscha nuschelt, sagte meine Mutter, aber mit hoher Stimme und viel. Herr Hotkiewicz stachelte ihn auch dauernd dazu an, begeistert wie er war von Dschidscha und seinem Gekläff.

„Dschidscha, komm zu Herrschen! Komm zu Herrschen! Dschidscha! Dschidschaschen! Komm zu Herrschen! Dschidscha!"

Das ging immer so weiter.

Wenn Herr Hotkiewicz zum Klosett ging, hustete er laut, dann spuckte und stöhnte er. Er saß immer sehr lange auf dem Klosett. Aber er kümmerte sich auch um den Abfluß. Sobald er verstopft war, verkündete er:

„Ich schließe jetzt das Klosett."

Und er nagelte es zu.

Als seine Haare grau wurden, fing er an, sie schwarz zu färben.

Die Hotkiewicz erzählte einmal, wie sie dahintergekommen war, daß er sie betrog, sie schlich ihm nach und ging zu seinem Liebchen.

„Ihr könnt jetzt lachen, aber mir hat damals das Herz wie ein Hammer in der Brust geklopft."

Die Tochter der Hotkiewiczs heiratete, ließ sich scheiden, dann hatte sie einen namens Dodek. Das alles erzählte die Hotkiewicz. Die Tochter hatte vier Katzen. Tante Andzia war als Bekannte auch zur Hochzeit eingeladen. Als die Dame aus dem Haus ging, nahm sie den Riemen und versohlte die Katzen.

„Aber warum denn das?" fragte meine Mutter.

„Weil sie sich so auf den Sesseln gelümmelt haben."

Kurz vor dem Krieg zog die Hotkiewicztochter in ein neues Haus an der Wroniastraße, ganz in der Nähe. Die Hotkiewicz ging dauernd dorthin, um bei ihr sauberzumachen. Der alte Hotkiewicz ging nie. Wahrscheinlich merkte er selbst, daß er nicht präsentabel war.

Während der Besatzung lebte Janka Hotkiewicz mit ihrem Liebsten zusammen. Er hieß Leszek mit Vornamen, kleidete sich elegant und trug Schaftstiefel. Hellblond, stattlich. Er war vielleicht Mitte Zwanzig, und wahrscheinlich hielt er Janka aus. Janka war schon vierzig, aber sie sah prächtig aus, gepflegt, parfümiert, sie hatte sehr gute Beine, und auf der Wroniastraße drehten sich die Leute nach ihr um. Einmal hielten die Deutschen nach der Polizeistunde einen Haufen Leute fest und schubsten sie unter die Säulen an der Ecke Chłodna- und Żelaznastraße. Darunter waren auch mein Vater und Janka Hotkiewicz.

„Wir haben die ganze Zeit geplaudert", erzählte mein Vater, der Janka Hotkiewicz früher mal Nachhilfeunterricht gegeben hatte. „Bestimmt zwei Stunden haben sie uns festgehalten, dann ließen sie uns laufen. Es war kalt, und sie hatte ganz dünne Strümpfe an."

Janka Hotkiewicz trug immer dünne Strümpfe.

Nach dem Ausbruch des Aufstands flüchtete sie mit ihrem Liebsten Leszek ins Mostowski-Palais.

Die Hotkiewicz suchte nach ihnen. Sie irrte die ganze Lesznostraße auf und ab, fiel in Bombentrichter, bis sie sie schließlich fand, dann wurden sie wieder getrennt. Die Hotkiewicztochter und Leszek flüchteten in die Altstadt. Bei den Bombenangriffen wurden beide verwundet, Janka verlor ein Bein. Sie lagen auf Bahren bei den Dominikanern. Da schlug auch eine Bombe ein. Sie kamen beide um.

Der alte Hotkiewicz starb nach dem Krieg. Die Hotkiewicz zog in die Chmielnastraße, hinter der Żelazna, in eine Parterrewohnung in einem alten Mietshaus. In dieses Haus sollte auch meine Tante Sabina ziehen.

„Ich warte schon die ganze Zeit auf Sie", sagte die Hotkiewicz.

Dort wohnten die beiden wieder jahrelang nebeneinander. Die Hotkiewicz trank gerne Wodka, ging oft ins Kino, erinnerte sich daran, wie ich klein gewesen war.

Dann kam sie ins Krankenhaus. Sie gab Sabina den Schlüssel. Sabina ärgerte sich.

„Als sie aus dem Spital kam, war sie mir böse, wegen einem Wischtuch."

Vor nicht allzulanger Zeit ist sie gestorben, sie war über achtzig.

Wer sitzt da im Haustor?

„Laß den Zenek nicht nachts bei dir rumsitzen, die Leute werden sich das Maul über dich zerreißen", sagte Kazias Mutter zu ihr, im Krankenhaus, bevor sie starb.

Kurz darauf starb sie. Zenek saß bis spätabends bei Kazia herum, weil er immer und bei allen Leuten bis spätabends herumsaß, denn er kam immer zu spät.

Einmal klingelte er nachts bei sich am Haustor. Plötzlich überkommt ihn Angst. Er fürchtet sich, in die Nische auf der Seite zu schauen, aber er sieht auch so, daß dort jemand sitzt. Wer? So flach. Während er auf den Hausbesorger wartet, wird seine Angst immer größer. Endlich das Geschlurfe. Der Hausbesorger öffnet das eiserne Tor. Zenek sagt zu ihm:

„Gucken Sie doch mal, wer sitzt denn da in der Nische?"

Der Hausbesorger glotzt.

„Ach der."

Damit knallt er hinter Zenek das Tor zu.

Zenek und Kazia heirateten bald, und die Schwägerinnen überredeten Nanka, zu ihnen zu ziehen. Es war noch kein ganzes Jahr vorbei, da bekamen Zenek und Kazia einen Sohn.

Eine von Kazias Schwägerinnen, Nanka, sollte Patentante sein. Auf dem Weg zur Kirche blätterte sie noch im Kalender, um einen Namen zu finden, ihr war immer noch keiner eingefallen.

„Bitte aussteigen, hier ist die Kirche."

Nanka warf einen Blick auf das Blatt, das sie gerade aufgeschlagen hatte.

„Miron. Also gut, Miron."

Die heimgesuchte Veranda

Nach ein paar Jahren, was soll man viel sagen, fing Zenek an, Kazia untreu zu werden, und zwar sehr. Um seine Freiheit zu haben, schickte er sie mit dem Sohn in die Sommerfrische. Einmal in der Woche kam er zu Besuch. Kurz vor dem Krieg schickte er Kazia und den Sohn, also mich, nach Radość, ein paar Eisenbahnstationen hinter Praga. Er hatte uns ein Häuschen auf dem Besitz einer Frau Landau gemietet, die in der Tiefe des Grundstücks Kiefern und eine Villa hatte und sich mit dem Gesicht zur Eisenbahn auf dem Liegestuhl sonnte. Unser Häuschen war weiß, es stand ganz in der Ecke des Areals. Auf der einen Seite grenzte es an einen Sandweg, einen Graben und den Eisenbahndamm, auf der anderen Seite waren Kiefern. Leute kamen selten dort vorbei. Die Langeweile war überwältigend. Im Sommer Sand, Hitze, Kiefern, Wacholder. Besonders bei Sonnenuntergang überfiel mich Melancholie, wenn ich mit meiner Mutter zu ihrer Freundin Genia ging. Sie wohnte nicht weit von uns, auf der anderen Seite der Bahngleise. Dann gingen wir zu dritt spazieren. Ich war damals schon sechzehn.

...

Im August blühte das Heidekraut auf und der Thymian, beides zerzaust und in den Sand gekrallt. Und der Frauenschuh. Es ging das Gerücht, daß in der Nähe, in Zbojna Góra, ein Bauer einem anderen mit der Sense den Kopf eingeschlagen hatte. Zbojna

Góra war berühmt für alle möglichen schlimmen Sachen, wahrscheinlich waren es die übelsten Typen, die aus Warschau dorthin zogen. Sommerhitze, ich sitze auf der Veranda und höre Singen und Heulen. Es kommt immer näher, langsam, hinter den Kiefern, an den Sandhügeln entlang. Ein Begräbnis. Von dem, dem der andere den Kopf eingeschlagen hatte. Ich saß da und lauschte in einer Art leichter Lähmung. Sehen konnte ich nichts. Das war gut. Das Wehklagen bewegte sich langsam fort.

Im September fuhr ich jeden Tag in die Schule. Eines Tages bat Frau Genia mich, ihr Stoff mitzubringen, sie nähte Röcke auf Bestellung. Ich stieg aus dem Zug, sie und meine Mutter warteten auf mich.

„Und wo ist der Stoff?"

„Ach je ..."

„Natürlich, den hat er im Zug liegenlassen."

Morgens drängten sich dicke jüdische Frauen mit Körben durch die Türen hinein und hinaus. Am Hauptbahnhof wollte ich vom Trittbrett des Wagens steigen, und ein ganzer Schwall dieser jüdischen Frauen mit ihren Körben mir auf den Buckel. Auf einmal stehe ich in dem Spalt zwischen Zug und Bahnsteig, der mir bis zur Brust geht. Keine Ahnung, wie ich dort reingefallen war. Ich dachte nur an eins, nämlich, daß die Bahn jeden Augenblick losfahren konnte. Ein elektrischer Zug, das ging immer ruckzuck. Aber da packte mich schon jemand unter den Armen, und im nächsten Augenblick stand ich auf dem Bahnsteig. Mit meiner Tasche. Der Schultasche.

Mein Vater dachte nicht im Traum daran, uns nach Warschau zurückzuholen. Meine Mutter fand es erst gar nicht so übel auf dem Land. Es war September, das Wetter warm, Genia in der Nähe. Aber ich machte mich auch nachmittags nach Warschau davon. Wenn ich nicht wegfuhr, ging ich zu Fuß an den Bahngleisen entlang nach Międzeszyn oder Falenica, um mir dort alles anzusehen, Häuschen, Juden, Kiefern und Wacholder. Einmal ging ich mit einer Gruppe Kinder hinter einem Bären her, den der Besitzer an einer Kette führte. Ich ging und ging. Kilometerweit.

Im Oktober wurden die Tage mit einem Schlag kürzer, grauer, kälter. Vor der Veranda standen Pfützen. Darüber die rauschenden Kiefern. Wir froren allmählich etwas. In der Küche konnte man nicht allzuviel heizen, weil wir nicht allzuviel Brennholz hatten.

Ich weiß nicht mehr, ob die Besitzerin, also Frau Landau, erst zu diesem Zeitpunkt die Veranda mit Draht absperrte oder ob es schon vorher so gewesen war. Aber ich kann mich nicht daran erinnern, daß die Veranda irgendwann mit Draht abgesperrt gewesen wäre und auch an kein einziges Gespräch mit Frau Landau, die drei, vier Jahre später in die Gaskammer gehen sollte.

Andererseits kann ich mir kaum einen Sommer auf der Veranda mit Drahtzaun vorstellen.

Trotzdem muß eins von beidem der Fall gewesen sein. Tatsache ist, daß die Veranda während der Oktobergräue mit den langen Abenden von außen unzugänglich war.

In einer solchen dumpfen, feuchten Nacht stürzte plötzlich etwas auf die Veranda, schlug auf den Boden und gegen die Tür und begann, an dem Drahtverschlag zu reißen. Manchmal wurde es still, dann ging es wieder los, das Rumpeln und Reißen. Meine Mutter und ich erschraken furchtbar. Wir standen in der Küche, so weit wie möglich von dem Zimmer mit der Veranda entfernt. Eine Stunde, zwei Stunden. Das Gescharre und Gezerre ließ nicht nach. Es wäre uns nie in den Sinn gekommen, hinauszugehen und nachzuschauen. Die Nacht war schwarz und menschenleer.

Ob Tier, ob Mensch, dieses Schwere, Große, was da rumpelte, gab die ganze Zeit nicht ein einziges Stöhnen, nicht ein einziges Knurzen von sich. Weder Tier- noch Menschenlaut. Ich weiß nicht mehr, wie wir eingeschlafen sind. Am Morgen war nichts auf der Veranda zu sehen. Kurz darauf packten wir unsere Siebensachen, und ab nach Warschau. Ohne den Vater.

Genia blieb in Radość zurück. Mit Walter. Sie wohnten nebeneinander, er beträchtlich älter, weißhaarig, stotternd. Er trat in der Laienspielgruppe von Radość auf, und da stotterte er nicht. Das Publikum war hingerissen von seinem Mienenspiel. „Walter! Walter!" riefen sie immer.

Dabei war er gar nicht dieser berühmte Walter.

Genia wollte ihn nicht. Als korpulente Blondine mit einem gewissen Charme und Witz, allerdings etwas schwatzhaft, meinte sie, sie könnte etwas Besseres finden. Aber er kam nachts zu ihr und weinte. Im Kinofoyer zeigte Genia meiner Mutter ein Foto von Gary Cooper.

„Ach, das ist vielleicht ein Mann!"

Von Walter lieh ich mir Bücher, er hatte ein paar. Mir war ja so langweilig.

„Ach, der *Einsiedler* von Mniszkówna."

„Nehmen Sie das nur mit, das ist gut."

Während der Besatzung bekam Walter aus irgendeinem Grund Ärger, wie es hieß, und er wurde von einer Organisation erschossen.

Einmal ging Genia nach einer Razzia vors Haus, da stieg ein junger Mann aus dem Plumpsklo, ganz voll Scheiße. Genia schlug die Hände über dem Kopf zusammen.

„Wie sehen Sie denn aus!"

„Ach bitte, was sollte ich denn machen, die Deutschen waren hinter mir her."

„Kommen Sie rein, Sie können sich bei mir waschen."

Nach dem Krieg arbeitete Genia in einem Schuhgeschäft. Sie konnte gut verkaufen, wurde gelobt. Sie trat in die Partei ein. Als Aktivistin. Geheiratet hat sie nie. Als sie alt war, bekam sie eine Wohnung in Młociny. Ihr Bruder, mit dem sie sich nie vertragen hatte, kam aus Peru zurück. Erblindet. Sie sah ihn sich an, hatte allerhand auszusetzen. Aber er war reich. Er hatte zweihunderttausend auf dem Sparbuch, darauf gab es riesige Zinsen. Er wollte einen Fernseher, schon saß sie im Taxi und war unterwegs, um einen zu kaufen, bevor er es sich anders überlegte. Er starb. Hinterließ ihr viele Sachen und Geld.

Genia kam immer zu Besuch zu meiner Mutter in Garwolina. Dann wurde sie von einem Auto angefahren. Meine Mutter ging Genia im Krankenhaus besuchen. Aber Genia war guter Dinge. Sie würde schon wieder auf die Beine kommen.

Das Häuschen in Radość steht nach vierzig Jahren immer noch.

Der Mensch aus Schatten

Schon als Kind hatte ich das manchmal, wenn mir auf der Treppe jemand entgegenkam, an dem ich vorbeimußte – dieses plötzliche Aufflackern einer Angst.

„Er kommt näher, immer näher, jetzt, bloß vorbei, bloß vorbei ..."

Als Erwachsener im Wald, im Sommer, am hellichten Tag, treibe ich mich ausgelassen auf einer Lichtung herum, hinter den Bäumen schimmert Fingerhut, Sand, ein Weg, da kommt ein Fuhrwerk – nichts wie weg.

Das waren solche Spielchen in mir. Damit ich mich spürte.

Später, aber da war ich schon groß und ausgewachsen, kam ich nachts durch das große Durchgangstor an der Marszałkowskastraße zum Haus am Dabrowski-Platz zurück, durch den Hof mit speerförmigen Pappeln hin zur Treppe, so ein normales Treppenhaus aus den fünfziger Jahren. Normalerweise gefiel mir das. Besonders im Sommer, nachts, und besonders wenn ich allein war.

Plötzlich überfielen mich Ängste. Ernsthaft, unbegreiflich. Ich komme spät nach Hause, Mond, Nacht, alles leer. Ich betrete die Treppe und – ganz ohne innere Spielchen – überkommt mich so eine unangenehme Unsicherheit. Ich komme in die Wohnung, irgendwie erleichtert. Aber auch da bin ich unsicher, bis überall nachgeschaut ist.

Die nächste Nacht ist warm, ich komme zurück, die Angst ist noch größer. Auf jedem Treppenabsatz schaue ich in die Nische, niemand da. Nur das Halbdunkel der Schatten, Schatten auf Schatten. Der Mond über dem Hof. Die dritte Nacht, es ist schön, mitten im Sommer, ich bin allein, alles still. Aber immer noch diese Unruhe. Ich gehe hinunter. Vorsichtig, ganz leise. An jeder Biegung der Treppe sehe ich mich um. Nichts. Ich schaue nach unten. Nichts. Der Hof liegt schweigend. Vollkommen. Und im Mondlicht. Immer größer die Furcht. Vor was? Vor wem?

Vor dem Block ein Schatten. Der Schatten des Blocks. Weil der Mond scheint. Ich gehe auf das Durchgangstor zu. Ich schaue auf den Schatten des Tors, und die Angst wird größer. Ich gehe weiter und denke – wenn jetzt einer durch das Tor kommt.

Und da kommt einer. Wie ein Schatten. Er bleibt stehen, tritt etwas zurück, macht einen Bogen um mich. Steif, ganz langsam gehe ich durch das Tor, er bleibt stehen, sieht mir hinterher, unbestimmtes Alter, ziemlich ärmlich, ich trete raus auf die Marszałkowska. Ich kann es nicht begreifen.

„Vor dem hab ich Angst gehabt, drei Nächte lang im voraus?"

Auf dem Rückweg hatte ich keine Angst mehr. Und danach auch nie wieder.

1. Mai 1935

1935 ging ich als junger Grünschnabel auf den Erster-Mai-Umzug. Es wurde Abend. Der Zug bewegte sich vom Saski-Platz in die schmale Wierzbowa-Straße. Lärmend, in dieser Enge. Feucht, kalt, Regen, Gedränge, Getöse, Schnee – und dann ein Schrei:

Polizei!

Polizeeii!

Polizeeii!

Durcheinander. Banner wandern, drängen sich zu einem Haufen zusammen. Die Menge auf dem Trottoir tritt die Flucht an, schwarz, Schnee, ich werde in die Kurve hinter der Oper gedrängt, an der Trębackastraße. Mit letzter Kraft drücke ich mich an eine Wand, und im nächsten Moment fallen die schubsenden und geschubsten Kaftane, Peies und Kippeles alle übereinander. Ich schaue entsetzt, verteidige mich. Alles beruhigt sich schnell wieder. Die Kaftane stehen auf. Einer nach dem anderen. Mit Hilfestellung. Die einen unter den anderen hervor. Wie in einem Schichtkuchen. So, wie sie gefallen waren, nur umgekehrt und langsamer.

Auf dem Theaterplatz Schlamm, der Zug löst sich auf, jemand hält eine Rede von einer Tribüne, die Menge umringt ihn, auf den Staketen zerzauste Kränze, im Rinnstein Mützen und die Bambusstangen von den Bannern.

1945

Im Februar 1945 war in Warschau nur ein einziger Laden in Betrieb, der war an der Ecke Chmielna und Szpitalna. In diesem Laden standen drei Säcke: mit Buchweizen, Mehl und Salz. Sonst nichts.

Schon bevor der Krieg vorüber war, kam wieder Leben in die Marszałkowska-Straße. In den Schlünden hinter den Toreingängen fing man an, mit allem zu handeln, was sich bot. Zwischen den wimmelnden Leuten ging ein Türke mit Kuchen auf einem Bauchladen umher. Die Straßenbahn, die am 1. August 1944 an der Hoża-Straße stehengeblieben war, hatte auf ihrer roten Seitenwand die Aufschrift „Kawiarnia" („Kaffeehaus"). Man konnte hineingehen, sich auf eine Bank setzen und Getreidekaffee trinken. Auf den Aleje Jerozolimskie ragte quer, über den Schienengraben geneigt, etwas, das teils wie eine große Kiste, teils wie ein Gleisgitter aussah, das von dem neuen Bahnhof übriggeblieben war. Näher an der Żelazna war es leerer. Im Sommer kamen bei Sonnenuntergang zwei ältere Leute auf die Aleje Jerozolimskie heraus, typische Bürger, die hatten eine Kuh. Bis zum Einbruch der Nacht weideten sie ihre Kuh an der Eisenbahnböschung, denn dort wuchs üppiges Gras.

Ein Jahr später war das schon nicht mehr möglich, aber es war noch möglich, in der Loge des Boguslawski-Theaters eine Ziege zu halten, natürlich in den Trümmern. Die Ziege gehörte einem Mädchen, das alleine war. Es wohnte auch in dieser Loge auf dem zweiten Rang.

In der Żurawiastraße hatte jemand im vierten Stock eine Tabakplantage angelegt. Das kam erst heraus, als das Haus zusammenstürzte.

An der Ecke Nowogrodzka und Marszałkowska wurde am Fuße der etliche Meter hohen Trümmerberge elegant Kaffee serviert, ein Orchester spielte „La Comparsita" und „Jalousie". An der Ecke der Aleje Jerozolimskie und der Starynkiewicz-Straße war ein ärmlicheres Lokal mit der Aufschrift „Kawiar", weil es für das „nia" nicht mehr gereicht hatte, eine Mandolinistin und eine Gitarristin saßen dort auf einem Korb unter einem Barockengel vor einem Hintergrund aus grauem Papier und sangen allabendlich:

Warschau, o du mein Warschau
Stadt meiner sehnenden Träume

Der jüdische Friedhof

Schon vor der Straßenbahn machte mich das Klima ganz schwindlig. Ich muß wohl ziemlich kaputt gewesen sein, unausgeschlafen. Der Tag hatte mich im Griff, er tat alles, dieser Samstag, er tat, was er konnte, und das war viel, und das tat er auch.

Ich ging die Karolkowastraße entlang zu Lu., unter den Baumtürmen, unter dem Wasserhimmel, zwischen den untersten Blättern, ich ging durch die Luft und dachte:

„Man will's nicht glauben, daß es auch hier in Polen so sein kann ... der beste Tag des Jahres, der schönste ... immerhin ist es August und ein Tag, wie er noch nicht dagewesen ist."

Vor einer Woche war Lu. bei mir und sagte:

– Ich war auf meinem Friedhof ... hab von der Młynarskastraße auf den jüdischen Friedhof geschaut ... durch ein Loch in der Mauer ... schwarz ... ganz überwuchert ... da regte sich was ... Gestalten, hin und her. Ich bin zurück, weil ich Angst hatte.

– Wovor? Halunken?

– Na ja, da ist doch immer jemand ... sie kommen vom evangelischen Friedhof, durch die Mauer. Vielleicht kommst du früher am Samstag, dann können wir gehen ... und uns das mal ansehen ... und bei der Gelegenheit auch die Tatarskastraße und Powązki ...

– ja gut.

– Da ist, was noch geblieben ist.

– Gut ...

In dem Mauerloch war es schwarz. Schwarze Erde, richtig feucht. Dicht, oben, dazwischen kann man gehen, Baumstümpfe, Baumstümpfe, Grabsteine, dicht an dicht. Baumstumpf-Grabsteine stehen, liegen.

– Was ist das? – Lu. zeigt auf zwei, drei glänzende Spitzen von Grabsteinen.

Dreieckige Spitzen, sie glänzen rot.

'Davidssterne', denke ich dabei, aber ghettomäßig, und ich schäme mich laut dafür.

Hatte David eine Krone, wenn ja, dann so eine? Vielleicht ... Salomon bestimmt ... aber auch wieder nicht so, wie man meint. Der Plan für den Tempel hat mich enttäuscht, so klein, doch wenn Troja nicht größer ist als ein Mietshaus ...

Aber das ist noch nicht alles. Ein Jude schrieb einmal sehr richtig, daß es mit diesem Salomon so viele Jahrhunderte lang so viel Schmus gegeben hat, so viele Jahrhunderte lang, die ganze Welt haben sie damit angesteckt, daß man sich nur wundern kann, doch was war sein Thron gegen den Thron des Darius! Ja, diese jüdische Übertreibung ...

– Also ... das ist die Sonne, aber ...

Wir gehen weiter, unter den Füßen dschu-dschu-dschu

Ich schaue

Rifka ... Laja

auch auf polnisch

aufgemalte Ziffern – in roter Farbe – 141, 157, erst da, wo die untergehende Sonne durchscheint, da leuchtet es so auf den Spitzen der Grabsteine in dieser Schwärze, Leere, Stille.

Weiter ein Dschungel.

Ein kleiner Weg. Sonst nichts. Nirgends ein Abzweig. Überwuchert, je weiter wir gehen, desto dichter. Die Gräber immer noch dicht an dicht.
– so etwas, so dicht, das ist sonst nirgends so.
– ja ... vielleicht ist das so ein Gebot, oder sie haben einfach bestimmt: soundso viele Menschen, da muß man dicht beieinander beerdigen.
Immer mal wieder ein dreiziffriges Röten, aber nicht mehr in der Sonne.
– Die bringen sie weg.
– Ach was – sage ich darauf. – Das sind bestimmt die markierten Grabsteine, wo sich Angehörige gemeldet haben ...
– Jemand hat sich gemeldet ... dann wieder Schweigen ... und jetzt bringen sie sie weg.
– ach was ...
– ein Kind, das haben sie wohl so markiert ...
Wir nehmen den einzigen, ziemlich modrigen Pfad, der geht. Nirgends sonst geht es. Alles so überwuchert, verfallen. Verfilzt. Immer dichter. Mit Bäumen, Büschen, Laub. Mit allem. Ich wollte, ich weiß nicht mehr, was, einen Schritt tun, etwas anfassen, darauf Lu.
– Das geht nicht, das ist wie Mulm, mit Schlamm.
Oben nun etwas weniger dicht, dafür aber höher, terrassenförmig, ansteigend.
Die Bäume und die Gräber auch. Mit Stufen, immer wieder Stufen, Stufen, und dahinter, etwas höher, ein Dschungel, undurchschaubar ... verhängt mit Ranken.
– Lianen.
Dann geht es auch über die Stufen nicht mehr weiter.
– Dort sind sicher die Ärmsten – sagt Lu. – Wenn man sich denkt, daß das alles auf nacktem Boden war, ohne ein Bäumchen, wie es damals gewesen sein muß, vor dreißig, vierzig Jahren, das waren Zeiten, da ging man von diesem Teil des Friedhofs in jenen, und das Jammern und Klagen ...
– am Versöhnungstag.
– ach ja, genau.
Einmal stoßen wir auf ein Grab, das besucht wird. Eine Blume. Ein Nachkriegsdatum. Verschiedene Aufschriften. Auch polnische. Alles mögliche. Wir bleiben stehen.
– Mirabela – lese ich.
– hübsch ... der Name, und auch das Grab ... architektonisch gut durchdacht, dieser Aufbau, das hat Verstand.
Wir treten ein Stückchen auf eine Stufe, dann auf die zweite.
– sie ist zuerst gestorben – sagt Ludwik – das sieht man, das ist später dazugesetzt worden, aber ein gut gestaltetes Gegenstück.
– sie ist vorher gestorben.
– vor dem Krieg, fünfunddreißig.
Es gab mal einen Weg außen herum. Er ist noch da. Aber was ich sehe, sind verflochtene Lianen, bis zum Boden, anderthalb Meter dick.
– hier braucht man eine Axt.
– gehen wir weiter? Begegnen wir auch keinem?
– wohl kaum.
– nur Ruhe ...
– schließlich sind wir ja zu zweit
– besser nicht
Wir gehen weiter.

– ist da die Okopowa?
– Ich glaub, dort ... parallel zur Młynarska, aber ich bin nicht mehr sicher. Warte mal, wir sind so gegangen ... da ist die Mirabela.

Unten, auf einem Grabstein bei der Treppe, eine Aufschrift. Wir entziffern langsam.

– guck mal, dieses Gefasel, auf polnisch
– „fünf Jahre lebte sie, tapfer rot"
– „bot" verbesserte Ludwik.

„... bot
sie dem Schicksal die Stirn.
Doch was des Himmels ist, muß zum Himmel
heimkehrn."

– „In tiefer Trauer dem Andenken an Henryka London." Guck mal, fünf Jahre.

Ich lese und notiere mir:

– „Geboren am 18. September 5617, verschieden am 19. März 5622." Nach jüdischer Zeitrechnung.

– Diese Zukunftsdaten mit Mirabellen sind auch nett ... Da bist du eben auf dem evangelischen reingetreten.

Vorher waren wir auf dem evangelischen Friedhof gewesen. Am Rande des Friedhofs hatte ich kleine Pflaumen gesehen.

– Wie heißen die?
– Mirabellen.

Jetzt sind wir auf den patriotischen Teil geraten. Eine ganze Abteilung. Und ein Denkmal mit Schwertern.

– „Gefallen 1939 bei der Verteidigung Warschaus", lese ich vor. – Und das da sind diese Virtuti Militari.

Ludwik verbessert mich.

– Grunwaldkreuz ... Aber davon weiß der hier nichts mehr.

Wir wundern uns über jede Spur aus der Zeit nach dem Krieg. Das war doch das Ende der Welt. Das Ende des Volkes. Dann wieder Dschungel. Alles überwuchert. Doch hier geht es weiter.

Bei einigen Gräbern ist die Deckplatte offen. Das sieht aus wie ein Schrank – aus Stein –, und darin ein Trichter.

– Das ist der Sarg.
– Das? So weit oben? Nein
– nein, nein
– aber hier – Ludwik schaut genau hin – hier ist noch eine senkrechte Platte zur Verstärkung. Obwohl hier Stein ist, und da auch. Aus Vorsicht. Dieses jüdische Mißtrauen.
– hier ist es irgendwie heller, eleganter, ich glaube, wir kommen an die Pforte zur Okopowa.
– ja.

Eine kleine Allee, ein Halbkreis, noch ein Halbkreis. Lang.

Etwas Stickiges weht uns an. Irgendwo entdecken wir in einem Parabolspiegel den Blick auf ziegelsteinerne, aufragende

– Kamine?
– vier ...
– ein kleines Gebäude ... in die Erde versenkt ... vielleicht ist das die Mikwe für Leichen
– oder ein Krematorium

– daher weht das Düftchen, gehen wir schneller
– ach, was soll's, ich hab keine Angst, ist doch egal
– na gut – stimmt Ludwik zu.
– angeblich stand hier mal ein Grabstein aus der Nachkriegszeit – sagt Lu. – Den hat jemand geklaut, der Besitzer hat einen neuen aufgestellt, und der ist wieder geklaut worden, da hat er wieder einen aufgestellt.
– ah, da schaut man durch auf eine Weinende

– eine Statue ... ja, vor dem Krieg gab es so einen Steinmetz
– ein Jude?
– ja, ein Jude. Er hat diese figurativen Sachen eingeschmuggelt. Mit einigen ist es ihm gelungen. Aber hier haben sie sie ihm zerschlagen
– trotzdem ... ah, da ist noch eine steinerne Weinende.
– trotzdem, die zwei sind geblieben.
Wir lesen laut die Aufschrift auf einem Grab.
– ein Gedicht ... wieder ... auf polnisch. Wenn man sich überlegt, daß das ja doch ... das muß man bedenken. Hier tut ja keiner so als ob. Dieses Polnisch ist ja offensichtlich ein Bedürfnis, hier braucht man ja keinem etwas vorzuspielen.
Ich bücke mich. Ludwik mit dem Rücken zu mir. Er faßt mich am Arm.
– noch eine größere Überraschung, guck mal.
– Abfalleimer ... zwei.
– zwei Stück, mit Abfall, jemand hat darauf vertraut, daß sich hier aufräumen läßt, was für eine Idee, in all dem hier
– na ja, vielleicht ein paar Gräber
– wo – Ludwik beugt sich vor, packt das Unkraut – wo ist hier Ordnung? wo man auch hinguckt, da, Steine, guck mal, was für welche, da. Alles wuchert zu. Sie hat es geglaubt, aber wie sie angefangen hat sauberzumachen ...
Luwik lacht und schaut auf die zwei Abfalleimer, die nebeneinanderstehen.
– die hat sie bezahlt
– ja. – Ich glaubte auch sofort, daß es eine Frau war.
Ich lache los, laut, über alles.
– ssssscht!
Ein paarmal macht er das – ich soll still sein. Dabei sind wir in der Nähe der Pforte. Am Ende eine Terrasse mit den besten Gräbern. Unterhalb, wie unter einem Schiffsbord, eine freie Stelle, Erde, Durcheinander, Mauer, die verschlossene Pforte, eine Bude aus Stein, ein Hund bellt auf, klein, verborgen. Von dort?
– von dort
– gehn wir zurück
– ich glaub ja
– vielleicht macht er auf, aber nein, er kommt nicht raus
– ach ...
– er wird fürs Aufmachen etwas haben wollen
– dann geben wir ihm was
– ja, geben wir ihm was
– aber er kommt nicht raus
– gehn wir zurück, bevor es dunkel wird, sonst finden wir den Weg nicht
– ach, den finden wir schon
– da wird es dunkel, von der Młynarska her

– du meinst, du findest nicht zurück? ach was ...
– aber du hast Orientierungssinn, na ja, wir werden sehen.
Keiner kommt raus. Ludwik fällt wieder die mit den Eimern ein
– sie hat an die Ordnung geglaubt ... sie hat geglaubt, wie die Wissenschaft ... die glaubt auch.
Ich sah ein Empire-Denkmälchen, auf vier Seiten Löwenköpfe, feucht, Gladiolen, hat sie einer weggeworfen? gegossen? In einem Maul steckt ein Schlauch, im nächsten auch.
– naß, die Schläuche, das ist wohl in Betrieb.
Ich gehe hin. Will meine Medizin nehmen. Ludwik hinter mir her.
Ich drehe den dritten Löwenkopf auf, und Wasser kommt raus.
– funktioniert.
– sieh mal, diesem Löwen ist der Kiefer runtergefallen, das haben sie repariert, aber jetzt sieht er aus wie ein Schäfchen.
Ich trinke. Ludwik geht auf die andere Seite des Denkmals und liest vor:
– „zu Ehren ...", ein Nachname steht da, dann ein Frauenname.
Warum einen Brunnen ausgerechnet auf einem Grab? denke ich mir. Aber das ist Empire, hundertfünfzig Jahre her, und die Rohre sind ja sowieso geschützt.
– Ich trinke aus einem Grab, aber macht nichts, sage ich.
– ja, stimmt
Lu. liest dann weiter vor:
– „ein Wasserspeier zu Ehren ..."
– ach, dann ist das kein Grab
– Was-ser-spei-er
So was gibt's nirgendwo, auf keinem Friedhof.
– ich bin ihr dankbar.
– das ist gut – Wasser-speier. Nach jiddischem Muster.
Wir klettern auf das Heck des Friedhofs. Und da ist gleich Zamenhof.
– Ludwik Zamenhof. *Der* Zamenhof?
– ja, der, ich hab gedacht, er ist irgendwo weiter in der Mitte
– bist du schon mal hier gewesen?
– ja, aber hier ist er ganz am Rand, der erste.
Wir gingen zurück, den Zeichen unserer Erlebnisse nach. Und schnell. Es wurde schon dunkel. Besonders von der Młynarska her.
– wo sollten wir auch übernachten? Die Nacht ist warm. Da mittendrin?
– ah, das Loch ist dort drüben – sagt Ludwik, er geht über die Grabplatten, die liegenden, ich auch, sie hüpfen auf, klappen runter, wir müssen uns beeilen – wenn es dunkel wäre, würde ich die ganze Zeit nach dem Loch suchen, immer nur hin und her, nach rechts ... und ich würde herumtasten und herumtasten ... und die halbe Nacht würde es so gehen.
– wir müssen uns beeilen, daß sie uns das Loch nicht zumauern.
– wie diese Mazepas
– ach, ich wollte noch mal herkommen, und du meinst, das wär's jetzt
– jetzt, bevor noch ...
Als ich das später Jadwiga erzählte, der Mutter von Anja S., der Tadziowa, da sagte sie:
– aber das wäre doch interessant gewesen.
Die Młynarskastraße, ein altes, mir unbekanntes Stück, Leute auf Kopfsteinpflaster.

Links Mauern, eine kleine Fabrik?
– hier sollte man wohnen
– in diesem Haus – diesem Häuschen – verbessere ich mich – hinter den Leuten, rechts ... und wo wäre das Theater?
– hier – Ludwik zeigt auf die Fabrik.
– Die sitzen da, als gehörte ihnen die Straße.
– so würde ich auch dasitzen.
– aber sicher ... ein regloser Hund, so wie die, an denen wir damals auf dem Weg von Kobylka zu Marek vorbeigekommen sind, im Mondschein.
– hier hast du noch einen richtigen Rinnstein in der Mitte. Ludwik zeigt auf die Einfahrt durchs Tor.
Dann eine Biegung nach links. Dann die Ostroroga. Ab und zu etwas Neues. Der Rest ist alt. Wie die Via Appia. Abgebröckeltes und Grünzeug. Rechts die Mauer des Friedhofs. Kilometerlang.
Die Sonne ist untergegangen. Warm. Kein Windchen regt sich. Paradiesisch.
– was ist das für ein Gebäude? Das fragt Lu., noch auf der Młynarska.
– was? Diese Fassade?
– Die haben sich die Halpert-Kapelle vis-à-vis zum Vorbild genommen.
Wieder sehe ich etwas Neues, irgendwie Stilartiges, ein Denkmal von der Vorderseite, hier, über diesem Kopfsteinpflaster, gegenüber dem Friedhof, welchem? ist das noch der jüdische, nicht mehr der evangelische, vielleicht der katholische?
– im mohammedanischen Stil
– klar, das macht die Nachbarschaft.
Wir nähern uns ja dem mohammedanischen Friedhof.
– das ist die Mauer vom katholischen.
– Ja, ja.
Ludwik denkt wieder an die mit den Eimern.
– dieses jüdische Mißtrauen, und dieses Vertrauen ... sie hat geglaubt ... Glaube ist blind ... irgendwie will ich ihn nicht mit der Wissenschaft gleichsetzen, ich will ihn bewahren. Den Glauben. Ist nicht so einfach mit dem Glauben. Wissenschaft braucht Beweise. Der Glaube nicht.
Wir kommen zur Einmündung in die Tatarska. Da. Und den Abzweig zu den Gleisen. Da sind auch die Gleise. Alle drei Straßen kopfsteingepflastert. Sie laufen zu einem Dreieck zusammen. Von der Tatarska in die Ostroroga, eine richtige Einmündung, ab und zu ein Auto schschsch ... drrr-drrr-drrr, alles zittert.
Die Mauer zieht sich die Tatarska entlang. Dann ein Knick, dann auf die Ostroroga. Gegenüber eine Mauer, Mäuerchen. Die Öffnung zu den Gleisen und irgendwelchen Bäumen hin leer. Die Gleise leer. Nah. Auf der Mauer, die von der Ostroroga zu den Gleisen abbiegt, ist neben eine Aufschrift gekonnt ein großes schwarzes Pferd im Galopp gemalt. In Gegenrichtung zu den Autos. Die fahren an dem Pferd vorbei, um uns herum, drrr-drrr-drrr ... die ersten Scheinwerfer ... Grau ... warm ... Auf dem Gehsteig an der Abbiegung eine verwilderte Grünfläche mit Gras, Unkraut, an den Rändern zwei schöne Bäume.
– ob man hier sitzen kann? – ich taste den Boden unter dem Gras ab. – Hm ja, es geht.
Ich sitze wie auf einer Matratze. Lu. neben mir. Die Friedhofsmauer vor uns. Wir strecken die Beine in Richtung Mauer, und die Köpfe drehen wir zur Seite, rückwärts, zu dem Pferd. Es ist leer, aber außer den Autos kommen jetzt noch zwei Menschen. Sie reden. Gehen oberhalb von uns vorbei. Dann von der Tatarska her ein paar junge Leute.

– Im Fenster von diesem kleinen Gebäude am Tatarenfriedhof hab ich zum ersten Mal im Leben reifende Tomaten gesehen, das hatte ich noch nie gesehen, daß aus grünen rote werden können, daß man das so macht, daß man sie ans Fenster legt.

Die kleine Straße zwischen den Friedhöfen war vorher schon berücksichtigt.

– vielleicht war's hier – Ludwik mißt mit den Fingern ab – so gut wie keine Öffnung ... nur Abfall, ich bin aus irgendeinem Grund hinein, erst weiter hinten kam ein Durchgang.

Drüben Wola. Buden. Hier Parysow. Powązki. Mistinguett. Aus Ludwiks Perspektive. Als er klein war. Die Lautsprecher grölten. Sonntag. Hitze.

Ça c'est Paris ... ça c'est Paris.

Die Mistinguett sang. Die echte (auf Platte?). Dabei schien es immer noch, als ginge sie an der Mauer entlang.

– vom Friedhof?

– zur Ostroroga?

– sie war lang ... vielleicht bis dorthin.

– was meinst du? Ist hier der wichtigste Punkt, das Zentrum des Kosmos?

– hier ... vielleicht auch hier ... dabei ist das nicht einmal eine Kreuzung.

Er warf einen Blick auf die drei Straßen, die zusammenliefen, das Pferd.

Es wurde dunkel. Wieder kam einer an unseren Beinen vorbei.

– Ich denke an das wahre Schöne, das Harmonische hier im Vergleich mit dem, was dann kam.

– ach ja.

1941 oder 42, da war ein Teil der Okopowa abgesperrt, das war ja das Ghetto, man konnte allerdings mit der Straßenbahn durchfahren, im Transit, aber wir hatten kein Geld für die Straßenbahn, und ich aus der Leszno und ein Freund aus der Dzikastraße, wir besuchten uns, mal ich ihn, mal er mich, und abends begleiteten wir den anderen jeweils nach Hause, an der Rückseite der Friedhöfe entlang, über die Młynarska, Ostroroga, Tatarska, Powązkowska, immer den halben Weg, bis zum fünften Tor, von der Tatarska aus. Soviel Schnee, Wind und Gestöber. Er ist nach Auschwitz deportiert worden. Und umgekommen.

Wir standen auf. Die Tatarska entlang. Bis zur Endhaltestelle an der Powązkowska. Breit und ausgedehnt, nur die Powązkowska. Die Einmündung der Piaskowa hatten wir verpaßt.

– Die ist wohl nicht mehr da.

– Verstopft. Aber wo habt ihr denn die Blumen gegossen, du und Lucynka?

Ludwik geht weiter, ganz versunken. Er gießt sozusagen im Sinn. Blumen im Sinn. Wie damals, wenn er mit der Mutter spazierenging, vor langer, langer Zeit. Denn hier haben sie gewohnt. Von seiner Geburt bis fast zum Krieg.

Wir schauten in das vierte Tor.

– Auch so voll! – wunderte ich mich.

– ja, auch so voll.

Vor lauter Gräbern.

– Jetzt ist kein Streifchen Erde mehr hier, und hier war ein ganzes Stück ... Hier hatte ich einen Schrebergarten, alles ganz schnell huddelihu, dann war mir schon wieder langweilig ...

Dieses vorgestellte Blumengießen. Ich weiß nicht mehr, ob es um Chrysanthemen ging, Kränze, Frost. Hier hatten sie ja damit gestanden, auf diesem Stück Erde hatten sie es gehabt.

Jetzt weiß ich nicht mehr. Wie wir gingen, war klar. Ludwik maß ab, prüfte. Die Burakowska. Wir bogen ab.

– Das Kopfsteinpflaster ist noch da, und der Rinnstein ist noch derselbe.

Die Reste der Anlage, der Häuschen auf der linken Seite, die, auf der er gewohnt hat. Er erklärt, wer wo und wem was war.

– guck, da ist sogar noch die Festbeleuchtung zum Besuch des Zaren, du hast doch danach gefragt ... So – er zeigte auf das Kopfsteinpflaster, zur Reparatur eingezäunt, eine Straßensperre quer, und zwei Laternchen, nah am Boden – und auch quer, wie du es dir vorgestellt hast, und einen Augenblick lang hab ich schon geglaubt ... aber das war längs, am Rinnstein entlang ... es spiegelte sich im Rinnstein.

Hinter den Laternchen saß ein Mensch. Er schlief. Vor dem Menschen pumpte etwas Wasser herauf oder heraus. Ganz von selbst.

Ludwiks Anlage und die daneben sind noch lebendig. Da trank man Wodka. Im Gras.

– Das ist noch das wahre Leben.

Ludwik zeigte auf die Fenster. Seine, aus dem vorletzten Krieg noch. Jetzt sind sie erleuchtet, drei Stück, jemand küßt eine Hand, ein Hin und Her, ein Namenstag?

– Sehen wir uns die Piaskowa an?

– ja, ob da ein Durchgang ist?

– genau. Der ist nicht weit von der Burakowska, ich weiß schon Bescheid – sagte Ludwik vielsagend.

Die Burakowska kam von der Powązkowska. Und führte zur Piaskowa. Die Piaskowa führte vor den Umgehungsgleisen her zu einer Biegung. Und hinter der Biegung mündete sie in die Powązkowska.

Ganz schmal. Mäuerchen. Bäume. Mit einem Pelz aus Staub. Nichts hatte sich geändert. Der Durchgang war da. Vor dem Durchgang eine kleine Mauer, ein Tor, Aufschriften. Ludwik blieb stehen. Studierte.

– Registeramt. Zentralstelle für Statistik. Hier? Hier stellen sie also fest, daß die meisten Journalisten an Herzinfarkt sterben.

– Hier ist alles.

– und dieser Adler auf der Tafel an der Piaskowa ... der ist für sie auch wichtig.

Ausgang
Vom 31. März auf den 1. April 1974

Ich ging aus, um den gestrigen Tag zu suchen. Aber ich kam ihm nicht auf die Spur. Ich fing an, nach der Nacht zu suchen. Die Nacht war da. Sie rauschte ein wenig. Saß ein wenig auf den Schienen. Was soll man etwas suchen, wenn es da ist. Doch dann sucht man darin etwas, das sich abzeichnet oder sich regt oder heller ist. Wie diese Schienenarbeiter. Ogród Saski, leer, aber voller Bäume, sie stehn da, und damit hat es sich.

Ein Dünner ging die Marszałkowska hinunter. Nicht betrunken, aber ein bißchen beschwipst. Ich trete zurück in eine leere Querstraße. Ein tönender Name. Królewska. Hinter mir klipper-klapper, Absätze. Am Übergang zum Grzybowski-Platz drehte ich mich um – in der Ferne gingen mehrere Leute, darunter ein Paar. Einmal hat sich dieses Paar auf dem Platz gestritten, dabei haben sie eine Flasche mit Sahne stehenlassen. Auf dem Trottoir.

Gut, daß man das Dreieckige des Platzes beibehalten hat. Die Grünfläche. Auch dreieckig. Die Kirche ist gut mit diesen Türmen. Würdige Stufen. Weiß, weiß beleuchtete Eingangsvorhalle, mit Säulen eingefaßt. Und leer. Kein Mensch. Auf dem ganzen Platz. Nur eine Dame ist von der Królewska bis an die Pforte gekommen. In dieser Kirche haben meine Eltern geheiratet.

Früher war es hier jüdisch und katholisch und proletarisch. Nach dem Aufstand hing lange Staub in der Luft. Wahrscheinlich hing er nicht mehr wirklich in der Luft, aber es wirkte so. Sonnenuntergänge auf den Ziegeln, die Überreste der Mietshäuser, Dachrinnen, Regen, viel Wärme. Romantische Nächte. Schon diese leeren, leersten Nächte. Obwohl die Rohre, Drähte, Waschbecken, Nägel auch damals schon hier waren, auf den Höfen hinter den ausgehöhlten Toren.

Einmal geh ich nachts auf diesen Platz, aus der Ferne höre ich Geplauder und ein langsames Trapp-Trapp. Eine Kutsche. In der warmen dunklen Nacht kam sie über die Twarda-Straße. Ganz langsam. Die Unterhaltung zog sich zwischen den Trümmern hin, hallte davon wider. Sie rollte lange, lange heran. Ich stand da. Wartete. Sie bogen ein, Kutsche, Pferd, Kutscher und Fahrgast. Auf den Platz. In einer langen Diagonalen.

Sie fuhren auch ziemlich lange an mir vorbei, dann in die Graniczna. Der Kutscher saß seitwärts auf dem Bock. Ich horchte, manchmal wandte er sich an die Frau in der Kutsche, um etwas zu fragen. Ja, sie war es, die redete. Ich glaube, sie saß da mit einem Paket. Bequem. Eine ältere Frau. Typische Warschauerin. Und sie erzählte, erzählte. Wahrscheinlich ihr halbes Leben. Jetzt biege ich in die abgeriegelte Graniczna, in die jene beiden vor zwanzig Jahren mit der Kutsche fuhren. Da geht das Paar. Oder steht. Ach nein, das sind zwei Abfalleimer. In Garwolina jagte so einer meiner Mutter immer einen Schrecken ein. An der Ecke. Um so schlimmer. Ich gehe über die Próżna zurück. Auf einer Seite stehen noch drei Häuser, die mit so einem merkwürdigen System von Höfen und Toren miteinander verbunden sind. Auf der anderen Seite stehen größere Häuser. Zwei alte. Besonders eines im Jugendstil beschäftigt mich. Fünfstöckig, mit einem winzigen Hof, mit Balkonen, die an den Ecken festgemacht sind, oben. Wenn es nur noch ein bißchen wärmer ist, wird hier geschnarcht. Und wie. Daß die Wände wackeln. Dann stehe ich verzaubert unten in dem kleinen Hof und schaue nach oben. Ich lausche. Heute hab ich nachgeschaut. Die Fenster waren nicht offen. Man hörte nur den Atem von innen. Vor kurzem hat Lu. etwas gesagt, ich hatte ihn an etwas aus seinen Straßenwanderungen erinnert. Das ohne Pointe gewesen war. Und er darauf: Ja, sagte er, am liebsten habe ich es, wenn fast nichts passiert ...

Aus dem Polnischen von Esther Kinsky

FRIEDENAUER PRESSE

NEU: Herbst 2004 *WINTERBUCH*

Ivan Bunin
Čechov

Erinnerungen eines Zeitgenossen

Aus dem Russischen übersetzt von Brigitte van Kann
Herausgegeben und kommentiert von Peter Urban

312 Seiten. Gebunden.
€ 22.50/Sfr. 38.50/ € (A) 23.20 ISBN 3-932109-38-4

Das Rätsel Čechov, sein Genie und sein Geheimnis haben Rußlands ersten Nobelpreisträger, den Dichter Ivan Bunin (1870–1953) zeitlebens fasziniert. Bunin, seit 1899 mit dem großen Vorbild eng befreundet, war Čechov in Jalta der liebste Gast.

Er überlebte seinen großen Kollegen um 49 Jahre und hatte sich schon seit 1910 mit dem Plan getragen, ein Buch über Čechov zu schreiben. Doch der Erste Weltkrieg, der Oktoberumsturz, schließlich die Flucht nach Frankreich und der Zweite Weltkrieg hinderten ihn lange Zeit, die Erinnerungen an Čechov zu einem Buch auszubauen. Erst nach dem Krieg konnte Bunin in Paris in russischen Buchhandlungen Bände der maßgeblichen großen Moskauer Čechov-Ausgabe kaufen. Hier las er Čechovs Briefe noch einmal im Zusammenhang. Er exzerpierte Briefe, charakteristische Zitate, ergänzte seine Erinnerungen, hielt Stichworte fest, machte Anstreichungen in aller ihm verfügbaren Sekundär- und Memoirenliteratur – und starb über dieser Arbeit 1953.

Seiner Witwe, Vera N. Bunina, die das umfangreiche Material zusammenstellte, verdanken wir diesen Erinnerungsband, den sie 1955 im New Yorker Čechov-Verlag (auf russisch) veröffentlichte.

Im Čechov-Jahr – im Juli 1904 ist der Schriftsteller in Badenweiler gestorben – erscheint mit der deutschen Erstübersetzung von Bunins Aufzeichnungen ein *Winterbuch,* über dessen Lektüre man nachdenklich werden kann. Mit Sicherheit wird man zu Čechov, seinen wunderbaren Briefen, seinen Erzählungen greifen – um das von Bunin Formulierte bestätigt zu finden.

»Bunins *Čechov* ist, neben der Liebeserklärung, die ihm Nabokov in seinen Vorlesungen zur klassischen russischen Literatur gemacht hat, das wohl Beste und Zuverlässigste, was je über Anton Čechov geschrieben worden ist.« *Peter Urban*

Ivan A. Bunin, 1895

FRIEDENAUER PRESSE   Katharina Wagenbach-Wolff   10623 Berlin   Carmerstraße 10

»Wunderbare Literatur«

»›Am Hang‹ ist – man verzeihe den banalen, aber treffenden Ausdruck – wunderbare Literatur. Am Ende will man das Buch nicht mehr aus der Hand legen, beneidet alle, die das Lektürevergnügen noch vor sich haben.« Julian Schütt, Weltwoche

Aus einer vielleicht nicht zufälligen Begegnung zweier Fremder entwickelt sich eine Parabel über das Leben, die Liebe, die Treue – und ein kriminalistisches Abenteuer, das am Pfingstmontag ein ungeahntes Ende nimmt.

Markus Werner, Am Hang
192 Seiten, gebunden, € 17,90 (D); sFr 31,70

Ein Buch von S. FISCHER
www.fischerverlage.de

Herman Melville
Clarel
Gedicht und Pilgerreise ins Heilige Land

Stationen, Lotungen, Begängnisse
(Auszüge)

Deutsch von Rainer G. Schmidt

TEIL I

JERUSALEM

I. DIE HERBERGE

In einer Kammer, niedrig und von Zeit gezeichnet,
Altes Gemäuer, jüngst mit Kalk getüncht —
Das einem frisch in Stein gehau'nen Grabe gleicht;
Sitzt ein Student, Ellbogen auf dem Knie,
Die Stirn ganz regungslos gestützt auf die
Handschräge, und sinnt für sich.
   Das schmale, tiefe Fenster sendet einen Strahl,
Der sagt, daß in der Heil'gen Stadt
Der Tag am Schwinden ist —
Vorabend des Erscheinungsfestes.
An seiner Seite in der schmalen Zelle
Liegt sein Gepäck, unausgepackt; darauf
Liegt Staub, und auf ihm gleichermaßen —
Der Staub der Reise. Doch bald
Hebt er sein Antlitz – schön geformt,
Doch bleich und beinah weiblich,
Bis auf das Auge und die ernste Stirn —
Steht auf dann, schreitet hin und her,
Hält inne, spricht: „Auf eine and're
Stimmung als die hier erwartete
Treffe ich Neuling nun.
Theologie, bist du so blind?
Was sagt denn dies naturalistische Geläut

Anstelle des Orakels von Siloha,
Das hier murmeln sollte? Dem Charme entrissen,
Am heil'gen Ort in einen Hinterhalt geraten!
Nicht so war es noch gestern,
Vor Jaffa, auf dem hellen blauen Meer,
Nicht so, mein Herz, war es mit dir,
Beim Landen mitten in Gebrüll und Gischt;
Nicht so, als wir, beritten und voll ausgerüstet,
Durch das gewölbte Tor nach draußen glitten
Vor die Mauern, wo Gärten, strahlend
Von der Blütenpracht, den Blick erfreuten.
   Die Ebene durchquerten wir. Am Nachmittag,
Ganz ähnlich unserm frühen, milden Herbst —
So mild gestimmt für eine Gabe —
Der Atem der Prärien von Saron!
Und die danach benannte Rose, war sie wohl
Jener purpurrote Mohn, der oft vorhanden ist?
Dann glänzte Ramle auf, die segelweiße Stadt,
Am Abend. Dort, von dem schönen Turm
Der Unterstadt, sah ich des Tages Enden zu;
Seewärts und blendend ging die Sonne unter:
Ich wandte mich zum Lande hin, zum Wall
Von Ephraim, der sich zu einem Purpur-Bahrtuch streckt.
Gebirgsbezauberung! Doch welchen Wechsel
Konnt' am Ende das Näherkommen bringen.
   Der Aufbruch heute morgen – Gewehr und Lanze
Gegen des Viertelmondes niedrige Gezeit;
Die Diebeshütten, wo wir leise ritten;
Kühle der Früh in einsamem Voran;
In steinigem Engpaß des Mittags Sengen,
Von Klippen abgestrahlt; (...)
Und schließlich in der Höh als Ziel,
Den Eis-Bastionen gleich rings um den Pol,
Weiß, weiß sind Deine Türme, Jerusalem!"

   Und wieder sinkt er nieder, die Stirn gestützt.
Doch, aufspringend: „Nun, mir war wohlbekannt,
Jerusalem, das ist nicht Samarkand;
   (...)

III. DAS GRAB

(...)
   Wie viele, selten viele, alte Altäre,
Und Höhlenschreine scharen sich um das Grab:
Grotten und eine Klippe; und weiteres ist dort;
Und Klosterhallen fügen ihre Düsternis hinzu.

Damit umfänglich er das Drama der Passion
Mit seinen Stätten kann zusammenfassen,
Verschachtelt und verstreut der Tempel sich gewaltig,
Spürt jeden Fleck auf, der geschichtlich ist —
Saugt alle Orte der Umgebung an —
Alles verschlingend, wahres Labyrinth.
    Und doch gab's eine Zeit, da alles hier vereinzelt
Stand, und ungeschützt noch zog
Die Pilgerschar von Kreuz zu Kreuz,
Von der Kapelle zu dem Schrein, von Zelt zu Zelt,
Wo nun das Ganze überdacht zusammenhängt —
Wo nun, durch Zeiteinwirkung
Und bezaubert durch manch eine Legende,
So etwas wie Natur wieder erscheint —
Dunkel oder betrübt, vielleicht im Einklang ganz
Mit dem, was jetzt von einst bekannt war,
Als hier von dieser Höhe Salems,
Damals bewaldet noch im Urzustand,
Hinab ins Tal von Shaveh, nach dem Gefecht
Mit den vier Königen, Melchisedek,
Der Priester der Druiden, kam, mit Brot und Wein,
Zu segnen Abraham mit heil'gen Riten.
    Welch ein Geraschel jetzt aus Schattenräumen,
Korridoren, worin die Mönche schreiten,
Schleicht, seltsam unterbrochen, seiner Wege,
Wie Schritte in Indianerwäldern tief.
So vogelgleich gleitet des Sängers Ton herab
Von einer Brüstung oder fernem Bogen:
Während verstreute Lämpchen, schimmernd
Bei den Knienden, mit Glühwurmlicht
Die blaue Nacht des weiten Kirchenschiffs abmildern
Und einen Schleier des Mysteriums erzeugen:
Die Trübung ist gebreitet über tausend Jahre,
Und wie durch eines Menschen Tränen wird Golgatha gesehn.
    Der Dom, in klösterlichen Seitengängen, birgt
Eremiten, die während öffentlicher Zeiten
Im Schatten abgesondert bleiben, die aber,
Wenn die zauberhafte Mittnacht waltet,
Barfuß, mit Kerzen hell, erscheinen
Und die, nach ihrer Herzenslust den Umkreis
Des zentralen Grabs durchwandernd, die Runde
Der Altäre machen; und jeden Marmorsockel
Salben mit Ölen voller Wohlgeruch:
Oder die, ganz allein, seltsame Tröstung finden
Und einen Andachtsraum für ihren Geist,
Sind sie im Grabe selber eingeschlossen.
    (...)
Reihum warten die Brüder dem Tempel auf,

Schmücken und pflegen ihn, machen ein Heim daraus,
Und treten wochenlang nicht vor das Tor.
Ersteigen jeden Morgen wiederum die Treppe
Von Golgatha mit Tuch und Besen,
Denn Staub pflegt sich dort abzulagern
Und auf dem Grab sich auch zu sammeln,
Und an den Klagestätten der Passion.
Nicht List und Tücke herrscht hier, sondern
Überlieferung – alte und umfangreiche.
An festgelegten Stätten wird das Drama aufgezeigt —
Jeder bekannte Ort ist zugeteilt; hier wurde
Er gegeißelt; dort nagelten Soldaten
Das Opfer an den Kreuzesbaum; verhöhnend
Standen dort die Juden; Maria dort erbleichte;
Hier wurde das Gewand zerteilt.
   Mirakelspiel des heimgesuchten Steins —
Mirakelspiel, ein geisterhaftes, das vermag,
Nachdenken anzuregen oder zu überwältigen.
      (...)
   Doch wenig hier rührt's Herz von irgendwem;
Eher starker Widerwille oder Hohn
Oder Zynismus stellt sich ein, sieht man
Des Domes hoffnungslosen Hof besetzt
Von Händlern, firm in den gewohnten Tricks,
Verhökernd Amulette oder Kruzifixe;
Oder hört man, an heil'gen Tagen, den Lärm
Von Kneipen, wie zur Zeit des Markts,
Und das Gewirr der Sprachen Asiens
Und der Inseln, Austausch, gesummt
Von Scharen unterschiedlicher Nationen
In seltsamer Gewandung. Sind diese Haufen
Händler? Ist's der Basar von Kairo
Und sein Getümmel? Nein, laß dein Mäkeln.
Schau, einfache Natur ist's bloß;
Unehrerbietigkeit will keiner, bei aller Freiheit.
   Nicht durch Europas Zweifelsqual behelligt,
Die fragt *Und kann der Vater sein?*,
Sind diese Kinder frommer Zonen,
Zum Fest im Tempel eingeführt,
Glücklich unwissend, und wie Waisenkinder,
Die auf dem Spielplatz tollen, dem umfriedeten.
   Für and're mag die Düsternis von mehr
Erfüllt sein als vom Dunkel der Natur;
Sie schlendern dicht am Grab vorbei,
Allein, und wenn der Tag sich neigt —
So daß der Stein, auf dem der Engel
Saß, in weitere Entfernung seinen
Schatten wirft, und Seufzer oder Laute

Hallen vom Klageort Marias oder aus
Der Höhle, wo das Kreuz man fand;
Oder von dort, wo der Soldat den Speer gereicht,
Schleicht Mäuseräscheln sich ins Ohr —
Erschrecke, ganz wie Ludovico
Einst im Spukgemach. Du, der du
Weniger empfindlich bist, aber vielleicht
Versiert in allem oben, allem unten —
In allem, außer deinem dunklen Menschenherz;
Du würd'st vielleicht nervös zusammenzucken
Beim letzten Schweifen deiner eig'nen Phantasie,
Der du hier spotten möchtest; mit mysteriösem
Schmerz kann der gewitzte Alte Rache üben.
Doch höhne – höhne weiter, bis rings um dich,
In deinem Spötterstuhl, die Reaktionen
Schleichen; des Stolzes Schal aus Smyrna möge
Den Träger schlagen mit Plage. Ah, weiche!
   Doch wie den Zweifel teilen ein'ger,
Die stets klagen? Hier ist's für solche
Immer heilsam, sich weithin abzuwenden
Von der Schädelstätte, Golgatha nämlich,
Und in der Sonne sich den Dom der Zedern
Anzusehen, durchbrochen wie das Marmor-Pantheon:
Kein trübend Fensterglas, sondern offener Himmel:
Dort lugt der Tag hinein, dort ziehen Sterne,
Und in den stillen Stunden, die sie erhellen,
Tränt Himmels Tau aufs Grab herab.
   Und Träume fehlen nicht, durchbebt von Abenteuerschauern:
In Stille, wenn die Städte und die Zeiten schweigen,
Dann steigen Gottfried und Balduin aus ihren Gräbern
(Passend gebettet nahe dem erlösten Stein),
Und dies bewaffnet. Mit Schwertern, strahlenden,
Bewachen sie das Grab, das sie errungen.
   So arbeitet die Phantasie, flinker Vollender:
Vorstellungskraft, stets ernst, ruft
Den entfernten Freitag ins Gedächtnis,
Wiederbelebt den Tag der Kreuzigung —
Bestätigt die Passion und ihre Folge,
Versetzt sich in die drei bleichen Marien;
Bewegt mit diesen sich durch die Verfinsterung
Zurück zum Haus, woher sie kamen
Nach Golgatha. O leerer Raum,
O bleiern schwere Düsternis —
O Herzen, eingeduckt, von Schmerz bedrängt,
Sie halten die Verheißung nun für nichts, und rufen
Ihn doch an, der keinen Ruf erwidert;
Und fürchten weiteres, das noch geschehen kann.
O Schrecken im Verein mit Liebe, die rief:

„Bist du gegangen? Ist's vorbei? Gekreuzigt?"
Wer könnte denn nach solchem Schrecken, solch
Blankem Schaudern, all die gesegneten
Gesänge und Lilien voraussehn,
Die's blütenreiche Osterfest bezeugen?

V. CLAREL

(...)
   Er wandte sich in eine and're Richtung, traf
Wie bezaubert auf eine ruhige Kapelle; und jemand
Sprach den Namen. Die kurze Bibelstelle,
Hier erinnert, mag den Zusammenhang erhellen:
Geschrieben steht, daß unser Herr begraben ward'
In einem Garten. Auf diesem grünen Grund
Erschien er wieder, gerufen von Maria.
Man zeigt den Ort, oder den angeblichen —
Lauben, erstarrt zu Steingewölben —,
Kapelle der Erscheinung heißend.
Zu dieser Stelle kam nun der Student
In einer Stimmung, die schwer abzuschildern ist —
Die Stelle, wo im Dämmrungsgrau,
Bleiche Gestalt, vom Tau der Nacht beträntt,
Der Zweite Adam stand, wiedererstanden —
Nicht wie der Erste, rosig und gesund,
In Eden. Jedoch, in Blätter eingetaucht,
Im Zwielicht eines unvollkomm'nen Tags,
Erschien ihr Christus als der Gärtner,
Weib, das sich täuschte, das ihn jüngst
Im Grab, dem laubenüberwölbten,
Suchte und nicht fand.
                Hier, ein geweihter Kranz —
Hier bei dem Heiligtum, das Clarel hatt' erreicht —
Verströmte Düfte. Kaum wärmte dieser Trost
Einige arme Griechen, die am Boden lagen,
Geschmerzt durch jüngste Reisen, fern und nah,
Zu den geweihten Stätten außerhalb der Stadt;
So matt, daß sie nicht einmal knieten,
Sondern zur Nacht sich niederlegten hier,
Frauen und Kinder, deren Weh noch nicht
Gelindert. Und jedes Antlitz war ein Buch
Voller Enttäuschung. „Warum weinst du?
Wen suchest du?" – Worte, zufällig nun
Erinnert von Clarel, die er bezog auf diese
Vor sich; und er nahm in gewisser
Weise, doch etwas abgewandelt, selber daran
Teil; sah alles dann im Traum,

Was ihnen noch geschehen konnte.
Er sah sie abgezehrt, schlecht ausgestattet —
Bleich, im Gewirr der Pilgerflut,
Nun auf dem Weg zurück zu fernen Heimen.
Um Mitternacht, da schlagen Stürme los —
Wie Paulus sie erfahren —, wütender Krieg,
Dem beizukommen man kaum die Mittel hat.
Die Lampe, welche auf dem Bug in dem gewohnten
Schrein gebrannt, ist nun erloschen —
Samt Himmels letztem schwachen Stern ertränkt.
Panik bricht aus; sie ändern ihren Kurs;
Halten auf Tyrus zu – Tyrus, das unerkannte:
Küste voll Wracks, die, krumm geworden, bleichen
Auf ruinierten Pieren, worauf Adler kreischen.
 Mit welcher Hoffnung fuhren sie von ihren
Heit'ren Inseln, und auf solch zarter Suche;
Dann, nach der Plackerei dazwischen, stachen
Erneut in See sie; und, obwohl in Sorgen,
Klagten sie nicht, denn Zion hatten sie gesehn;
Ein jeder trug, dem Herzen nah, ein priesterliches
Schreiben in einem Palmenblatt als Amulett.
 Doch diese, ach, sie schlafen auf dem Strand
Von Tyrus in der Dämm'rung bleicher Macht!
Ist es denn Schlaf? – Nein, Ruh' – die Ruhe,
Die nichts stört oder behelligt.
 In Träumen, die sich abwechseln und ineinandergleiten,
Sah er aus dem Damaskus-Tor hervor
Den Islam stolz mit seinem Mahmal ziehn —
Dem auserkorenen Kamel, König von allem,
Mit rätselhaften Sattelbauten reich drapiert,
Mit Seidensäumen und mit mancher Silberkugel,
Gewirkte Zeichen auf dem Wagen des Korans
Und auf des Sultans Tuch. Er hört den Krach
Von Janitscharen, Scharen in Waffen,
Die barbarisches Getrommel, Gong und Geschrei
Einsetzen. Und Kamele – Gewand und Schal
Von Reitern, die sie mit sich führen —,
Eine Pagode jeder Scheich auf seinem Turm,
Mit überkreuzten Beinen und dunkelfarbig. Dazu,
Im Zustrom der opal'nen Stunde,
Truppen moslem'scher Pairs, die kurbettieren,
Und, blitzend, Krummsäbel und Speere
In schönen Wimpelwäldern, grasig grün
(Wie Feirans Palmen, in der Luft Gefächel),
Woraus der Halbmond silbern steigt.
 Dann Menschenwirrwarr, wildes Drängen,
Zusammenströmend von den Küsten der Levante;
Zu Fuß, auf Eseln; selten Sänften —

Ganze Familien; überhäuft die Doppelkörbe;
Reiche und Bettler – allesamt verführt
Zu freudigem Vertrauen in Allahs Obhut;
Allah, dessen Propheten Grab und Heil'ger
Stadt entgegen sie, vernarrt, sich wenden,
Wie fürderhin auch auf der Pilgerfahrt.
　Doch lang der Weg. Und wenn sie, noch
Bevor sie durch die weite, grüne Vorstadt ziehn,
Ein Lager sehn im Feld, nicht weit entfernt,
Ländliche, einladende Szenerie;
Dann wird ein Kind aufspringen, fröhlich trällern:
„Mekka ist das, Mekka, sieh doch – Mama!"
　Dann denkt als erstes an die Wüste sie,
Wohin der Samum zieht in Windeseile;
Wo weiße Rippenkörbe der Toten den
Feinen Sand durchsieben, während in langer,
Langer Linie, blaß voraus, die Knochen
Von Kamelen liegen und ihren Weg bezeichnen,
Mitsamt Skeletten, doch nur halb begrab'nen —
Reste von Menschen, ohne Freund verendet,
Die mit den eig'nen Händen, bis sie niedersanken,
Sich Sand über die Glieder häuften – letzter Dienst:
El Tih, die große, fürchterliche, die
Schlimmer als die Wüste ist der Schrift.
　Bevor das Auge Stadt und Grab begrüßen wird,
Da stürzen viele nieder, sterben nicht wenige
Von denen, die pünktlich bei Sonnenaufgang
Das abgenutzte Bettuch auf dem Sand ausbreiten
Und sich gen Mekka wenden, dem Steine zu;
Und ihre Schatten fallen schräg und
Drohend dem Mumienland entgegen.
　Sie ziehn dahin; entschwinden. Was naht als nächstes?
Braungelbe Bauern – Menschenwoge,
Die Jahr für Jahr sich über Indien wälzt,
Indien, Ort großer Fruchtbarkeit und Grab.
Die Flut der Turbanträger überspült die Ebenen,
Rollt auf die selteneren Tempel Brahmas zu —
Sein Compostella oder braunhäutiges Loreto,
Wo man, der Sünden ledig, das Leid vergessen kann.
Doch viele, seuchenkrank, schwach, wund,
Sinken aschfahl auf blühendes Gestade —
Kommen in Haft, teilen den Schlaf mit Heuschrecken,
Werden Rekruten, dort, wo niemand schaut.
　Diese Vision verschwand. Und er vernahm, aus
Längst verfloss'nen Zeiten flutend, den Lärm
Von Horden aus tiefstem China her, Horden,
Welche die Wehr des Himalaja queren,
Um vor dem Schrein oder dem Überrest

Des Buddha, des mongol'schen Fo, zu knien,
Oder des Heilands Indiens. Welch tiefer Drang
Läßt diese Stämme derart wandern?
Beständig in der Zeit stetigem Wandel:
Zum erstenmal bemerkt er nun, beachtet ehrfurchtsvoll
Die Sympathie zwischen den Glaubensrichtungen,
Wenn sie auch feindlich oder fremd erscheinen —
Verzücktes Denken oder kriecherischer Traum.
　(...)

VI. STÄMME UND KONFESSIONEN

Er wandte sich zum Gehen, blieb aber stehen:
Hörte in vielen Tönen, wechselndem Gedröhn,
Aus Gotteshäusern, die den Grotten ähneln
Im Jordanwald, den Widerstreit der Liturgien,
Die, rollend unterhalb des Doms,
Erschallten rings um das geduld'ge Grab,
In Seitenschiffe dringen. Die Riten
Der Georgier, Maroniten,
Der Armenier und der heiß entflammten Griechen.
Römische Orgelklänge und wilder Krach
Von Zimbeln, die der dunkle Abessinier schwingt
Und scheppernd aufeinanderschlägt;
Dieses Getöse schwappt' wie Wogen hoch
Und warf die Frage seines Sinnes auf.
　Verstünde er ein wenig von den Worten, könnte
Clarel sich einen Schlüssel dann erfinden?
Ein jeder Wortschwall schien Verfluchung —
Und er das Ziel: Scher dich, o unheiliges Herz,
Du Pilger ohne Glauben, scher dich!
Und hier beschmutze nicht die Glaubensstätten,
Du, der argwöhnt, wir würden einen falschen Gott
Inthronisieren, und der, in widersinn'ger Sage,
Monströse Hirngespinste schwatzte von Jupiter
Oder, noch schlimmer, krasse Lügen über den Islam:
Wir kennen dich, du stummer Gast,
Scher dich hinaus! Erprobe die Natur,
Der du Übernatürliches für nichtig hältst:
Ziehe zur Woge Lots, am schwarzen Kidron,
Oder durchstreife Edom, beim Berge Seir;
Ducke dich nieder dort mit dem Schakal —
Ersehne Trost vom Skorpion!
　Einbildung war das; wirre Phantasie wob
Diese halb geglaubte Unterstellung.
Er trat an das Portal heran; der Chor schwoll an;
Er zog von dannen wie ein weggejagtes Wesen.

Doch als er ging, konnt' er sich einzig
Des Gezänks entsinnen, das allenthalben herrschte:
Für jede heil'ge Stätte Hader, Streit
Und Eifersüchteleien, ach, wie fern von Gnade:
O keifende Familie, ohne Vater nun,
War Fehde Seine Hinterlassenschaft?

X. STREIFZÜGE

Tage entfliehn. Über histor'schen Boden streifen sie —
Betreten manche Stätte, die der Fluch betrübt,
Wo Trümmer über Trümmer ohne Ende
Ära und Monument und Mensch vermengen;
Oder vielmehr in Schichten betten,
Zusammenpressen, überlagern.
Beschämt zerbröseln Johanniterklöster
Zu Ruinenödnis
Auf Schutt von Fatimidischen Palästen,
Errichtet auf dem Bruch der Herrschaft des Herodes —
Die wiederum auf Makkabäer-Resten gründet,
Und diese auf dem Ruhm von König David;
Und David auf den Altertümern
Der Jebusiten und auf Ornans Boden
Und auf den Jägerlagern längst vergang'ner Zeiten.
So sind die Uferränge im Glenroy —
Im Stich gelass'ne Ränder des Eiszeitmeers.
 In dieser Öde, der die Freude ist versagt,
Wie rar sind frische grüne Inselchen;
Doch sah vom nahen Dache man
Bäume und Gras auf dem Morija, in Allahs
Parkartigen Höfen; unten hielt stolze Wacht
Die Mauretan'sche Garde gottergeb'ner
Schwarzer. Von Christi Herrschaft
Aber überlebte kein Memento außer
Erdreich und Trümmer? Verneinung schien
Von jenem bröckeligen Tempel auszuströmen,
Einst Kleinod im geweihten Lehen von Balduin,
Kapelle Unsrer Lieben Frau der Schmerzen.
 Doch dicht an der gebog'nen Sohle des Ophel
Fanden sie einen Platz, der gut bewässert war
Vom Bach und durchaus Anmut hatte;
Er hieß der Garten König Salomons,
Obwohl jetzt Beet mit Blumenkohl,
Um die Stadtküchen zu beliefern.
 Einmal, als sie von weitem hierher kamen,
Sprach leise wiederholend der Heilige:
„Adonia, Adonia —

Der Stolperstein von Soheleth."
Er faselt, dachte Clarel – aber nein,
Denn er wies Text und Bibelstelle vor,
Die kundtut, wie der Prinz genau
Auf diesem freien Platz das Festmahl gab
Vor langer Zeit, Mahl der Verschwörer,
Genau beim Soheleth genannten Stein;
Aber zusammenschrak bei der Trompete Schall,
Die Salomon zum König machte, und samt der Gäste
All erbleichte.
            Von tief'rer Schlucht
Erklommen sie den steilen Hang, erreichten
Dort auf höherer Terrasse ein Tal,
Oder auch kleines, stilles Feld, fast kahl.
Der Mentor flüsterte: „Komm unverzüglich her,
Ein Zeichen wirst du sehen." – Clarel kam näher;
„Was für ein Zeichen?" fragte er. Darauf mit Seufzen:
„Beschämt vom heil'gen Blick der Früh,
Wird dieses Feld sich röten, und zwar aus Schande."
  Berührt von seiner Phantasie und Stimmung,
Betrachtete Clarel ihn eine Weile,
Gewahrte danach diesen rötlich-dumpfen Boden
Samt einem schmutzigen Gebilde,
Vor dessen Anblick er zurückwich —
Ein Beinhaus, einsam und verrottend,
Halb in der Erde, eingebrochen und verschandelt.
Und Clarel wußte – kaum war Irrtum möglich —,
Das war der Blutacker, der schlimme Hakeldama.
  Beim Ölberg wandelte zur Dämmerung
Der Heilige, vernarrt in Truggebilde,
Traum mischte sich mit Sage und Ereignis;
Und gleichsam mit Erinnerung beladen,
Erzählte er in seiner weitschweif'gen Weise,
Daß hier des Abends Christi Zuflucht war,
Während die letzte leise Schäferglocke einsam tönte —
Christus mit seinem Lieblingsjünger – Johannes.
  Oft bei dem Goldnen Tor, das auf Shaveh
Herabblickt und weit nach drüben
Zu Bethaniens abgeschied'nen Winkeln —
Dies Tor mit seinen Zwillingsbögen, geschmückt
Mit kostbaren Reliefs; dasselbe, durch das
Christus einritt, mit geheimer Last —
Als Palmen ausgebreitet wurden rechts und links
Vor ihm, welche mit lieblichem Applaus
Von Mädchen unterm Schwanken jener Bäume
Geschwungen wurden, von denen diese Zweige waren —
Über und unter Palmen zog Er
Auf jene ach so and're Krone zu! (...)

Bei jenem abgeschloss'nen Tor, in matter Lässigkeit
Und ach so teilnahmslos im goldnen Licht,
Hörte Clarel den Mentor oft
Die Zeit für Christi Wiederkunft bestimmen:
Ein Traum, und wie ein Traum verwischte er
Den Sinn – verschwand und war vergessen.
Bewegt von einem mystischen Impuls, der gänzlich
Von bekanntem Grund oder gewohntem war verschieden,
Pflegte der Heil'ge seine Lehre zu entfalten,
Obzwar sie wenig bündig war; ja, er ließ mitten
Im Erzählen das Thema sein, nickte dann ein und döste —
Fuhr auf und plapperte – und seufzte, schloß.

XI. UNTERER GIHON

Gut hätte er für den Studenten noch währen können,
Dieser von Lethe angeregte träumerische Zustand:
Geschehnisse verdrängten ihn, er ging vorüber.
Denn, eine Weile später, zog es die beiden
Von Gihons ob'rem Teich an lichter Stelle
Hinab zum tief'ren Schlund. Sie streiften
Längs so mancher stillen, in den Fels
Gehau'nen Zellen: des Todes leere
Zitadellen. Im Vorbau einer sah
Man eine Matte mattgrünen zarten Grases;
Und still auf diesem Rasen stand
Ein Fremdling, den sie leise
Murmeln hörten – „Zweideutiger!
Lockst du den Schwachen zu dir – sag,
So einnehmend in deinem Charme, du Grab?
Für mich kein Ort, der Mut verleiht."
  Er sah sie nicht; und da sie ihn nicht
Stören wollten, zogen sie weiter, trafen
Bald auf drei Dämonen, traurige drei,
Die diese öden Zonen wie in alter Zeit
Durchstreiften. Sie hatten Mienen,
Die in mürrische, verrückte Angebote fliehen:
Wie – Was habe ich mit dir zu tun?
  Zwei wichen unserm Nahen aus. Doch einer saß,
In einer schlimmen Erinnerung verloren
An eig'nes fürchterliches Unrecht. Er,
Wie im weit'ren Kreis von diesem, das durch
Die Geistesnebel schimmert, er wollte springen
Oder nicht länger auf den Boden stieren
Wie eben; und derart innerlich zerrissen sein
Von Pfeilen aufgebrachter Pein:
Mit zuckendem Gesicht starrte gen Himmel er,

Verfiel dann wieder in Verdrießlichkeit.
   (...)
            Jetzt aber kam der Fremdling —
Wenn er auch ihre Nähe nicht gewahrte —
Wieder in Sicht und wandte sich nach unten;
Als Clarel er bemerkte, erkannte er sofort —
Zumindest wäre so sein Stutzen zu erklären —
Als Bruder ihn, mit dem er wohl geistige
Bande haben könnte. Jung war er,
Halbmondförmig seine Stirn – doch ach,
Seine Gestalt entstellt. Er sprach kein Wort,
Doch schwankt' er undeutlich wie einer,
Der sich nicht als erster nähern wollte, doch der
Den Wunsch, tief unter Vorbehalten, hegen mocht.
Ehe Clarel, der jetzt verlegen wurde,
Erkennen zeigte, preßte der Unbekannte
Seine Lippen, machte kehrt, war fort.
Stumm traf Gesicht für kurz Gesicht:
Doch mehr vielleicht zwischen den zweien
Wurd' ausgetauscht als je manch ein
Gespräch in Worten übermitteln kann.
   (...)

XVI. DIE KLAGEMAUER

Unter den Haufen alter Trümmer,
Die nach und nach vom Morija rollten,
Gleitet heimlich der Kidron? Bauern behaupten,
Das unterirdische Geräusch zu hören.
In Wasserhallen und Lagunen-Seitenschiffen
Unter dem Tempel, welche Erinnerungen ält'rer Zeit
Schlafen da still? Welche Kanäle, Kammern
Von Quellen, welche Wälle, weit und tief,
Und viele tiefe Unterbauten gibt es,
Die so zu Düsternis und Zweifel passen,
Daß man verleitet ist zu fragen —
Stützten die Rechten sie? waren den Falschen dienlich?
   Es war auf einem ganz vergess'nen Weg,
Kloake allerfrüh'ster Tage,
Die ihren Ausgang, lang verborgen unter
Abfallhaufen, drauß' hatte in der Schlucht;
Es war durch dieses unerwartete Gewölbe,
Das mitten in der Stadt begann, an öder
Stelle, ganz übersät von Trümmern —
Durch diese Enge war's, daß Bauern,
In Belag'rung einst, Jerusalem einnahmen,
Es durch den Untergrund erstürmten.

Wandert umher, dies innerhalb der Mauern,
Inmitten Lichtungen von Kaktusbäumen,
Worin kein Leben wohnt, äugt oder ruft —
Wilde Einöden wie auf See Untiefen,
Unbesegelte; oder, wenn still die Sonne sinkt,
Dem Sausen der Handmühlen lauscht,
Häusliche Mühlen in dem Hof,
Und innig dort versammelt Menschen,
Die sanfte Hausfrau, sinnend bei dem Sohn,
Der kleine Plapperer bei ihrem Knie:
Abgründe liegen unter solchen Szenen —
Dunkle Steinbrüche, in die wen'ge schauen wollen,
Aus denen jene vielen hohen Städte kommen —
Große Hauptstädte, nacheinander aufgerichtet,
Die an selber Stelle nacheinander
Verschwanden. Pulverisiert, zerstreut,
Weht um und um ihr Staub.
   (...)
                Ziellos zogen
Sie quer durch die erstorb'ne Stadt,
Erreichten eine Stelle, wo in ödem Winkel
Einige Edomiten lagerten beim Mahle —
Bloß Gäste nur für einen Tag —,
Dunkel getönt, Raubvögeln durchaus gleichend,
Die auf den Steinen von Tyrus sich niederlassen.
Indes Clarel an diesem Bild sich weidete —
Während der Heil'ge in sein Ohr den Text,
Zu diesem Schauspiel passend, wiederholte —,
Hörten sie Stimmen, die im Chor
Sich gleichsam aus der Schlucht befreiten;
Und, schau, im selben Augenblick erschienen,
Seltsam wie Lilien in dem Moor,
Steigend aus stein'gem Paß hervor,
Aus niedrigem und schmutz'gem Bogengang,
Mädchen in Leinenkleidern, baren Haupts,
Bei ält'ren Frauen, die dort schreiten, und grauen
Greisen, eingehakt; die Mädchen tragen Bücher:
Schauen zu zweit in eine Seite;
Und derart tönend ziehen sie dahin,
Kein froher Zug, trotz des Gesangs.
   (...)
Unter den Mädchen im Banne dieser Riten
Gewahrte er eine, wie es sich traf,
Deren Gesicht solch unverfälschte Wahrheit zeigte,
Verknüpft mit Harmonien, die auf Gelöbnissen
Beruhen, entsprungen makellosem Ruf —
Sie sah wie ein Gesandter aus, der garantiert,
Daß Paradies jetzt möglich ist

Als künftiges. Es war die Grazie
Der Morgenfrühe der Natur: ein evagleiches Antlitz
Und Nereidenaugen mit jungfräulichem Zauber,
Aufrichtig wie der Tag, doch ganz verwirrend
Wie der Tag, wegen des freimütigen Lichts.
Sie schien wie eine Taube, Tempeltaube,
Im Tempel oder seinem Hain geboren
Und aufgezogen dort. Was war es aber, daß,
Bei näh'rem Blick, etwas unstimmig schien?
Ein wenig nachteilig? fehlender Friede?
Erzwung'ne Unterdrückung einer Stimmung,
Bedauern, das mit Sehnsucht sich verflocht,
Und eines jungfräulichen Sinns verborg'ner Widerspruch.
   Hebräisch das Profil, in jedem Zug;
Doch wie im Port, den Palmen säumen,
Den Riffe Indiens vor Schaden schützen,
Beruhigt wie in dem Gefäß der Wein —
Rotknospige Korallen in der Ferne
Scheu durch die Stillen droben schauen;
So drang allmählich durch die helle
Olivenfarb'ne Haut und durch die schönen
Hagarenschen Züge eine verräterische Röte —
Färbung, die bis zum Sande Israels
Vom Juni plauderte in einem fernen Land des Klees.
   (...)

XVIII. Nacht

Wie Segel, die sich scharen vorm Doppelkap
An schönem Tag, wenn Kalmen säumen,
So auf dem Hochland von Damaskus seht,
In Hainen und in Gärten, den umgürtenden,
Die Sprenkel weißer Flotten von Villen,
Gewiegt im grünen Ozean ihres Umlands.
   Dort, wo kein Minarett die Sonne mehr
Empfängt, die St. Sophia noch vergoldet,
Die ungern sie und später ihres Lichts beraubt,
Erfüllt der Frieden Herzens Wunsch.
In Obstgärten, die mild das Abendlicht durchstrahlt,
Sammelt, im grünen Turban, des Propheten Sohn
Sanft und mit ehrwürdiger Miene
Seinen Ertrag an Früchten. In der Alleen
Versteckspiel sind zu sehn die Bäche
Edens, die verzweigten, die
Frisch hervorschaun wie am Tag,
Als etwa Abrams Hausvogt wandelte —
Der sanfte Elieser, sinnend vielleicht —

An ebenjenen Ufern, auf dem Weg zu dem
In Kanaan erstellten Zelt. Vom Hermon streichen
Kühle Lüfte, welche die Glut der Rose
Mäßigen in einem Traum von Schnee;
Indes noch aus der Haine Wandelgänge,
Um zu besänftigen und einen Ton, fern
Uns'rer Menschenstimme, zu erreichen,
Der Abendtauben *Ave* leise dringt.
In solchen Tönen, übersetzt in Farben,
Schwelgt deine Wand, Angelico,
Deren zarte Pigmente sich im Anschaun lösen —
Vergehen, ganz verlöschen wie Sonnenuntergänge.
    Aber es locken Bäume, oben raschelnd,
Zu mancher Höhe eines Hauses jung und alt:
Luftiges Volk! seht sie sich drängen;
Und hoch der Mond steigt aus dem Paradies.

    Doch in Jerusalem begeben Müßiggänger
Am Abend sich nicht derart oft
Aufs Dach. Vielleicht zwei oder drei
Ruhige Grüppchen sind fernab zu sehn;
Oder ein einzelner, ohne Begleitung
(Wie in dem Mastkorb ganz allein der Schiffsjunge),
Der zuschaut, wie die Sterne steigen. Ebenso
Still stand Clarel, und sein gewölbter Raum
War offen zu der offenen Terrasse
Und überragte jede klein're Kuppel
Auf niedrigerer Stufe. Die Dämmerung
Des Klagetages gleitet, gleitet dahin.
Clarel, da ihm des Apostaten Geschichte noch frisch
Im Sinn war, hätte gern darüber nachgedacht,
Doch mehr noch über Ruths Geschick, das derart eng
Verwoben war mit Unheil. Doch jeglicher Gedanke
An Ruth wurde befremdlich unterlaufen
Von Celios Bild. Celio – der unauffindbar war
Als Leib – erschien nun
Gleichsam in der Rolle eines Geistes,
Der in der Luft umgeht und auch im Herzen.
    Zurück in seine Kammer wandte sich Clarel
Und suchte jenes Heil, das Unruhe vom Schlaf
Ersehnt: Heil, das ihm verwehrt ward;
Denn Mitternacht, die alle ihre Gräber spaltet,
Zeigte in einem fernen, bleichen Bild
Immer noch Celio – der unterm fahlen
Drängen schwand, im Druck des Widerstreits
Von Cherubim und Schattenfeinden.
Später besuchte er wiederum das Dach;
Und schrak zusammen, denn nicht weit entfernt

Gewahrte er ein zweifelhaftes dunkles Ding,
Gedrängt, geduckt, verhüllt, gesetzt
Unter das brusthohe Geländer,
Ding, das mit einem düst'ren Funken glomm.
Es regte sich, es murmelte. Tief im Gebet
War's Abdon unterm *Tallith*. Kostbar
War dieser Betschal – alt,
Ein Stoff aus Indien, dessen Borte goldene
Zeichen trägt. Hielt sich der Schwarze Jude
An den Spruch: *Beten ist mehr als Schlafen,*
Wie der Islam sagt? Der Hebräer erhob sich,
Und, angefacht vom Sternenhimmel,
Erglänzt der *Tallith* in des gestickten Textes
Geheimnisvollem Fließen. Er legte ihn dann ab,
Wandte sich um und wußte Clarel nicht nahbei
Und wäre, ohne ihn zu sehn, vorbeigegangen.
Doch Clarel sprach. Das schuf Verdruß —
Eine Jude aus dem Osten wird in Versunkenheit
Von einem Goi belauscht. Ein Wort aber vertrieb
Das Mißtraun, stellte den guten Willen wieder her.
  „Bleibe bei mir", sprach Clarel; „gehe nicht.
Ein Schatten, doch ich weiß kaum was —
Es quält mich. Ist es Vorahnung? – Horch!
Dieses schrille Schreien aus dem Dunkel!"
  „Dies gilt einem dahingegang'nen Geist – dahin,
Gerad' dahin. Der Brauch der Stadt ist
Dieser Schrei; ja, unverzüglich folgt der Atemstoß
Des Wachenden dem Schlag des Tods."
  „Und wieder! Wie eine Flammenzunge ist dies,
Die aus dem Spalt schießt"; und stand still:
„Kann Schicksal die Vorahnung so erfüllen?
Erst war es immer ich, erst ich, der solche
Warnungen bestritt. – Singst du noch
'S ist vorüber, doch hätten wir uns treffen können? —
Horch, horch; der Schrei wird wieder ausgestoßen;
Ihm gilt er – nun gefunden – nein, geflohn!"

XXI. NEBENSCHAUPLÄTZE

Auf Salems unterhöhltem Grund
Sieh diese Gasse, Straße oder dunkle
Biege, wohin Pilger, die gewöhnlich Führer
Nehmen, selten die Füße setzen.
Ergeben sind die eingebor'nen Führer hier,
Ergeben folgend, wohin du auch gehen mußt:
Zu Fuß; denn nie passieren hier Kamele —
Kamele, die ansonsten in der Stadt stolz

Durch die Straße laufen und die Gewänder streifen;
Nie ist ein Muli, Pferd, ein Eselchen zu sehn.
Wie Gletschertäler wirken manche Seitenwege,
Von steilen Wänden eingeengt. Verheert
Die Häuser, eingebrochen, unheilvoll, reif zum Ruin —
Hohlwangig wie der Horeb oder wie der Eremit
Genannte Felsen, Sproß von Kap Hoorn —,
Bieten sie Schutz, im Schmutz von Kammer oder
Flur, der Herde ziegenbärt'ger Ziegen;
Oder verwahrlost ganz, verhökert an die Angst,
Stehen sie klaffend, gleichen ausgeraubten Gräbern.
Bist du allein hier, reiße dich zusammen;
Denn du erschrickst, triffst du den Menschen.
Doch haust der Mensch hier, ja auch er —
Haust wie die Eidechs in versiegtem Brunnen,
Haust wie zur See der blinde Passagier
Beim Kielschwein tief; Verbrecher
Oder Büßer oder Unglückswesen
Oder Klausner oder Sippenloser
Oder Wicht, vom Stamm verstoßen; oder Seele,
Die, voller Angst, dem Jäger wich —
Wie Enim Bei, der Mameluck.
Er sprang – bewaffnet und, zum Glück, auf gutem Roß —
Über die Mauer der Barbarenveste Kairos;
Floh – blutend zwar, brach atemlos
Sich Bahn durch den Radau der Gassen
Bis in die Wüste; konnte selbst am Bei
Nicht innehalten, sondern stob weiter
Wie der Fuchs ins Erdreich der Stadt Zion;
Hier, übel zugerichtet, eingekauert in den Bau,
Starb er, sich kauernd – dann am sichersten.
   Schließ die ins Herz, die Tollheit packt
In jedem Grade, wozu der Glaube Schlüssel ist;
Die, von der ehrfurchtsvollen Sage angeleitet,
Hier auf dem Heimatgrund die Stärke finden;
Die, einer schlimmen Welt den Rücken wendend,
Mit off'nen Augen sich Verzückungen ergeben —
Die, als des Wortes Visionäre,
Wie Somnambule in die Fremde ziehen.

XXVIII. GRAB UND BRUNNEN

Clarel und Ruth – könnt' es nur sein,
Daß sie auf grünem, freiem Hochland schweiften,
Nah feierlichen Obstgärten, die ihre Hochzeitsgunst
Verschleudern, Knospen des Lenz;
Und, träumerisch in ihrem Schwinden in der Früh,

Wirkt perlenfarben wie dies Blühen
Luna, die Königin der Nacht;
Und inniger Zusammenklang von Jugend und Natur
Bringt Eden wieder, so daß die wirren Mären
Von Christus, dem Gekreuzigten, dem Schmerzensmann,
Seltsam erscheinen – ungereimt – erfunden.

   Einschränkungen durch jenes östliche Gesetz
Schlossen das Mädchen ab. Von ihrer
Wohnung, und nicht weit, entfernte sie sich
Nur mit Judenfrauen, mit Männern kaum.
Daher ging Nehemia trotz alledem
Wie früher stets zusammen mit Clarel,
Dessen Zuneigung und Zufriedenheit
In der Gesellschaft eines wuchs, der unaufhörlich
Plapperte von Ruth — „Mein Vogel – Gottes Vogel."

   Die beiden zog's an einem milden Morgen
Hinaus zu einer Öde, an welcher Schönheit hangt,
Die eine ach so doppelt tote Grotte umrankt:
Das ausgeraubte *Grab der Könige*.
   Ein tiefgeleg'ner, in den Fels gehau'ner Raum,
Führt zu Girlanden – ideal für eine Vase —
In einem Fries, gemeißelt über einem Grab:
Palmwedel, Ananas und Trauben. Diese erblühn,
Ins Darben einbezogen – uns zu verwirrn —
Als wär'n sie deine Zeile, Theokrit,
Der Joels dunklen Schreckenstext durchwirkt:
Ja, seltsam, jene Pocahontas-Hochzeit
Der Gegensätze im alten Glauben —
Hellenen-Heiterkeit, Leid der Hebräer.
Die mordenden Herodesse, so wird behauptet,
Liegen bestattet hinter diesem Girlandenwerk.

   Doch wer ist er, den barhäuptig man sieht,
Tief in des Grabes Schatten
Gelehnt, mit nachdenklicher Miene
Ernstlich befaßt mit den Reliefen?
Ein sachter Wind bewegt sein lyd'sches Haar:
Ein Mann des Grabs, doch reichlich schön —
Schön wie die dunklen Veilchen sind.
   Obwohl der Fries und dieser Abgeschiedene
In ihrer eig'nen Stimmung jeweils blieben,
Schuf Schönheit doch anmut'gen Einklang
Und Gegensatz zum kargen Platz.
   Doch als er merkte, daß man ihn gewahrte,
Grüßte der Fremde, wandte sich um dann,
Ging verlegen weiter, wie jemand,

Der ganz offenbar sich abseits halten möchte.
   (...)
                              Sie kommen von der Seite her
Dorthin, wo eine Steintreppe, versteckt
Im Felsenschatten, hinabführt nach Siloah.
Gegen die Glut der Mittagszeit geschützt,
Die abgestrahlt wird von der steilen Wand der Schlucht,
Greifen hier feuchte Simse ineinander
Und überwölben eine tiefgeleg'ne Grotte.
   Dort unten, still, als sei er eingeschlafen,
Gewahrten wiederum den Fremden sie,
Der, auf ganz tiefer Stufe sitzend,
Des Brunnens trübe Flut beschaute,
Die nach der Ebbe wieder anschwoll
Und gurgelte aus unsichtbaren Höhlen. Die Ruhe,
Unterbrochen durch die Flut, ist wundervoll.
Die Wissenschaft erklärt es. Nicht minder währt
Das wahre, naturgegebene Geheimnis.
Könnte durch ihn dort die Vision des Engels
Huschen am Teiche von Bethesda,
Mit den fünf Hallen, den er so trübte,
Daß jeder wurd' geheilt, der darin badete?
Oder, durch einen gleichen Traum bezaubert,
Lauschte er nur dem Quellgemurmel,
Wie Ammon klagend in der Wüste Lybiens,
Da Muse und Orakel sind verschwunden?
   Zufällig glitt, von oben angestoßen,
Ein Kiesel dort hinab die Stufen.
Er machte Lärm – und brach den brüch'gen Zauber:
Siloah war ein Brunnen auf dem Lande nur.

   Clarel blieb wiederum nichts anderes, als
Den Zurückgezogenen nicht zu behelligen —
Und wandte sich zum Aufbruch. – „Ehe wir gehn",
Sprach Nehemia, „will ich nach unten:
Trübe sind meine Augen, und trüber werden sie:
Ich werde sie in diesem kühlen Wasser baden,
Wie es die Blinden taten, die der Meister sandte
Und die von diesem Teiche sehend wiederkamen";
Und stieg hinab der Grotte Treppe.
   Der Fremde, im Begriffe hochzusteigen, machte halt;
Und als der Jünger seine Augen wusch,
Gab acht er, schaute auf, erblickte Clarel,
Und beide tauschten rasche Sympathien aus,
Obwohl nur durch den Blick, bewegt durch dieses Tun
Von einem, dessen Glaube die Wirklichkeit verklärte.
Ein Bund schien da geschaffen zwischen ihnen;
Und nunmehr zieht das Trio

Über den Kidron und nähert sich einmütig
Still und in gedämpftem Ton
Der Stelle, die, gemäß der Überlieferung,
Auf lange Zeit den Garten Uns'res Herrn enthielt.

XXX. DIE STÄTTE DER PASSION

Und wozu sind bei Klöstern Gärten?
Warum winden Asketen Rosen?
Ja, es gibt gar eine Erinnerung.
Wie er in einem Garten geht, seht
Den betrübten Gott. Und wo der Wein
Und die Olive in dunklen Stunden
Grüne Grüfte aus Lauben flechten —
Wer, um uns vor Verzweiflung zu bewahren,
Erleidet bleich hier die Passion
In Einsamkeit? Ja, die Erinnerung
Verbindet Eden und Gethsemane;
So daß nicht ohne Sinn Gärten
An graue Klostermauern grenzen.

   Wie glücklich war die Stadt auf Salems
Höhe zur feierlichen Zeit von Salomon!
In Scharen schlenderte das Volk herab,
Querte den Kidron und erging sich unbeschwert,
Wo heut' das tragische Gehölz erscheint,
Palmenbestanden damals und ein Platz des Fests.

   Zum Türchen kommen der Student
Und die Gefährten — stocken und treten ein.
In Bäumen, von Wurzelschlingen festgeschnürt —
Gekrümmt zu Knoten, Knorren, Knien — :
In riesigen Olivenbäumen
Sehn sie die Überlebenden der Pein.
Von diesen fallen blaue Runzelfrüchte,
Jerusalems verdorb'ne Ernte.
Schweigend wandte Clarel sich Vine jetzt zu,
Und hätte gern gesprochen; doch wie der starke
Dathan vom Erdloch ward verschluckt —
So wurde er, berückt durch Überlieferung und Sage,
In weit entfernte Zeit entrissen.
   Inzwischen setzte Nehemia sich im Schatten
Der Olivenbäume nachdenklich nieder
Und las in dem Kapitel des Johannes.
   Nach welcher Stimmung mag Clarel verlangen?
Bildhaft sah er die Szene in der Nacht —
Die Bande, die mit Schwert und Knüttel

Wegen unschuld'gen Blutes kam, ein Haufe:
Sie streifen Zweige, kleine Vögel fliegen auf,
Die toten Äste krachen, Laternen schwanken,
Bis, siehe, sie die Jünger durch den Wald erspähn.
„Meister!" – 'S ist Judas. Dann der Kuß.
Und Er, Er zaudert dabei nicht —
Sprachlos und unaussprechlich fügsam:
Die widerliche Schlange schlüpft ihm
Auf die Wange: mehr als sanftmütiges Erdulden —
Erdulden der vorhergewußten List,
Des Teufelsherzens, das im Menschen wohnt.
Ach, nun auf Clarel springt der Leopard:
Stiche bereitet die Passionserzählung.

    Um loszukommen, wendet er sich um, erblickt
Unterm Olivenbaum das weiße Haupt, gebeugt,
Versunken in die Schrift; und er verlangt —
„Welches Kapitel es auch ist, lese es laut."
Der Heil'ge schaute auf, doch starren Blicks,
Abwesend und befremdet, leer.

    Teils um Zeit totzuschlagen, teils aus Pflicht
Brütet manch alter Schäfer über einem Buch —
Ein ausrangiertes Pachtbuch früh'rer Tage,
Als er noch tätig war, Erträge häufte;
Würd' man ihn etwa unterbrechen und fragen,
Was er da lese, wird einen Blick er werfen,
Der verrät, daß er's nicht weiß,
Oder wenn doch, ist er nur wenig achtsam
Oder entsinnt sich kaum; hier ganz das gleiche
Bei dem verwirrten und erschöpften Nehemia.
Und jetzt beschlich auch Clarel
Seltsame Dumpfheit – hemmende.

    Ein Mönch, Hüter des Areals,
Nahte und zeigte ihm beim Hang
Den legendären Felsen oder Hügel,
Wo Schlaf Jakob und Petrus einst übermannt'.
Gelangweilt musterte der Pilger die Stelle
Und sagte nichts. – „Herr, denkst du nicht,
Daß Kummer ihren Schlaf bewirkte?
Lukas beglaubigt keine Faulpelzruhe:
Nein, sondern Übermaß des Fühlens drängte,
Bis Weh den Punkt der Apathie erreichte."
Das war kein leeres Wort für Clarel.
Erfahrung brachte den Beweis.
Vine aber schlenderte fernab – blieb
Ganz für sich und mied den Mönch.
Clarel erwartet' ihn. Er kam —
    (...)

Bereit zu Gehen, drehen sie sich um, sehen
Nach ihm, der grade erst im Buche sich verlor:
Er lag im Schlaf; herabgebeugt das Angesicht,
Blicklos zwischen gekreuzten Armen,
Schlaff eine Hand, auf's gute Buch geworfen,
In einem Frieden, der jede Sorge bannt.
Dann schwand der Schatten hin von Vine:
Ein Geist schien er, kein böser jedenfalls,
Als er ein stummes Zeichen jetzt
Dem Mönch gab: nicht zu stören;
Soll dieser arme Träumer seine Ruhe haben,
Genug an Ruhe.
              Doch wer steht dort jetzt,
Bei der Höhle vom Bitt'ren Kelch,
Schaut munter auf und staunend —
Schmuck und mit einem hübsch gebund'nen
Bändchen in der Hand, das jüngst er konsultiert?
Ein wißbegier'ger Spießer: seht,
Touristen treten so an Pilgers Stelle.
  Beim Anblick dieses flotten, schmucken Manns
Lief über Vines Gesicht ein Kräuseln
Grillenhaften Spotts, ein Elfenlicht;
Welch Wesen mag Clarel hierbei wohl sehen?
O Engel, rettet ihn vor dieser Schau.
Hans Dampf? Der in Gethsemane?
    (...)

XXXIX. CLAREL UND RUTH

Wie zart zeigt sich in nördlichen Klimaten
Die Au unter des Himmels Regenbogen,
Wenn Schauer abziehn und der Tau den Saum
Des Sonnenuntergangs umperlt; wenn, trotz der nahen
Nacht, Rotkehlchen singen. In dieser Weise milderte
Das Licht der Liebe die Spur des Grams in Ruth,
Doch konnt' sie sie nicht ganz verlöschen lassen.
  Von weitem Wandern, das den Geist anregt,
Von einsamer Erholung seines Studiums
Kehrte Clarel täglich zum Hof zurück.
Mit weiblicher und echter Anteilnahme sah
Die Hausmutter dem Wachsen dieser Liebe zu:
Begrüßte sie, denn Hoffnung hellte
In gewissem Grad den Gram auf:
Wie in der Luft die Möwe, die du siehst,
Weiß schimmert, weiß vor der Wolke auf dem Meer.
  Clarel, der Waise war bereits in jungen Jahren,
Hatt' Mutter oder Schwester nicht gekannt;

Zum erstenmal in seinem Leben konnt' er erfahren,
In Agars freundlich-offenem Gebaren,
Welch Zauber eine Frau besitzen kann,
Wenn von Natur aus sie die Neigung hat,
In häuslicher Betätigung sich auszuzeichnen:
Auf Erden ist nichts Besseres als dies —
Es heiligt gar den Erdenleib:
Madonna, deshalb wirst du angebetet.
    Doch Ruth: seit dieser Bund von Liebe und von Schicksal
Unterschrieben war und ihn der erste Kuß besiegelt,
Schien viel von ihrem Kummer des Exils geheilt,
Trotz ihrer Lage als auch der von Agar:
Es tat sich neue Aussicht auf; und wenn auch
Prophezeiungen, hinsichtlich ihres Vaters möglichem
Geschick, nicht zu vergessen waren, so konnte
Doch der Jugend Hoffnung sie erbeben lassen.
Um diese Stimmung zu behüten und zu hegen,
Versuchte Clarel, wenn er bei ihr war,
Die Unrast zu verbergen, die zudem
Die ganze Zartheit ihrer Liebe trüben konnte.
Ruth ahnte die verborgene Besorgnis,
Doch mehr die Zügelung und den Beweggrund auch:
Dies machte ihn zum reich'ren Liebeserben nur;
Und um so stärker hingen sie einander an.
Ruth war nicht zu Gedanken fähig, doch wär
Am Ende alles der mächt'gen Liebe unterworfen.
Die Wolke, die zur Zeit regierte,
Getönt von frischer Hoffnungsmorgenröte,
Belebte sich bisweilen im Farbenspiel
Von Muscheln, Kolibris und Blumen.
Könnte der Himmel zwei getreue Herzen täuschen?
Die Todesmotte bleibe in ihrem Unterschlupf.

XLII. NACHRICHT

Ein paar der Fremden, die jüngst eingetroffen,
Hielten mit Abdon sich im Gasthof auf;
Und würden bald schon, nach Besichtigung
Der Stadt, in Richtung Siddim
Weiterreisen und dann das Tote Meer erreichen,
Und Saba. Und käme Clarel mit?
Für ein paar Tage nur. Sie kehrten über
Bethlehem zurück, wo sie ein wenig weilen
Würden, und langten so in Zion wieder an.
Clarel war aber unentschlossen
Und blieb auch dann schwankenden Sinns,
Obwohl er hörte, daß, welch Zufall, Vine

Und Rolfe sich dieser Reisegruppe zugesellten.
   Er war nicht willens jetzt, sich aus den Banden
Ruths zu lösen. Und wollte doch auch gern
Lots Land und Meer und Judas absolute
Dürre sehn und ihre Tönung kennenlernen:
Und überprüfen, ob die Wüste des Johannes,
Durch diesen nicht gemildert, den Zweifel stärkte.
Während im Geist er schwankte und
Einer stillen Gasse Windung folgte,
Vernahm er einen raschen Warnruf hinter sich
Und Hufgeklapper, sprang dicht zur Mauer,
Wandte sich dann um; in diesem kurzen Nu
Kam puderheller Staub auf ihn
Von einem, der dahinschoß wie ein Pfeil,
Vor Staub gespensterhaft und ganz und gar
Beladen mit der Wüste und ihrer Farbe;
Ein Bote war's, der seinen Flug
(Wie Clarel später sich entsann)
Zu dem umfriedeten Gehöft von Agar lenkte.
   Das Waffenklirren, Klirrn von Hufen
Und ebenso warnendes Rufen
Setzten ihm zu, doch wußt' er kaum, warum;
Doch als, nach dem Verstreichen ein'ger Stunden,
Er in die Gegend seines Gastherrn kam,
Des Juden, und Nehemia warten sah
Im Bogen, mit einem Blick, der schon
Den Schatten einer Botschaft trug,
Da stand sein Herz still – Schicksals Herold, er?
   „Was gibt es? was?" – Der Heil'ge schwieg noch. —
„Ruth?" – „Nein, Nathan"; und überbracht' die Nachricht.
Die Drohung, oftmals ausgestoßen, ebenso oft geschmäht
Von einem, der aus Stolz sie nicht beachtet,
Die Drohung eines finst'ren, wilden Widersachers,
War nun nicht Drohung, sondern Tat:
Verbrannt das Dach auf Sarons Plan;
Und das verkohlte Holz war mit Geronnenem befleckt:
Doch jeder Leichnam fortgeschafft,
Ohne Bestattung bleibend oder Schlimmeres.

   Ach Ruth – weh, Agar, dir! Übel heckt Übel;
Die Witwe ohne eine freie Zukunft,
Der Mittel bar vielleicht oder der Fähigkeit,
Zu steuern auf des Kummers Nebelmeer.
   Seht nun wie Clarel, um ihr Leid zu teilen
Und ihnen Hilfe zu gewähren, geradewegs
Zum Haus der Trauer strebt – dadurch noch
Trauriger, daß der Betrauerte nicht dort lag —,
Doch fand er es verriegelt. Er wartete daher,

Unschlüssig, ob er pochen oder rufen sollte – sieh da,
Der Rabbi kommt heraus, während die Tür
Dahinter sich wieder schließt. Die Augen treffen sich,
Tauschen kurz ein Erstaunen aus,
Wandeln sich dann; und der vom Rabbi
Clarel übermittelte geheime Sinn zeigt sich
In seinem dunklen überleg'nen Blick:
Gestrenges Machtbewußtsein:
Tod – und dies ist die Stunde des Leviten.
Er sagt kein Wort, doch dreht sich um und geht.

    Zurück blieb der Student. Von jemand draußen,
Einem alten Nachbarn, wurde ihm gesagt,
Daß Juden niemals ihre Bräuche mildern:
Die Wohnung bliebe lang versiegelt
Für alle außer den Hebräern – von denen
Knieten Tröster an des Kummers Seite.
So wär gesorgt für beide. Mit schwerem Schritt
Ging er davon. Wie nur die Zeit verbringen
Von Ruths Absonderung? Könnte er Linderung
Erlangen vom dumpfen Schmerz des Nichtstuns?
Ja, jetzt würd er sich gerne diesen Pilgern zugesellen,
Die nächsten Morgen gegen Siddim
Ziehen wollten, über Jericho.

    Doch sandte er als allererstes Briefe,
Kurz, doch vom Herz diktiert —
Tat seines Plans erzwungene und widerwill'ge
Absicht kund; und schickte einen Ring
Als Liebespfand und zur Erinnerung für Ruth.

XLIII. EIN ZUG

Nur nicht! – nein, nein: ohn' Lebewohl
Lebend'gen Worts, du werte, wahre Gegenwart,
So soll ich scheiden? – losmachen von der Liebe mich?
Doch denke nach: die Umstände betreiben
Und begründen es. Solltest du bleiben,
Wärst du von ihrer Seite abgeschnitten
Für eine Zeit: auch wenn sie arg bekümmert wäre,
Würd' sie doch flüstern: „Geh! – es ist das beste."

    Schwankend! Er schritt in einer Straße,
Halb Gewölbe, wo wenige nur grüßen, oder
Keiner. Bald fesselt seinen Blick ein Brunnen,
Der in die Mauer eingelassen ist, Bildhauerei
Nach sarazenischem Entwurf —
Zerfallen nun und gänzlich trocken,
Bis auf ein staub'ges Kraut, welches herabhängt oder rankt.

Indes auf eine Weise er verweilte, die ihm
Die Goldne Schale ins Gedächtnis rief und
Den Zerbroch'nen Krug, da kamen Klänge auf —
Und junge Stimmen; ein Zug zeigt sich:
Mit einer prächt'gen Sänfte, blumenbekränzt,
Mit Sängern, Weihrauchfässern, einem Schleier.
Sie kommt, die Braut; doch, ach, wie bleich:
Blaubart, ihr Bräutigam, der grause Tod,
Heiratet heut' seine millionste Maid;
Sie, ausgestreckt auf der armen'schen Bahre,
Verläßt das Heim und alles ihr Vertraute —
Alles für ihn. Näher, noch näher —
Sah er bis jetzt getragen die wirkungslose
Flamme brennender Kerzen:
Die Sonne, auf der Bahn nach Westen, beschämet sie.

   Doch höre: Chöre; wechselseitig singend, schreiten
Männer und Knaben in Gewändern, wetteifern
Ohne Unterlaß nach rhythmischem Gesetz:
Ja, wie der Baß in tiefen Klagelauten
Gedanken, ernst und feierlich, anregt —
So gibt, um Einklang unbekümmert, der Wichte
Helle Stimme schrill Erwiderung;
Aber, getreu der auferlegten Rolle, heben
Die Bärte ihre Klage wieder an. So windet
Sich ihr Zug dahin, bis er, durchs Stadttor,
Weiterstrebt zum Grab.
                Clarel,
In seiner Geistesklause zurückgelassen,
Was plagt ihn denn? Seht ihn dort, wie wenn
In der Luft er eine Warnung hören würde.
Kann Liebe derart furchtsam sein?
Besorgt ums Schicksal? um die Zukunft? Alles
Verkehrt – ins Unglück? Ja Leichentuch sogar,
Und Grube? – Nein, nein: ich will sie nicht verlassen,
Es steht nun fest; ich schwanke nun nicht mehr. —
   Doch überdachte er es wieder
Und sprach, mit Spott, sich selber tadelnd:
Du Zweifler voller Aberglauben – gib's zu,
Bahren müssen getragen werden; warum der Schreck,
Wenn diese Bahre der Armenier vorbeizieht?
Der Brief ist abgeschickt, und willst du widerrufen?
'S ist nur für eine kurze Zwischenzeit.

Teil II
In der Wüste

XI. Von Wüsten

(...)
   Ödstätten sind von einem Zauber doch
Beschenkt, von einer Schönheit, die vom Himmel
Über ihnen rührt und göttlich klarer Luft —
Durchscheinender opal'ner Äther;
Und manche spiegeln in dem frühen
Tau des Abends ein Trugbild vor,
Das Tantalus erneut tantalisieren
Könnte; spöttisch entrollt,
Wie westliche Counties, strotzend von Korn,
Das auf den Schnitter und den Wagen wartet;
Oder, noch gelber als Guineas Gold,
Eher ähnlich einer aufgespannten Löwenhaut:
Bezeuge, daß direkt von Kairo aus
Die Wüste sich auftut, beim
Siegestor, von wo alljährlich mekkawärts
Der wilde Haufe stürzt, die Schar
Wahnwitz'ger Turbanträger. —
                        Immense Sande
Übermitteln ozeanische Empfindung:
Der Grit in Lüften jagt wie Wolkenfetzen:
Sandsäulen wirbeln oder bilden
Bögen wie in Kolonnaden,
Wahre Verwandte sind's der Wasserhose.
Drüben am sturmesroten Horizont,
Sieh dort die langgezog'ne Karawane
Mutlos sich mühen;
Bemerke, daß sie kämpft wie eine Flotte
Ohne Masten, die, Seitenwinden ausgesetzt,
Sich vom Gefecht zurückzieht,
Unheilvoll verkrüppelt. —
                        Der Sinai war schon berühmt,
Bevor von dort das donnernde Gesetz gerollt;
Stets war sein Haupt umhüllt von Schrecken;
Nie wagte sich ein Schäfer allzu nah
Heranzukommen (heißt's bei Josephus), aus Furcht
Vor jemandem: Geist oder strenger Gott —
Vor fremdem Eremiten, furchtbarem Bergbewohner. —

   Wenn überm Nil in Wolkenlosigkeit die Sonne
Steigt, welche eine Wolke ist dann über
Libyen geworfen? Du Riesenschattenwurf

Des unverwüstlichen Kolosses Cheops,
Bist du das Bild der unvergänglichen Vergangenheit
In ihrem ausgedehnten Walten und Wirken nach dem Tod,
Bis an den frühsten Tag der Zeit zurückversetzt?
Doch zügle dich. – Dem Luftraum oder Gegenstand
Verleihen solche Wüsten einen suggestiven Ton,
Der sie wiederbelebt.
            Was Juda hier betrifft —
So kann sie es mit Erebus aufnehmen:
Sie ist der absolute Schrecken – streng,
Tot, fahl, durchlöchert, stumm und grimm —
Eine geback'ne, menschenleere Hölle;
Doch sinnreich so geschaffen und entschieden,
Mit einem Angesicht versehn, das
Schreckliche, entschied'ne Angst bedeutet.
   In tiefer Kluft windet sich durch die Szene
Der Kidron – Wort (sagen die Gelehrten),
Das Angst bedeutet, nah am Tod.
Und gut kann eine so genannte Schlucht
Zu Lots tödlichem Meere führen,
In einem Spalt, der bei Gethsemane
Beginnt.
         Doch warum blickt
Der Mensch mit Gottesfurcht auf diesen
Leichenhaften Landstrich, der unterm Bann
Schädlicher Wirkung steht? Erinn're dich daran,
Daß in der alten Zeit der Heiden,
Als Donnerkeile, Jupiters angeblich, den Berg aufrissen,
Der schlichte Landmann große Steine rollte
Und eine Mauer baute um die Kluft,
Die für geheiligt durch den Blitzschlag wurd' gehalten.
So hier: Der Mensch verehrt hier diesen Grund,
Der vom Verderben ist geschlagen. Ein fürchterliches
Land ist's, aber heilig – gesegnet, obschon unterm Bann.

   Doch reinen Herzen macht es keine Angst;
Johannes fand hier wilden Honig.

XIV. BEI ACHOR

Jerusalem, die Stadt auf dem Gebirge,
Fußt derart hoch über dem Meer;
Aber hinab, so tief wie eines Lotes, eines
Tiefsee-Lotes, Leine reicht, tief unterhalb der Zone
Des Meeresspiegels, hat der Entschluß des Himmels
Den Teich gesenkt, in dessen Tiefen
Die verdammte Fünfstadt unterging, feuergegeißelt.

Lang dann der Abhang, obzwar oft sich wandelnd,
Von Zion zu den tief gesunk'nen Stätten;
Rute um Rute windet man sich obenauf
Durch ein Gefilde, wo der Schwung erlahmt;
Das Höhe gleichermaßen wie Steilheit zeigt,
Bevor die Schlucht von Achor die Barriere spaltet
Und unheilträchtig über Jericho
Wie eine Donnerwolke hängt.

Hart an dem Abgrund geht voran der Druse,
Doch macht an einem Klippenvorsprung
Halt, gibt ihnen Zeichen. Keine Ziege,
Kein Vogelfänger, die in Höh' und Weite schweifen,
Ersteigen solche Steile; und eines Geiers Auge erblickte
Keinen weit'ren Einzelgänger. Im Schlunde
Tief sich Rußschwarz zeigt.
          „Dies sieht beinah'
Nach einer aufgelass'nen Schmiede aus", sprach Rolfe.
„Ja, lest die Schrift"; und es zitierte der Heilige:
„Es züngelten im Tal von Achor Flammen, Flammen."
Sein zauberisches Ungestüm war überraschend;
Und sie vermuteten ein neues Truggebilde;
Nicht minder echt der Text, zu dem er griff:
„Ja, nach der Metzelei bei Ai,
Als die dreitausend des Josua flohen,
Wurde Achan, der Dieb, zu Tod' gebracht —
Steinigte man ihn hier in dieser Senke —,
Verbrannte ihn mit seinen teuren Kindern;
Warf seinen roten Barren und die scharlachfarb'ne
Robe aus Babylon in ihre Mitte:
Passendes Ende für des Charmis sünd'gen Sohn,
Dem sie den Mißerfolg zu Ai verdankten:
Ja, angemessen, daß der Sünder sterben sollte;
Ja, wirklich." – Sein Antlitz nahm
Die Farbe dieses nicht geheuren Winkels an.
    (...)
Die Öde konzentriert schon bald das Böse —
Buckelt es auf zu jenem Schwarzen Hügel,
Der nach den vierzig Tagen und Nächten seinen Namen hat,
Der Quarantäne Gipfel aller Schädlichkeiten.
Hoch aus der Schlucht wächst er und wächst:
Jäh in die Höhe, jäh hinab, und Todes Ruh'.
Die in den Schlund gesunk'nen Steine, welche die Flut
Verstößt, liegen gestrandet nun in alten Tobeln.
Jene bemerkt Mortmain: „Ah! wendet euch
Von eurer Tiefe ab und strebt in steile Höh'?
Doch die schaut weg, und überall erspäht sie
Welten, die nur wüster, kahler sind."

Flankiert von Schlucht und Klippe ziehen sie.
Voraus zeigen sich grüßend bald die Hügel
Moabs überm Jordantal, das sich dem Blick eröffnet;
Es wird durchhuscht von Wolkenschatten.
   Der Schwede, aufmerksam: „Seht sie sich
Schleppen, die Totenkleider beim Leichenzug
Der Götter!"
            Obwohl er nichts gestand,
Welch Widerstreit kam da bei Derwent, als er
Das Schauspiel dort bemerkte, an den Tag:
Als knirschte in geölter Maschine grober Sand —
Abneigung, welche Anteilnahme zermalmt:
Dennoch versuchte er, dies zu verbergen.
„Pisga!" rief Rolfe und wies auf ihn.
   „Auch Peor – ja, der lange Kamm
Des Abarim. Ja, ja, ich seufze, armer Moses,
Um deinetwillen. Außer Jericho, mit den
Berühmten Palmen, wie in Memphis aufgereiht,
Kam keine holde Landschaft dir zu Augen,
Bis, in der Tat, auf jenem Hügel Pisga,
Jenseits von jedem Berg und Plan,
Das blaue, blaue Mittelmeer gesehen ward."
   „Und konnte dann er um Ägypten klagen?"
Warf Rolfe hier ein; doch keine Antwort;
Und Rolfe fuhr fort: „Balboas Stamm
Durchstreifte das schöne Umland Dariens:
Wälder und Wellen tropisch sich begegnen,
Vorsprünge heller Kaps, tief eingeschnitt'ne Buchten —
Im Zauber messen sich die blaue See und grünes Land!"
   Indes bemerkte Vine mit einem Seitenblick
Zurück den Fels der Qualen.
Über die Maßen hoch (so sagt Matthäus),
Zeigt er vom Rande dieses wilden Wegs sich
Kahl wie ein Eisberg, den der Regen furchte,
Der, überhängend, treibt auf nebeliger See
Vor Labrador. Grotten erblickte Vine an
Seiner Flanke – oder auch Zellen oder Gräber —,
Leer wie des Eisbergs frost'ge
Katakomben. Er schrickt zusammen. Eine lebendig
Wirkende Gestalt lehnt sich von düst'ren
Simsen, als blicke sie auf ihn herab.
Vine wies nicht auf das Wesen, das er sah,
Betrachtete es bloß, doch ließ es keine Kralle
Feindlicher Absicht sehn; obwohl tatsächlich
Räuber und Banditen unter Waffen wachsam
Bei jenen Höhlen dort gelegen hatten, wo einst
Des Glaubens Eremiten niederknieten.

Jenseits davon gelangen sie an eine Quelle,
Die unterhalb des höh'ren Bergs in Stufen
Gurgelt, weiß wie Gips, und sich bergab
Gen Jericho in Bächen windet,
Welche – ganz so wie Kinder, deren kleine Freude
Keine Begräbnisse ertragen kann – plappernd
Durch Kargheit rinnen. Ein alter Buckelbaum,
Traurige Muhme, von keiner Jahreszeit bezaubert,
Hängt seine welken Arme schlaff über den Born;
Und Steine, Trümmern gleich zerstreut,
Wirken wie Büßerbänke,
Wo stummes Buschwerk etwas Schatten spendet
Und Staub einfängt. Hier halten sie, hier rasten
Sie für eine Weile und wollen sich erquicken.

XV. DIE QUELLE

Der Tag, der Tag, wie lang ist's her,
Daß er anbrach, der dich dein Wunder wirken sah,
Elisa – der Quelle Heilung!
Die gute Tat lebt wohl, doch ihr Vollbringer schlecht:
Seht, wie die Wasser eifrig fließen,
Voll Güte, die sie tönend bringen:
So springt aus Eden weithin der gepries'ne
Pison durch's grüne Land von Havilah!
   Doch diese Worte übermitteln schlecht
Die einfachen Gefühle im Gemüt
Von Nehemia – der, voll des Themas,
Mit dem Becher neben dem Brunnen steht,
Und Wassertropfen perlen an seinem dünnen
Bart hinab, der silbern glänzt.
   Derwent war froh, daß Achor hier
Sein Gegenmittel fand. Er sprach:
„Wahrlich, der Quelle Sprudeln tut jetzt wohl."
Dann zum Studenten: „Im übrigen ist
Diese Stätte angenehm; nicht ohne Segen, sind
Diese Büsche durch ihre Schatten lieb und wert."
   In Gedanken halb, stimmte Clarel zu,
Während er dieses Wasserwunder schaute.
   Drauf Rolfe, der sich beim Rinnsal niederbeugte:
„Notwendig endet früher oder später das Leben:
Es mag im Schicksal festgeschrieben sein,
Daß ich, vor der Vollendung uns'rer Reise,
Umkommen muß. Für diesen Fall —
Gebt bitte acht – ändere ich mein Testament,
Und ihr sollt es vollstrecken:
Begrabt mich an dem Weg, an irgendeiner Stelle

Nah der Quelle oder nah dem Bach. Pflanzt mir dort
Palmen, woran Bänke, ganz aus Stein, sich lehnen:
Geht dann in Frieden. Dahin werden die Jahre ziehn,
Und grün sein wird mein Grab und gastlich
Allen in der Wüste Wandernden:
Bewirtet werden sie mit Wasser, Schatten,
Ruh. Trost werd' ich so gewinnen
Durch jeden armen Gast, der aus
Der Herberge des Toten getröstet tritt.
Doch tragt die Kosten selber, denkt daran —
Denn ihr seht ja, ich hab' nichts."
    (...)

    Schon bald wird die Eskorte rege:
'S heißt aufgesessen. Doch rührte sich der Schwede nicht,
Verharrte abseits in einer dunklen
Stelle tief'ren Schattens: „Geht —
Führt mein Pferd; doch ich, ich bleibe hier;
Ein wenig Brot – da, dieser kleine Laib reicht aus:
'S ist meine Naube, meine Naube, sag ich;
Steigt auf und achtet nicht auf mich." – „Wie lange, bitte?"
Fragte Derwent voll Erstaunen: „Der Abend naht:
Du willst doch nicht allein hier weilen?"
    „Du Gottesmann, es macht hier keine Wüste,
Weder Zin noch Obi, Angst,
Wenn's Gott nur gibt – nur gibt! Dies öde Land —
Bald hüllt die Nacht die Hemisphäre ein;
Doch sich'rer ist's, leg ich mich nieder hier,
Hier jenem bösen Gipfel gegenüber —
Sich'rer als in der mörderischen Stadt,
Selbst auch auf Kirchenstufen. Verlaßt mich —
Schert euch! Morgen oder übermorgen
Grüßt ihr den Jordan, macht einen Bogen dann
Und kommt ans Ufer Lots. In Sicht seid ihr,
Ich werd' den Weg abschneiden. Nun reitet los – ja,
Wohl verhext, was starrt ihr mich so an?
Was soll der Mensch mit der Natur natürlich
Nicht verkehren? Pah, werft mir meinen Mantel her!"
    Jäh stürzte er davon, während
Das Käppchen dunkel durch die Lichtung schien:
Sie hielten inne, ohne daß sie wagten einzudringen.
    (...)

XVIII. DER SYRISCHE MÖNCH

Mit Rolfe und Vine ersteigt Clarel
Zu früher Stunde eine klein're Höh';
Sie überraschen an einsamem Lager
Einen sonderbaren Nachtwallfahrer,
Der jüngst, mit Krug und Tasche ausgestattet,
Zwischen der ersten Stunde und der Dämmerung
In Jericho von dem geflocht'nen Tor aus
Zu seinem Weg ins Hochland aufgebrochen war:
Ein junger, sonderbarer Mann, hager aussehend
Durch die Wachen, die zur Fastenzeit beginnen.
Obwohl sein Kleid gänzlich zerlumpt, zerrissen war —
Nur Dornennadeln hielten es zusammen —,
Wirkte er rein wie's Blatt am Bergbach
Oder die Koralle, überspült am Riff.
Im Gegensatz zu der gebleichten Haartracht
Offenbarte seine Haut solch eine Dunkelheit
Und war das Antlitz, klar umrissen und voll Anmut,
So ganz und gar der Welt entrückt,
Daß einem späteren Johannes er glich, dem Täufer.
Sie stutzen; geben notgedrungen Überraschung zu:
Ganz wie vielleicht da Gamas Männer,
Als jäh auf ihrem Bug zur See
Der sonderbare Vogel leuchtete von fremden Küsten.

   Obwohl zuerst er sich vorm Reden scheute,
War er, sie wußten es, ein Mönch aus Syrien.
Sie drangen derart auf ihn ein und drängten so,
Daß länger er auf ihr Bitten zögerte.
Sie überredeten ihn doch am Schluß,
Seine Geschichte zu erzählen und sich zu lockern.

   Er sagte, daß er vierzig Tage lang,
Die noch andauerten, sich in der Gegend
Jener quarantän'schen Höhe aufhielte
Als wahrer Klausner, als Anachoret;
Und daß er nur zuzeiten käm' herab,
Und immer in nächtlicher Stille,
Brosamen zu erbetteln in Jericho.
Die Sünde, sagte er, hätt' ihn hinausgetrieben
In die Wüste – Sünde des Zweifels.
Er war es gar, den auf dem Berg
Von Achors Rand aus Vine zufällig hatt' bemerkt,
Ohn' es zu sagen. Und noch dazu erzählte er
Von vielem; seinem einsamen Bergwerk
Tiefer Illusion; wie er die erste Nacht
Hatt' auf der Höh verbracht,
Und wie er sie erstiegen:

„Klippauf, klippauf —
Durch Felsenklüfte, die stets hemmen, stieg ich
Wie eine Ziege, klomm dort, wo Steine, die
Der Blitz entstellt, in Schwebe über Ränder hängen.
Auf halbem Weg gelangte ich zu einem Sims,
Wo eine Hütte als Bethaus klebte —
Anhäufung groben Steins, mit höhlenart'ger Tür,
Werk eines Eremiten früh'rer Zeit.
Es lagen weiße Knochen hier, Rest eines Festes,
Die ein wildes Tier, ein Raubvogel hereingeschleppt.
Von dieser Stelle blickte auf die Öden ich hinab,
Dengadda und die Todesküsten.
Doch nicht ein Zittern spürt' ich hier:
Auf diesem Gipfel fiel zum erstenmal
Die Angst ab; hier sah zum erstenmal ich diese Welt;
Und kaum des Menschen Ort schien sie zu sein;
Die labyrinthischen Gehennen waren so gewunden
Wie Wurmfraß unter Baumes Borke.
Es würd' mich wundern, wenn ihr's wüßtet —
Da wenige die Klippe richtig kennen,
Die Jahre über einsam war und unbesucht —,
Daß ein Kapellenwrack die Stelle weist,
Wo einst Versucher und Versuchter
Standen. Ich setzte mich zum Grübeln nieder
In der Ruine; und unerschütterlich
Mein ganzes Herz im Meditieren
Über ihn daran zu setzen, ihn,
Der die böse Laune Satans hier
Ertrug – starrte ich, starrte unverwandten
Blicks hinab auf einen Flint,
Welcher zu meinen Füßen lag. Doch wollt' das Denken
Keine Ruhe geben. Darauf ergriff ich diesen Stein,
Umkrampfte ihn mit meiner Hand, bis Blut
Aus diesen Nägeln tropfte. Dann kam der Heiland
Und stand dort – der böse Geist und Er:
Schön zeigte sich der Widersacher, der verderbte,
Doch ach, der andere, fahl und verschwommen:
Ich sah von Ihm nur gleichsam einen Schatten.
Welcher schwand. Und abermals war ich allein —
Allein – ach, nein – nicht lang allein:
Wie raschelnd aus dem Farnkrautlager
Ins tote Gras die schlanke Schlange gleitet,
So glitt in mich ein Geist. Er war's,
Versucher, der zurückgekehrt; doch *mich*
Versucht' er jetzt. Er spottete: „Warum sich müh'n?
Hungerst du nach dem Brot des Lebens?
Dir fehlt der Glaube: Glaube würde dich nähren;
Der wahre Glauben könnte diesen Stein in Brot verwandeln,

Den Stein da, den du hältst." – Stumm hob ich dann
Mein Antlitz zum bestirnten Raum;
Doch funkelte der große Himmel derart hell,
Und eingeschüchtert sank mein Blick zurück.
Drauf er: „Ist dies des Vaters Heim?
Und du Sein Kind, verstoßen in die Nacht?
Prächtig beleuchtet ist die Kuppel da." —
„Teils hast du recht: Ja, Er ist dort." —
„Ja, ja, und Er ist überall —
Jetzt und für immer, Er und das Böse." —
„Gibt es kein Gutes?" – „Notwendig ist das Gute,
Das Böse zu erfüllen: das Gute würzt das Böse." —
„Er ist gerecht." – „Güte, das ist Gerechtigkeit. Schau,
Der Piratenspinne ganzes Schlingennetz
Aus seid'gen Sommerfädenbögen,
Das ist Geometrie so zarter Art:
Bewunderst du den Künstler?"
Ich wußte keine Antwort außer dieser:
„Der Glaube bleibt." – „Am Mittag warten auf den Tag?
Halb ist der Sand verronnen! Er, ewig:
Ewig aber mit einer Zukunft,
Die Sein Vergangenes nicht übersteigt. Gib zu,
Verstrichen ist die ganze Zeit. Welch altersgraue Ära,
Welche Epoche wird ihre Possen treiben, wenn,
Unerfüllt, der Glaube fort ist?" – Ich setzte mich;
Arg brannte ich darauf, dies zu beantworten,
Doch tat es nicht; sprach aber leise —
„Und der Tod?" – „Warum dich abklopfen nach ihm?
Er ist das schlaueste Geheimnis:
Als Lebender kennst du nicht Tod; und tot,
Wirst du den Tod nicht kennen." – „Das Grab prüft ihn;
Doch Er, Er *ist*, doch höre auf den Zweifel;
Noch vor dem Ende wird Er Frieden schenken." —
„Ha, *du* in Frieden? Ja, Frieden wär' das Beste —
Könnte der selbstlos Sehnende Ruh' finden!
In Frieden sein, hier, hier auf Erden,
Wo Frieden, Herzensfrieden, nur wen'ge fordern können,
Wo jedes reine Wesen sich darbend grämt —
Pfui, deine Seele könnte gut in Schmach geraten." —
Da sank mein Mut. – Er sprach darin so
Wahr. O Gott (betete ich), erscheine durch
Die Wolke; Du auferlegst dem Menschen harte Müh',
Dich zu erfahren; nimm wieder mich zurück
Zum Nichts oder erhelle meinen Blick! —
Dann stahl sich das Geflüster zeitweilig fort;
Wie in die Nut die Feder paßt,
So glitt's in meine Körperhülle:
„Beruhige dich: nachdem der Schluß gezogen ist,

Wirst die Extreme du des Denkens im Einklang finden —
Der Vorgedanke mit dem Nachgedanken verklammert,
Der Erstling mit Endgültigkeit." —
Das war der Schluß, und damit fiel
Der Stein aus meiner Hand. – Sein Wille soll geschehn!"
   Und himmelwärts geduldig hob er seine Augen
Zur Bitte und zeigte dem wartenden Blick
Der Pilger zum erstenmal deren
Jungfräulich-violette Tönung.

   Rolfe sprach: „Gewiß, nicht alles haben wir gehört:
Trost – Frieden – wurden doch gespendet am Ende?" —
Sein Haupt sank nur herab. Hastig erhob er sich,
Den groben, här'nen Gürtel zog er enger
Um seinen eingefall'nen Leib
Und schied mit einem freundlichen Adieu.

   Sie saßen schweigend da. Rolfe schließlich:
„Und dies ist bloß Fastenekstase?
Schließe demnach auf Jona, den Verzweifelten." —
Es wandte der Student sich um und wartete auf Vine;
Der keine Antwort gab und dort ein Kräutlein
Flocht, das er vom nahen Boden abgerissen hatte,
Pflanze, in Palästina recht gewöhnlich
Und von den Landmännern Christdorn genannt.

XXVIII. DER NEBEL

Sie ziehen südwärts. Dies ist Plutos Areal,
Verschlammt wie nach unheilvoller Flut:
Ein Schlick, salpetrig, hautig, fahl,
Mit passendem Gestrüpp. Salzplaggen sind zu sehn,
Steigbügel streifen krüpplige, verdreckte Zweige
Voller Schimmel, stygisch grün,
Mit Schrumpelnüssen, Äpfeln, winzig klein.
   Der Jude pflückte einen. Der zerplatzte
Wie ein Bovist und stäubte stinkend.
   „Sodomsäpfel? Sind weit vom Stamm gefallen!"
Und Derwent rief: „Wo ist die rote Schale?"
   Darauf Rolfe: „Wenn Circe mich mit einer solchen
Feige zur Lust verlockte – bliebe ich tugendhaft.
Wer, wenn nicht der bedauernswerte Margoth hätte
Jetzt Lust nach solchem Obst. Doch seht, seht,
Was läßt unsern Nehemia so seltsam werden?
Er macht genau die gleiche Miene, die er
Jüngst am Rand des Tales Achor hatte."

Unheimlich blickend beugte sich der Heilige
Tief über eklen Schmer in fahlen Gruben:
„Ja, hier war's, wo die Könige man niederwarf,
In diese Pfuhle rutschten sie —
Gomorrhas Herr und der von Sodom, schaut!"

„*Was* ist das?" fragte Derwent.
„Solltest du wissen",
Sagte Rolfe, „frisch deine Bibelkenntnis auf:
Es stritten die vier Könige in Siddim hier
Gegen die fünf."
„Ah, – Genesis.
Doch dreht euch um und seht dort drüben,
Daß ein anderer nicht müßig ist."
'S war Margoth, der im Erdreich wühlte
Und Mineralien fand von übler Art,
Die er sogleich in seiner Tasche barg.
Und Rolfe rief: „Der Trödler! Sogar Milcom,
Camos, diese grimmen, schauen finster zu ihm hin —
Wie er hier schnüffelt unter ihrem Schutz,
Leeseits pagodenhoher Hügel."
Welch Krebs
Mag ihre Palmen dort in tief'rem Tal befallen?
Voll Flecken sind sie, gänzlich schlaff.
Ist es dein bitt'rer Nebel, Böses Meer,
Der, plötzlich treibend, nordwärts zieht
Und sie umhüllt, so daß man jeden Wanderer
Nur halb sieht oder nicht?
Doch in den dunklen,
Dichten Schwaden hören sie den Gesang des Heiligen:

„Obwohl durchs Schattental ich zieh,
Fürcht ich das Übel nicht;
Auf meinem Haupt erstrahlt Sein Licht:
Schau, er ist bei mir, sogar hier."

Der Nebel trieb vorbei: und Derwent sprach —
„Wie angemessen ist er doch!", und hielt dann inne:
„Ein Jammerbild gibt diese Palme nunmehr ab;
Was füglich Palme heißt, ist sie nicht mehr:
Ich werd' sie fällen. Schaut, voraus der See!"

XXIX. AM UFERSAUM

Die Sage, die um einen Krug der Griechen
Sich rankt, sylvanische: wenn auch Verfall
Zerfräße die Girlanden all,

Und Feuer hinterließe Vandalenbrand,
Könnte in des Gefäßes Form und Linie
Unausgelöschte Schönheit zaub'risch wirken.
Ganz so ist's auch mit Sodom, See und Strand.
Das schöne Como gliche Sodom ganz,
Sollte das Grauen überziehn die Szenerie
Und alles darren, was sie grünt,
Doch glücklich die Kontur in ihrer
Weiteren Erstreckung unbeschädigt lassen.
In anmutiger Linienführung rücken die Hügel vor,
Des Tales Biege lohnt den Blick,
Desgleichen der gewund'ne Strand mit welligem Geschlängel;
Doch alles ist verkohlt, zermalmt oder zerspalten,
Und scheint die Erde kaum zu sein, worauf wir wohnen;
Ist auch das Bild gerahmt von Himmelslinien,
Tut's eine Hölle kund.
    An diesen Rand gelangen sie. Weilt Mortmain dort?
Nicht eine Spur des Menschen, nirgendwo.
    Es war des Salzmeers nördliches Gestade.
Kein Kiesel glänzte, keine Muschel war zu sehn,
Kein Wachstum von Koralle oder Tang,
Nur angeschwemmte tote Äste, von Jordans
Toben, der in alten Bächen im Libanon
Geboren ward, im Wahnwitz grün
Von ihrem Baume losgerissen und in die nasse
Ödnis ausgeworfen. Kein Laut
Und keine Regung außer die des Meers. Das Land
Rein nichts: kein Strauch, Baum, Kraut,
Nicht irgend etwas, das am Boden wächst,
Sich biegt, um so die Brise anzuzeigen;
Obschon, hierhergeweht vom Süd,
Von Usdums Ufer und von Bosrahs
Unheilsgegend, Atome hellen Sandes flogen.
Aufs Schloß von Karek zu, das fern verschwimmt,
Und weiter noch von dort gen Aroer hin,
Beim Arnon, wo die Räuber weilen,
Schakal und Geier, da dehnen sich
Die Wasser gegen Osten, indes ihr Westrand
An die grimmen Vorgebirge Judas reicht,
Die, windend sich, die Steile einer Meerwand bilden.
Dort macht, versteckt durch Klippen oder die
Entfernung, des Zickleins Quelle oder Wasserfall
Aus einer hohen Felsenschlucht ein Eden,
Eine an Gegensätzen reiche, frühlingshafte Szene
Zwischen den Zähnen düstrer, ungeschlachter Klippen —
Rosmarin in des schwarzen Keilers Maul.
Jetziger Sicht ist Ähnliches versagt
(Und bis vor kurzem wurde die vergess'ne Stätte

Von Falke nur und Habicht aufgesucht).
Der Makkabäer wahres Masada;
Festung, zerrissen von des Flavius' Waffen,
Gipfel, wo Eleazers Ende war,
Wo patriot'sche Krieger samt den Bräuten
In ein Martyrium des Selbstmords gingen.
Dort führte auch Mariamnes Haß
Johannes' Tod schneller herbei.
Ein Fels von schönstem, schlimmstem Wetter —
Berühmt, verrucht zu gleicher Zeit.
    Davon erzählten sie, nur Vine tat's nicht,
Der wenig wußte oder zu wissen schien von dem,
Was Büchern abgewonnen, sich aber folgsam
Neigte zum Wissensstrom von jedem,
Wenn dieser irgendwie auf weniger bemerkte
Punkte sich bezog.
               Ganz weit im Süden
Schwand der See im Unbestimmten
Unter einem Katafalk von Wolken.
    Um einen unwillkomm'nen Eindruck zu vermeiden
Oder zu überspielen, schlug laut
Der Priester einen frischen Ton
Des Interesses an: „Nun, dort liegt der Berg Hor,
Just etwa dort – an jenem südlichen Gestade."
    „Ja", fügte Rolfe hinzu, „und Aarons Zelle
Liegt darüber. Als Bergwacht hat er
Im verbot'nen Lande Seir
In strenger Einsamkeit den Außenposten inne
Im abgeschnitt'nen Edom."
                             „Gott kann zertrennen!"
Fuhr der Heilige dazwischen, der nah bei ihnen stand;
„Der Satyr rufet zu der Drachenbrut!
Gotts Wort hat immerzu Bestand:
Niemand durchquere dieses Land; nie niemand!"
    (...)

    „Ah, seht", rief Derwent, „ah, schaut her!"
Über den salz'gen Dünsten, die dort schweben,
Von Himmels blauen Festungsmauern
War eine Flagge ausgebreitet – warf Wellen —
Feurig, rosig, violett und grün —
Und, angenehmer, heller, schöner werdend,
Verwandelte die ganze schlimme Szenerie;
Und Iris war der Flaggenträger.
    Keiner sagte etwas. Sie schauten hoch und wieder,
Wie in einer neu geschaff'nen Welt,
Sahen sie diese Oriflamme, die kein Mensch
In solch verfluchtem Landstrich suchen würde.

Sie war im Norden; und dieser heimatliche Anblick
Berührte Nehemia. Er, der jüngst mit dem Buch
Dem zweifelhaften Einfluß Margoths war entschlüpft,
Stand abseits bei dem Esel;
Und als er diese Maien-Schärpe sah,
Wie viele Jahre ging sein Herz zurück:
Am Obstbaum hängen Sensen; Heuhaufen ragen auf
Nach Abendschauern, die moos'gen Dächer glänzen
Grün unterm Laubwerk der Gehöfte;
Diese Erinnerungen lassen ihn erzittern.

   Vine seinerseits ward überströmt
Von einem Blühen; die ganze Seele glühte
Und blühte in Röte auf der Stirn.
Doch diese wurde doppeldeutig abgelöst
Durch Worte, die an Clarel jetzt gerichtet waren —
„Dort taucht der Bogen in die Öde;
Dorthin! Gewinn den Sack voll Gold."

   Derwent ermahnte ihn: „Ah, schau doch!
Sieh, sogar der Teich des Todes spiegelt die Töne wieder —
Das Rosa überzieht den Sarg!"

   „Famos gesagt", sprach Margoth, stapfend in der Näh;
„Famos gesagt; doch dieser Bogen, der schwor falsch.
Das Bündnis, das besiegelt ward an Noahs Morgen,
Würd' das wohl eingehalten? Nun, hier, wo
Überrollt von Feuer und von Flut der Sage nach
Das Stadtvolk niederstürzte tags danach, würd'
Schwerlich jenes Zeichen wiederkehren am Himmel."

   Sie hörten zu, doch waren kaum bekümmert
Um solche stumpfe Düsternis, denn nun entschwand
Das Blühn dem Blick, und halb erlosch
Der See zu gläserner Eintönigkeit.

   Sehnsucht nach Trost empfand hier Clarel,
Der sich an Ruth erinnerte, an ihren Liebesblick.
Doch nein; jene so oft erlebten Augen,
Die freundlich auf den seinen ruhten —
Nun wichen sie, in seiner Sicht von ihnen, aus;
Während, in widerwärt'ger Wiederkehr, Träume
Von der armen'schen Bahre abrollten.
Er stärkte seine Seele gegen ihre Macht:
„Fort, Kobolde; fort jeglicher Gedanke an das Grab —
Bezauberung, von diesem Toten Meere aufgefangen!"

   Sie ziehen westwärts und umgehen das Gestade
Südlich, bis sie, in wildem Felsgewirr,
Absteigen und gern ihren Gliedern wieder Ruh
Verschaffen würden. Doch sind sie noch gequält
Von einer stummen Schwermut, die sie jüngst getroffen.

XXXI. Die Inschrift

Als Rolfe den Fuß im Steigbügel schon hatte,
Bevor er sich behende in den Sattel schwang,
War Derwent zu vernehmen: „Was haben wir denn hier?
Ein Kreuz? und eine Inschrift – wär sie nur
Lesbar – auf sinaitisch? Nun denn,
Mortmain ist nah – das kann nur *seine*
Irre Naube sein! Ich will mir's näher anschaun;
Und steig hinan."
              Als er sich seitwärts wandte dort,
Hatt' er des Felsens abgekehrte Stirn erblickt;
Rückwärtig überragte dieser Fels die Wüste
Und hielt darunter Nehemia im Schlaf
Umfangen. Der Vorderteil verschattete Lots solchermaßen
Nahes Meer, der Sockel wurde von der Flut bespült.
Die der See zugewandte Wand darüber war glatt
Geschliffen durch das Reiben jenes Sands,
Der aus der Winde Wüste wird getragen.
Und auf der Tafel ganz hoch oben —
Mit matter Kreide aufgezeichnet, solcher wie sie
In ob'ren Formationen anzutreffen ist —
Groß zwischen zwei Gekrakeln ober-
Und unterhalb – ein Kreuz; drei Sterne, senkrecht
Aufgereiht, zwei weit're auf dem Querbalken,
Der schräg abfiel.
            Auf Derwents Ruf
Kamen die and'ren näher; und jedes Auge
Sah das Sinnbild. – Die Laune deiner Leidenschaft,
Du wilder Schwede, dachte Vine im stillen.
„Sieht mir ganz wie das *Kreuz des Südens* aus",
Sprach Clarel; „so zeigt's die Karte."
„Und so", sprach Rolfe, „steht's auch am Himmel —
Wenn auch der mittlere der hier gemalten Sterne
Nicht ganz an richt'ger Stelle steht. Segelst
Auf See du südwärts, gen Peru,
Läßt überraschend dieses neue, fremde
Sternbild sich von unten blicken; dann, wenn du
Weiter kapwärts fährst, strebt hell
Der Fremdling immer höher,
Bis, vor Kap Hoorn, den Höhepunkt er hat,
Und dein Blick nachläßt, da kühl die Nacht wird.
Doch Derwent – seht!"
            Da nun der Priester
Passendes Logis unter dem Text gefunden hatte,
Riefen sie: „Was ist im Bogen oberhalb
Der Sterne? Lies: Denn wir wüßten's gern."
„Es lautet so: *Von einem, der betrauert den Verlust,*

Dieser Altar zum schrägen Kreuze."
„Ha! und darunter?" „Ein Krähenfuß-Gekrakel."
„Entziff're, rasch! Wir warten alle."
„Geduld: bevor man's aufzusagen sucht,
Wär's gut, es zu erkennen. Es sind Verse."
„Verse, sagst du? Lies." „Es ist rätselhaft:

‚Kalte Heraldik an des Südens Firmament —
Ein ferner Himmel, dessen Sterngewimmel
Wie Wissen leuchtet, doch nicht wärmen kann —
Verpflanztes Kreuz, entferntest dich
Und schimmerst ebenfalls an jedem Abend fahl,
Mit eitlen Zeichen, die man einst für weis gehalten,
Und Göttern, die zu Wappen abgesunken?
Fremd, fremd: kann so ein Freund sich zeigen?
Hoch, fern, ein kaltes Zeichen:
Wie weit bist du entrückt, göttlicher Kreuzesbaum;
Es hängt dein zartes Obst so tief herab —
Des Neuen Paradieses Liebesäpfel!
Die noch zu gründenden Nationen
Rings um Australiens weites Meer —
Was werden sie von dir sich merken, sag,
Wenn sie in fernen Zeiten die Augen heben?
Dich bloß auf eine Stufe stellen mit Orions Schwert?
In nicht vergötterten Sternbildern,
Haben da Christus und der Riese gleichen Wert?
Gottlose Himmelskreise – *muß* es sie geben?
Stiften als Vorfahren wir dazu an?'"

„Verrückt, reichlich verrückt," rief jetzt der Priester aus,
Indes er an der Böschung Rand hinabglitt;
„Doch dies ist nicht von Mortmain", und er seufzte.
  „Nicht von Mortmain?" versetzte Rolfe. „Mich dünkt",
Sagte der Priester, „dazu ist er schwerlich aufgelegt."
„Wie? Voll Gefühl ist die Tirade?
Sein Herz ist nicht mit Stein beschwert —
Er ist absonderlich." „Nun gut, dann woll'n wir eben
Diesen Mortmain anerkennen, Mortmain ist es.
Wir haben jetzt im Nu dann eine Sicherheit,
Daß unser Kamerad kein Mißgeschick erlitten hat.
Bald wird er wieder auf uns treffen." „Also Amen!"
„Doch nun ist Nehemia in der Mulde dort hinten
Aufzuwecken. – Gerade geht der gute Clarel.
Seltsam, wie unbeschwert er schlummert
Unter dem schweren Überhang der Klippe und deren
Sturz nicht fürchtet, sich um den Schock nicht sorgt."

Bald steigen sie hinan; und kommen jener
Sinnschrift in Kreide erheblich näher.
Ganz Ohr ist der Student, wägt jedes Wort,
Darauf gespannt, erneute Reizung zu erfahren.

Doch trödelt Margoth? Ja, er bleibt zurück
Noch. Schlägt seine Meinung an:
Den Fels erklimmend, zeichnet er grob mit
Gleicher Kreide (welch Mißbrauch jetzt!),
Die nach Benutzung der andere zurückgelassen,
Einen Schlegel oder Hammer, gewaltig wie der Thors;
Und füget folgende Legende bei:
„Ich, Wissenschaft, deren Gewinn Verlust dir ist,
Ich schrägte dich, du schräges Kreuz."
Doch Regen, Sonne und der Wind, mit Sand
Befrachtet, eilen, dies zu löschen.

XXXIII. Lots Meer

Clarel, indes er längs der Schlangenlinie des Randes
Wanderte und untersuchte, ob diese Fragen nicht
Fesseln seien, gewahrte an dem weit'ren Ufer
Vine. Auf einem tief geleg'nen
Felsen dort, und stumm wie dieser,
Saß Vine, ohne Bewegung hin zur Flut gebeugt.
Nach einem Stocken nahte der Student:
Schloß sich, da seine, obzwar stumme,
Anwesenheit nicht abgewiesen wurde,
Ihm grußlos an.
            Auf diese traf zufällig
Rolfe, der in Gedanken langsam voranschritt
Und dann verweilte.
            Zu Füßen Vines
Am Strand ein Baumstamm ohne Äste lag,
Das eine Ende eingetaucht. Vollständig von Gestalt –
Halbes Fossil –, konnt' dies in früh'rer Zeit
Ein grüner Palmenschaft gewesen sein?
Ja, lang in Tiefen festgehalten, die
Eine bitt're Kraft ansammeln, da lag er,
Angespült nun, sichtbar – nicht vermodert,
Aber tot.
            Und nun erspähen sie den Juden, der
Schlendernd kommt zurück von Zufallsbeutezügen,
Der kurz verweilt, wenn es sich grad ergibt,
Der neugierig den Strand abgeht
Und oft sich bückt. Beim Nahen trug
Er einen Flintstein in der haar'gen Hand —

Flint oder Stein, von glattem, mattem Dunkel:
„Ein Edelstein? Nein, keineswegs, Asphalt:
Bitte betrachtet es. Sein Aussehn, scheint's mir,
Gleicht den Fliesen um jenes Grab,
Das ihr verehrt."
                   Rolfe schaute hin und sprach:
„Irr ich mich nicht, dann kamen jene Bodenplatten
Aus Siddims Lagerstätte oder einem Steinbruch hier:
Dieser wird Moses-Stein genannt, so wird bezeugt;
Unter dem Namen kennen ihn die Araber."
  „Moses? Wer ist denn Moses?" Er ließ den Klumpen
In die Tasche gleiten; während Clarel jetzt
Nachdenklich im stillen Vine aufforderte;
Doch nicht zum Antworten gestimmt war Vine,
Der kein bedeutungsvolles Zeichen von sich gab.
  Rolfe hatte Grund, die Rede wieder aufzunehmen:
„Ja, hier war es, wo die fünf Städte lagen,
Die in Verdammnis sanken. Seht an,
Bericht und Schauplatz stimmen überein."
  „Na, na – na, na. Spuren von Wasserkraft,
Von Feuerschloten, einem Beben oder so
Sieht man hier wohl – natürlich;
Wie ihr wißt: alles ist bloß Geologie."
  „Nein, wie sollt man das wissen?"
                                  „Durch Anschaun,
Tasten, Schmecken – alle Sinne verspüren,
In Zustimmung zum Allgemeinen, ihr Parlament.
Nun urteilt; dieser abflußlose See,
In den von Süden her fünf Flüsse
Sich ergießen; der längs des Ufersaums
Im Osten und im Westen von Alpen ist umwallt;
Im Norden enden hier in diesem See
Des Jordans Wasser – enden hier oder verflachen
Eher, verdunsten folglich
An der Oberfläche. Doch hört ihr zu?"
  „Höchst lehrreich."
                     „Nun denn: nehmt an,
Der See entstand, genau so wird's gesagt,
Erst dann, als die fünf Städte fielen;
Wohin, frag ich, ergoß vor diesem Untergang
Der Jordan sich, wohin?"
                          „Wer kann das sagen?
Ich kann's nicht."
               „Nein, keiner. Ich besteh darauf,
Gleichzeitig sind der Fluß und See!
Ich sag nicht mehr."
                   Nach diesem Schluß
Erhob sich gräßliches Gebrüll,

Und hallte schaurig wieder
Von Strand zu Strand, als ob in Sodoms See
Alle Verdammten ihm zur Antwort
Blökten. „Gerechter Gott, was ist denn das?"
„Der Esel," sagte leise Vine mit glühendem,
Seltsam schalkhaftem und nicht minder scheuem Blick;
Dann setzte er sich abseits, wie zuvor.
   Rolfe wandte sich erneut zu Margoth um:
„Kann nicht das Durcheinander der Höhen
Und der Tiefen zusammen mit
Dem Sturz der Städte entstanden sein?
Oder nimm an, dort war zuerst ein See —
Annahme, von der Schrift nicht
Umgestoßen –, ein See, vergrößert durch den Untergang,
Welcher die Städte überraschte. Nun, denn!" —
   Der Jude, der vom Kraftverlust
Durch jüngsten eseligen Beifall
Sich erholte, antwortete hierauf in einer Weise,
Die Rolfe entlockte – „Halt inne:
Was weißt du? Oder was weiß denn ich?
Vermuten kannst du bis du stirbst
Oder danach vielleicht erfahren,
Daß der Gott Moses nicht bloß Bube ist
Mit bunten Kreuzen, sondern wahres SUM."
   „Küchenlatein", ward prompt erwidert;
„Die Pest hol diesen Esel!", denn wiederum
Platzte herein der scheußliche Refrain.
   Vine blieb indes an seinem Platz,
Abseits, erhöht, als ob er, im Dissens,
Von ihrem Element getrennt sein wollte.
Sie konnten bloß davongehn und ihn dort lassen;
Bei ihrem Weggang schmähte der Hebräer:
„Von all den kummervollen und betrübten Menschen
Ist er wie einer armen Nonne darbend Huhn.
Und *ich* desgleichen: Soll ich das Thema sausen lassen?
Esel? sagt' er, es war der Esel?"
Hierauf noch zeitiger wie Küsters *Amen*
Traf ein mit neuer Munterkeit
Das ungezwungene Iah.

   Vine blieb; und griff mit launenhafter Hand
Stücke von Treibholz von dem Sand
Und warf sie wieder in die Woge, wie einer,
Dessen Geisteslauf längst abgeschlossen war —
Für den die Flecken auf der gold'nen Sonne wachsen.

XXXIV. Mortmain taucht wieder auf

Während die Schattenflügel nun sich in der Schwebe
Dehnen über jeden Grat und jede helle Stelle,
Steigt Mortmain von Judäas Höh' herab
Durchs Ausfallstor von klein'ren Klüften:
Vorm Hintergrund von schwarzen Höhlen
Wirkt die vergrößerte Figur noch schwärzer.
   Die Schar, erlöst von Angst und Bangen,
Wär freundlich gern zum Gruß vorangegangen;
Doch sie erschraken oder ihnen sank der Mut.
   Wie Heklas Eis, von Mergel-Adern und gefror'nen
Aschen durchzogen, zeigte sich sein Gesicht,
Starr und verdüstert. Die Rede meidend,
Setzte er sich abseits nieder,
Die Hände um die hochgezog'nen Knie geklammert
Wie um das Faß der festigende Reif —
In sich verdichtet oder wie ein Seher,
Der jeden nahen Gegenstand nicht achtet,
Während doch, ungeformt, der Nerv, wie eine Leitung
Unterm Meer, den fernsten Strand erreichen kann.
   Bei welchem Bache Crith war er gewesen,
Hatte ihm beim Vertrocknen zugeschaut —
Oder hatt' welche Stimme aus der Luft gehört,
Daß er nun diese wilden Worte brummte:
„Aber, gequält von den gottlosen Jahren,
Welchen Gott anrufen um die Erlaubnis, jenen Abgrund
Zu enthüllen, in den diese modernen Ängste streben,
Und Tiefen, über denen Männer alle Segel setzen?"
   Bald sprang er besessen auf
Und lief schreiend zum Strand hinab:
„Bereut! bereut in jedem Land,
Oder der Hölle heißes Königreich ist bei der Hand!
Ja, ja,
Wenn das Gewummer der Geschütze schweigt,
Während nun waffenstarrend ihre Stellung hält die Welt,
Kommt der Komet hervor, sinkt ab der Stern;
Flackern die Lampen in der Gruft von Syrien,
Während von Anti-Christ und Atheist
Die rote Kron' bekommt der Anarchist!"

   „Irrer Johannes", seufzte Rolfe, „gibst du dort preis
Die schreckliche *Vox clamans* unsrer Tage?"
   „Warum ihn denn beachten?" flüsterte Derwent: „Ach!
Laßt ihn allein, dann geht's vorüber. —
Was will er jetzt wohl?" Er beugte vor der Bucht
Dort tief sich nieder, die Hand bereit
Zu schöpfen. „Unglücklicher, geht's dir noch gut?"

Es war Djalea; dann rief er leis einem
Bethlehemiten zu, dessen Gesicht verrunzelt war
Wie einer Fledermaus faltige Haut —
„Dein Salz-Lied, Beltha: schelte und warne."

„Möchtest du wissen, welchen Trank
　　Man Christ am Kreuz ausschank?
Schlürfe die Flut, die Siddims Strand
　　Beleckt: koste und sei in Gottes Hand!
Sie läuft durch Hügel mit Alaungehalt,
Entwässert Berge, wo das Salz sich ballt;
　　Tobel in dieses Becken fallen
　　Von Hängen, bitter wie die Gallen —
Hier ist des Hades Wasserscheide.
　　Sünder, willst du, daß deine Seele
　　Wie dieser See in Bitternis sich quäle?
Schlürfe die toten Sodomswasser;
　　Doch nie von deinem Herz sich packt
　　Der Mara – ja, der Nachgeschmack."

Er schloß. – Rief Mortmain, der beim Niederbeugen
Festgehalten wurde, seine bleiche Hand zurück?
Nein; ungehindert schöpfte er die Flut,
Versuchte sie – kostete, Narr, die Galle.

XXXV. VORBEDEUTEND

Auf Piranesis selteneren Drucken
Gibt's Innenräume, maßlos fremd,
Worin das argwöhnische Denken stets böse
Ahnung kann durchstreifen – was meinen diese Winke?
Stufen auf Stufen steigen dunkel
In Reihen aus versunk'nen, schaurigen Bastillen —
Grube auf Grube; lange Ränge
Von Schatten-Galerien, die über Gängen
Hängen, Kreuzgängen ohne Ende;
Nach oben, unten – in die Weite oder nah;
An Pfeilern in gewölbten Gassen Ringbolzen sind
Und Rhadamantys' Ketten hängen;
Weniger Zauberwirkung haben diese als manch
Verschloss'ne und bedeutungsvolle Kammer.
　Dieser Gefängnisse des Schweigens bedient sich
Nicht der Spott der Kobold-Phantasie —
Nicht die Grimasse – schmutz'ge Teufelei:
Einbildungskraft, es mögen deine Flügel
Ideale Wahrheit überspannen am Ort der Sage:
Das Angedeutete betrifft den Menschen,

Sein Innerstes der Abgeschiedenheit —
Das Herz, von Labyrinthen voll:
Paulus' „Mysterium der Bosheit" seht
In launenhaften und monströsen Winken:
Traumschemen in der Tat sind eingewoben;
Da der Erfinder eingeschüchtert von Bedenken
Oder beschränkt in dem Entwurf oder durch
Das Verbot von Schicksal und von Warnungen,
Möcht's scheinen, das ganze Labyrinth zu einem Trug
Gemacht und es verdunkelte mit Nebel klug;
Und, falls zu Zweifeln neigend, nicht weniger
Das Ei zurückließ, das Ei der Suggestion.
   Verweilt des Nachts bei diesen Drucken,
Diesen durch Scheidewasser in den Stahl
Geätzten Stichen, bis ihr im Grau
Des Lichts den Text des Paulus spürt;
Dem wendet euch dann wieder zu und leset recht.

   Was euch betrifft, die ihr der Kindheit Illusion als grün
Im Sinn behaltet oder grau oder dies vorgebt nur;
Die ihr als Brautzug einen Sarg passieren laßt —
So laßt den Canto, welcher folgt, vorüberziehn.

XXXVI. SODOM

Mittnacht. Der Mond hat noch zu steigen;
Drückend die Luft; die Himmel zeigen
Jenseits des Sees ganz fern,
Einzig und lohgelb einen Stern —
So färbten ihn die fahlen Schwaden,
Von denen manche an des Sees Gestaden
Und an den ufernahen Wassern schweben;
Zerplatzend aus dem Naß sich Blasen heben,
Als sei von Lebewesen Atem ihnen mitgegeben.

   Im Reden über die Fünf Städte,
Die versanken, weilen sie lang am Strand.
Und er, der diese Lake soff, den Wein,
Der's Herz verhärmt, den Bitterstoff,
Saß säuerlich in ihrer Mitte;
Sein Sitz: der jüngst dem See entriss'ne Schädel
Eines Kamels, mit Augenhöhlen, dick
Mit Salz verkrustet. – „Was für ein Stern ist das?"
Und wies auf diesen einzelnen
Im Nebel über fernem Meer.
„Dem roten Scheine nach könnt's Mars sein",
Sagte einer; „er schmachtet düster

In diesem sonderbaren Dunst." – „Es ist der Stern,
Wermut genannt. So manches Herz getroffen fällt
Vom Anprall jener Wasser, die der Stern vergällt";
Und, innehaltend, drehte er sich um, schaute
Zurück auf das, was Sünde wirken konnte,
Die Flut und Feuer zog herab
Auf dies verderbte Land; die neue Plage schuf,
Die durchaus kann der Schrift entsprechen;
Die darauf drang, daß manchen Missetätern solche
Sünden angelastet wurden, die kein bekannter
Kodex, kein Gesetz zu den Verbrechen zählt —
Nicht heute und auch nicht in früh'rer Zeit;
Schwerlich Beweisbares: des Anstands Tücke,
Verstohl'ne Bosheit, scharfsinniger Betrug;
Wohltat mit böser Absicht – verdreht in ihrem Sinn:
Edelstes Tun, damit es Schlimmstem dient;
Und Haß, der unter schönen Lebenstönen räubert
Wie es der Hai im blauen, sonnigen Pazifik tut.
    Er stockte, bog sich angestrengt,
Die schmalen Hände vor der Stirn verschränkt.
    „Nein, nein, du See,
Es war nicht alles Fleisches Hurerei,
Auch raffinierte Sünden, geistige Verbrechen halfen,
Den Untergang, den ihr hier erbt, herbeizuführen:
Gut auferlegter Untergang, obwohl furchtbar und jäh,
In eines Gottes Herrschaft, eines lang gemied'nen. —
Du Atemstoß mephit'scher Gase
Des Minerals; du Böe, die Ohnmacht bringt,
Fächelst mir zu aus diesem Todesteich;
Warst du dies bitterböse kleine Wesen,
Das mit dem Gifthalm stichelte?
Du, Stärkerer, der aber bei dem einnehmenden
Stachel anfangen konnte, schwach zu werden,
Obwohl den Pfeil er ohne Reue wollte!
Ah, Geister Sodoms, wie vibriert ihr hier
Um mich in dieser bösen Luft, verschwört euch,
Gnädig noch zu sein, nur gnädig!
Pfui! pfui, der du fromm und der Form gerecht
Aushecktest die posthume Schlinge.
Und du, die Schlammflut – üble Masse,
Die unbeirrbar träg die edleren
Geschlechter übersumpft – bist du dort?
Klage, des guten Herzens Würger: Alles ist Ihm
Bekannt; klage mit denen, die nachsichtig sind mit dir. —
Sünder – verjagte, umgeformte Seelen,
Geweht in diese Lüfte oder in gurgelnder Untiefen
Strudel gewirbelt, die euer Keuchen aufwärts schicken,
Oder auf diesem Krater-Rand und -Kelch,

Von Schlamm begeifert oder von Stank bequalmt —
Nicht immer lagst du träge auf dem
Tavernenstrand. Wenige Würfler hier und Säufer,
Wenige Bärenhäuter und keine Blödiane.
Du bist es, der, vermittels heil'ger Formen,
Dem Haß oder der Gier von Mammon dient —
Du dunkles Sklavenschiff, nach einem Sterne steuernd,
Du bist's – und alle gleich wie du in Pomp.
Wer die Welt kannte, aber sie verbrämte;
Wer Handel trieb an der Verbrechensküste,
Obwohl er nicht an Land ging; wer schlauer war
Als die Justiz, der Bruder und die Zeit —
Diese, gerade diese ergeben sich dem Untergang.
Doch wer vermag das Mannigfache auszusprechen?
Und Sünden gibt es, die sind unerforschlich
Und nicht zu äußern."
                Als er hier endete,
Schrak er zusammen, spähte auf die Flut
Gleich einem grauen Seeadler. Sein hohles
Starren bemerkte dann das Spiel einiger
Klein'rer Blasen, silbrige Traube wie von Schaum:
„Sind dies die Perlen auf der Weiber Wein,
Trank der Tofana? – O schöne Medea —
O sanfte Menschenfresserin, pelziger Tod:
O bist du Jael, bist du Lea —
Untiefe, die nicht auszuloten ist! – Nein!
Dem Kern näher, als der Mensch sein kann
Oder die Wissenschaft je war – näher dem Schlamm
Der Rudimente der Natur oder dem Kalk
Im Chylus vor dem Knochenbau. Du, du,
Die haut'ge Zelle ist in dir gewoben —
Du bist die Form von dem, was Menschen sind:
In dir hebt an, was alles sich begibt —
Bei dir, durch dich! – Mach ungeschehen,
Bitte, mach ungeschehen und stets erneuere
Den Sündenfall auf immer!"
                Auf seinem Thron
Verstummte er; und in gedämpftem Ton
Die Klage drang in ach so mannigfachem Klang
Von Sodoms Woge. Er blickte um sich:
Alle hatten ihn verlassen, nach und nach.
War es, weil er das Innerste
Der äußerlichen Sicht geöffnet hatte?
Oder war Schmerz nur über Wahngedanken
Der Anlaß, ihn zum meiden, da nichts
In solchem Fall Ermahnung kann bewirken?
Doch keiner wagte einen müß'gen Einwand da,
Nicht schwachen Spott, nicht falsche Oberflächlichkeit. (...)

XXXVIII. Der Schlafwandler

Mit ernstem Herzen hatte Nehemia nun
Ein großes Augenmerk gelegt auf Mythen, die
Diesen Strand des Pentateuchs betrafen;
Ihn konnt' die wildere Legende in allzu
Gläub'gem Drang erbeben lassen, der
Mittelbar nur seine christliche Neigung berührte.
Er harrte wachend. Lag mit pochendem Gehirn,
Durch Reisen überstrapaziert, lange in
Fieberhaften Träumereien, Lebens Zerfall,
Geriet bald in Verzückung,
Worin er Tempel und Arkaden sah
Und Menschen, wandelnd in der Tiefe;
Seltsames Summen hörte er und Lautenschlag.
Dann ging durch jenen Dreh, den jeder Träumer kennt,
Traum auf in Traum: die Stadt erhob sich —
Im Leichentuch stieg auf sie aus der Woge;
Verwandelt kam vom Himmel sie herab,
Wie eine Braut prachtvoll gewandet.
Dort rauschten durch die Straßen klare Wasser
Und wuschen die Achate, klar,
Opal und Perle, eingestreut in Kiesel;
Gekrönt mit Palmen waren die Paläste —
Wasser-Paläste allesamt;
Und aus dem Quell von Flüssen glänzte Licht,
So sanft wie die Sankt-Martins-Sonne;
Zuletzt, kostbarer als zuvor es Jason fand,
Ein Vlies – das Vlies auf einem Thron!
Und eine starke Stimme hört er sagen:
Leid ist nicht mehr, nicht mehr ist Tod;
Ich wische alle Tränen fort; kommt her
Und tretet ein, es ist die Ewigkeit.
Und frohe Seelen, die geretteten, gesegneten,
Begrüßt von Engeln und liebkost,
Hände, die Hände halten, wie süße Liebende,
Girlanden von vollkomm'ner Zärtlichkeit —
So schwärmten sie hinan und fort, durch schöne
Haine hin zu hellen Hügeln und zu mild'rer Luft;
Von dort, vom höchsten Hügel, wurden sie zum Thron geführt,
Geküßt inmitten all der Tränen, die vergossen
Aus erfülltem Glauben. – Als Zauberspiel
Also erschien dem Sanftmüt'gen
Das Himmlische Jerusalem im Traum:
Hafen, nach dem so manchen Tag —
Im Bett, zu Fuß, auf Knien —
Er schmachtete: Wollt Gott, ich wär in dir!

Und die Visionen wechselten und wechselten sich ab,
Vermengten sich und trennten sich – schweiften fernab
Und winkten, winkten ihn herbei.
Im Schlaf erhob er sich; und niemand hat gewußt,
Wann dieser Schlafwandler verschwand.

XXXIX. LEICHENBEGÄNGNIS

Den Schädel des Kamels erreichen
Auf dem Strand nicht mehr die trägen Wasser —
Waschen nicht mehr die matten Wasser;
Sie gehn nun nicht mehr ein und aus
In diesen leeren Kammern, den umwallten —
So flau die Flaute ist, so tot die Woge.
Wie fahl ragt über dichtem Nebel,
Indes der Tag blaß und verwischt anbricht,
Jenseits des Sees der lange Kamm des Ammon auf.

   Allein, hinab zum leichentuchumhüllten Ufer, geht
Vine – und zuckt zusammen: nicht bei dem Schädel
Des Kamels, denn der hat, seit er nächtens
Mortmain als Schemel diente, sich nicht verändert.
Doch nah bei ihm – wie *dieses Ding* benennen?
Schräg auf dem Strand, umhüllt von
Bodennebelringen, während Flämmchen – gedämpfte
Purpurfarbe – in der tiefsten Nacht
Den dicken Stumpf zu weißer Asche lecken.
Was ist das? – Bleicher als die bleichen
Schwaden, die ihre Schleier derart breiten,
Daß manche Spitzen Inseln werden,
Ohn' Sockel überm matten, matten Bett
Der Wasser, die nicht einmal ein Kabbeln
Senden gegen die Wange dieses Dings.
   Der Schreck, der den Entdecker überfiel,
War körperlich – bestürzte kaum die Seele,
Da manche ernste Träumerei zuvor
Gegen die Macht der Angst gewappnet hat.
Für ihn verbinden sich tatsächlich jeder Verfall
Und jedes Ende – vermischen sich in Harmonie.
Leise sein Murmeln: „Trost ist hier:
Ruhe schneite herab auf Ruhe —
Und Schlaf auf Schlaf; es ist die Stille
Und der Zauberspruch des Schlusses."
   Die anderen, herbeigerufen zu der Stelle,
Waren betroffen. Nehemia? Nein!
Der ohne Sünde, ohne Makel war – was! —
Der liegt bleich danieder wie der Assyrier?

Der Schwede stand daneben; der Nachgeschmack
Der Wasserwüste war nicht ausgelöscht
Und nicht der Einfluß jenes Wermut-Sterns,
Von dem er sprach. Da alles ihm verhangen war —
In Zwietracht seine Lebensgeister —,
Hielt Derwent sich von einer kalten Ausflucht
Nicht zurück. Mortmain, erbarmungslos: „Seht:
Auf dem Bett – bequem – den Tod ansehen,
Ein Traum, drapiert; der Erbensippe
Dienlich sein und *diese* trösten
In der bequemen Kammer: – all dieses
Widerrufen *hier* die Umstände!
Es stirbt der erste Mensch. So lag auch Abel."
Der kummervolle Priester – leidend und mutlos —,
Der kaum hoffte, daß er recht verstanden würde,
War stumm. Und schauernd trat Mortmain
Beiseite, einzig von Vine gewahrt:
Ach (dachte Vine), du bist verbittert, Schwede,
In deiner Rüstung blutest du?

Aufmerksam, aber ausgeglichen, schaute der Druse zu:
„Wo ist die Scheide, wo das Schwert?"
                              „Ach, wohin fort?"
Sprach Clarel, der sich dort verbeugte und niederkniete:
„Wohin bist du gegangen? Freundlichster Geist du,
Ohne Freund – mit wem wirst du dich nun befreunden?
Rotkehlchen oder Rabe, welchen Vogel kann Gott
Dir senden, daß er mit Blättern dich bestreut,
Einsam Begrabener, wenn du hier bist zurückgelassen?"
„Er ist gegangen", sprach der Jude, „auch Zaren, Sterne müssen gehen
Oder sich wandeln! Alles Chemie. Ach ja." —
„*Resurget*" – darauf Derwent schwach.
„*In pace*" – weit'res wollte Vine nicht wagen.

Mit seinem weiten Herzen gelang Rolfe
Ein Präludium, das weit zurückgriff, aber alles faßte:
„Naß, naß vom Schluchzen und vergoss'nem Trost —
Die Tränen warm, und kalte Dünste aus der Urne —
Das Rom der Heiden hat die Toten ganz
Ohne Hoffnung auf der Seele Wiederkehr begraben.
Umfangen wurden sie, gefaßt in Marmor,
Begegneten der nachgemachten Orkuspforte —
Von hängender Girlande überkränzt
War der fatale Riegel Plutos.
Wie gehn wir *heute* vor? Aber wär's klar,
In der Natur oder in frommer Lehre,
Daß hingeschied'ne Seelen in Freude weiterleben,
Dann herrschte Glück – Mitleid ist ausgeschlossen.

Sein armes, dünnes Leben: das Ende und nicht mehr?
Der Tod hier an des Toten Meers Gestade?"
    Er wendete sich um wie in Erwartung eines Nickens
Oder einer Antwort von Erde, Himmel oder Luft;
Doch gleich ob Äther oder Scholle,
Die Elemente gaben nicht Erwiderung.
    Die Beine über Kreuz, saß Belex, der Fatalist,
Auf einem Aschenhaufen und rauchte weiter.
Langsame Züge; und dann: „Man muß es tun:
Zieh diese Lenden dort ans Ufer, Bethlehemit." —

    In einer Mulde, frei von Stein,
Scharrten sie eine Grube mit Kamelgebein;
Und Derwent, sich erholend von der Blässe
Auf Mortmains Stirn und gar nicht abgeneigt,
Stillschweigend sich der Kleidung zu bemächt'gen,
Wünschte, daß man das Buch ihm brächte,
Das nun besitzerlos. Er nahm es, hatte
Eine kurze Stelle, für's Gebet geeignet, ausgewählt,
Doch schloß es und entsann des Psalmes sich,
Den er gehört, als Salzdunst an der Palme nagte —
Sie wandten sich der Stätte dieser Wasser zu —,
Der von dem Heil'gen wurde angestimmt und der
Sogar leiser Vorahnung eine Stimme gab:
Nichts bess'res könnte man hier wiederholen:
    „Obwohl durchs Schattental ich zieh,
        Fürcht ich das Übel nicht;
    Auf meinem Haupt erstrahlt Sein Licht:
        Schau, er ist bei mir, sogar hier."

    Danach knieten sie nieder – mit entblößter Stirn,
Verneigten sich, indes das Grabgebet er sprach.
Selbst Margoth beugte sich; doch so,
Wie es ein rauher Seebär auf dem Meere tut,
Der sich auf schmaler Planke hält, die
Die zerschoss'ne Hängematte trägt, während der Kapitän
Kurze Gebete liest, mitten im schonungslosen
Krieg von wilden Elementen —
Indes der Graupel auf der Spiere friert:
Griesgrämig fiel die Ehrbezeigung aus.
    Nun wurd' der Leichnam von den Arabern
Ins Grab gelegt, und wäre Rolfe nicht
Eingeschritten, hätten sie eilends ihn bedeckt:
„Das Buch! – Des Heil'gen Bibel —,
Mit dem er diese Überreste dort schmückte,
Ja, gebt's ihm in die Hand: „Da du nun
Auf die letzte, lange Reise gehst,
Warum dir deinen Freund und Leitstern nehmen!

Und wer kennt einen bess'ren Leitstern? Bleibe."

    Sie endigten. Von Ferne kam ein Rauschen,
Brausen, das anschwoll, mehr und mehr,
Und immer näher kam. Sie flehen an
Die lange Kette der judä'schen Berge, während
Die Höhen näh'rer Gipfel durch des Nebels Blende
Dem Blick entzogen sind. Kein Deut, kein Dunst
Von diesem Absacken war ihnen sichtbar;
Doch stürzte, schaurig-rauhes Poltern,
– Flint-, Staub- und Schotterschauer
Und alles Drumherum —
Hernieder eine Steinlawine,
Bei jedem Anprall Kobolz schießend —
Dumpf polternd, Schlag auf Schlag – hinab, hinab —
Und landete. Dann Stille. Dann rollte von Gestade
Zu Gestade, von Kluft zu Kluft, das tiefe Echo,
Ein Widerhall wie eine Kugel, rollend
Und kugelnd weit hinab das lange Tal El Ghor.

    Sie drehn sich um; und was, als Stille nun besiegelt
War, arbeitet durch den Schleier sich hervor?
Ein Gegen-Gegenstand wird offenbart —
Ein Himmelsding, und doch wie zart:
In dünnem Dunst hoch überm Meer
Ist feucht geformt und ohne Laut
Der Nebelbogen: Teil eines Ovals,
In eine Ferne ohne Farbe eingesetzt,
Vor einem vertikalen Strahl oder dem
Dünnen Büschel wässerigen Lichtes.
Schwebend dort in der Höhe hing
Das Bogenstück, wie vor dem Maibaummast
Der Maikranz baumelt. Es wirkte halb erschöpft —
Schwankte und bebte, blich dahin und – schwand.

Teil III
Mar Saba

XVI. Das Osterfeuer

(...)
„Nun, Belex war nicht nur ein träger
Hüter gewesen beim Grab:
Nein, sondern er kennt auch ein and'res
Schauspiel unter derselben Kuppel bei Festen:
Eins der Prügelei. Wie viele Rücken hat er eingekerbt,
Wenn an dem heil'gen Tag der Griechen,
Dem Osterfest des St. Basilius, alle die abtrünnigen
Brüder, samt Pilgergruppen,
Levantinern, Russen, die Fluten ihres Aufruhrs
Schwellen lassen zwischen den Schreinen,
Während sie warten, daß aus einem Loch
Im Heil'gen Grab betrügerisches Feuer bricht,
Nicht unfern von den Händlern. Platz da!
Es schießt hervor! Die Reihen der Soldaten rücken an,
Den Ansturm einzudämmen: Peitschengeknall;
Und mitten im Gedränge werden dort etliche, selbst
Kräftige, getreten und zertrampelt bis zum Tode.
In rascher Übertragung sich entzündend fliegen
Die zauberischen Flammen, die, aufgefangen
Von unzähl'gen Kerzen, sich vervielfachen.
Wie Meere, die in stillen Nächten phosphoreszieren,
Zeigt blau der Tempel sich im Lichterdunst;
Doch hier geht's hoch her wie im Hurrikan:
Eifer, wütender Eifer und Glaubensraserei
Und die Ekstase bei des Atys Schaden,
Als blutend er den Berg der Phrygier
Stürmte hinan, doch seiner Scham nicht achtete,
Indes rasende Tamburine sich um ihn in Riten
Mühten, die man irrwitzig nennen kann.
Nein: Nicht die Scharen des Dindymus oder Brahma
Träumen, was diese christlichen Fakire tun:
Zerstörte Banner, Kreuze, zerfetzte Palmen —
Es zeigen rote Wunden sich durch weiße Kleider;
Und Priester schreien grimme Psalmen
Und harsche Hosiannas ihrem König zu,
Christ nämlich; nichts kann Ruhe bringen
Oder zur rechten Zeit eine Besinnungspause;
Keine schneidende Peitsche, kein strafend Schwert,
Und sogar nicht – O! mehr als wunderbar —
Das Grab, bittendes Grab, wo unser Herr lag."
   „Doch wer befehligt den Betrug? sag an."

„Die lebhaften, stets einfallsreichen Griechen."
„Die Griechen? Aber das ist schwer zu glauben.
Anständig das Betragen, freundlich die Miene
Dieser Brüder, die auf des Kidrons Rand hier
Hausen und unter strengen Riten
Gott verehren und ihren Glauben hüten." —
„Ah, *strenge Riten;* – diese alte Konfession,
Prächtig mit Decken und Verhängen ausstaffiert,
Ist bloß ein Katafalk, gib's zu —
Führt nur auf priesterliche Weise des Byzantin'schen
Reiches Bastardherrschaft fort;
Sie wächst nicht, sie verharrt nur —
Versteinerte Orthodoxie.
Oder im Falle, daß sie wächst, wächst sie
Mit Rußland nur und hat von daher ihre Stärke.
Der Zar ist ihr Bischof in Waffen. Wohlan,
So wird's mir zugetragen, des Zaren Börse
Trägt zum Stolze dieses Klosters bei.
Doch was blinkt durch die Düsternis
Weit unten? Die Lichter der Votivkapelle? Ja!
Woher kam diese Flamme, die leuchtete? Bekenne,
Gerade aus Jerusalem – vom Grab,
Am letzten Osterfest. Ein Reiter sprengt
Von dem Portal an jedem Osterfest hierher
Mit einer Fackel, um die Karfreitags ausgelöschten
Flammen neu zu entzünden. So kann man sehn,
Daß diese Schwindelei ansteckend ist;
Nein, das ist unschön; Gäste sind wir;
Und Gastgeber sind heilig – ihr Haus und alles;
Und man kann denken, und kaum der Wahrheit
Abbruch tun, daß es sich so zuträgt,
Daß jene Lampen, obwohl sie willig die
Betrügerische Flamme empfangen, doch redlich brennen,
So daß keine heimliche Tücke an diesen
Schlichten Brüdern haften mag, die das gestalten
Und verwenden, was immer Riten bieten,
Ohne *Wozu?* oder *Warum?* zu fragen."
(...)

„Doch müssen wir einräumen", fuhr Rolfe jetzt fort,
„Daß dieser Trick in einem schlichten Traum, den
Wenige mißachten werden, seinen Ursprung hatte —
Daß Engel wahrlich diese Lampen
An Ostern, lang zuvor, erhellten;
Obwohl nun alle Flammen in der Tat
(Wie Griechen glauben – zumindest anerkennen)
Vom Beten rühren der Bischöfe im Grab.
Gäb's gerade so viel Lärm wie Vogelsang,

Ließen der Griechen Kirchenmänner diesen
Schwindel sein, hörten gar auf damit. Doch nein:
Er ist so alt, ist so verwickelt
In vitale Dinge notwend'ger Wirkung,
Daß sie's kaum wagen, von diesem Wege abzugehen.
Die Lateiner teilten diesen falschen Ritus
Mit den Griechen: Doch schon vor langem,
Vor langer Zeit, schworen sie diesem gänzlich ab."
   (...)

Rolfe fuhr solchermaßen fort:
„Nie hab ich es gesehn; doch wird behauptet,
Daß der Trick des griechischen Prälaten,
Wie der Tragödie Nachspiel, zur Farce führt
Oder zu einer Posse eher, zu einem Spiel;
Läufer und Akrobaten rings ums Grab:
Solche Wettkämpfe könnten dem Hügel gegenüber
Stattfinden, Grabhügel des erschlagenen Patroclus,
Beim Hellespont. Noch länger ziehen solche
Spiele sich hin unter blühenden Hainen
Mitten im Pazifik, wo Lebens Beben
Ursprünglich – heidnisch ist; und Faune schmücken
Grüne Theater für diese tätowierten Griechen,
Die Polynesier. – Wer wird behaupten,
Diese Syrier seien weiser als jene
Oder auch menschlicher? Nicht diese tun's gewiß,
Die den Bericht erfahren mögen
Von dem Erob'rer Ibrahim, der todesschwach
Von blutbesudelten Soldaten ward getragen
Über glitschige Leichen, elendig gehäuft,
Aus der besprutzten Schädelstätte durch die Tür
Ins Himmelslicht. Er wurd' gebeten, anzuordnen,
Daß die rasende Menge niemals mehr
Eindringen sollte – 'Das würde nur die Meinung stützen,
Daß es Verfolgung gibt; nein,
Bringe Allah doch, falls er will, die Konfessionen
Wieder zur Vernunft. Es soll so bleiben.' —"
   (...)

ANMERKUNGEN

TEIL I   I. DIE HERBERGE *In einer Kammer ...:* Etwa gleichzeitig schreibt Rimbaud in seinem Prosagedicht „Kindheit" (aus *Illuminationen*): „Miete man mir endlich dieses Grab, mit Kalk geweißt, mit Relieflinien aus Zement – sehr weit unter der Erde."   *Erscheinungsfest:* Epiphanias (6. Januar); von den Griechen noch als Weihnachtsfest begangen, bei den übrigen Christen als Dreikönigstag.   *Siloha:* Teich, zu dem Jesus den Blinden zur Heilung sandte (*Joh.* 9, 1-7); Anspielung auf den Beginn von Miltons *PARADISE LOST*: „Siloa's brook that flow'd / Fast by the Oracle of God."   *Saron*: „Ich bin eine Blume zu Saron und eine Rose im Tal." (*Hohelied* 2, 1)

III. DAS GRAB   *Melchisedek:* Priesterkönig von Salem, dem späteren Jerusalem (vgl. *Genesis* 14); die Bezeichnung „Druide" bezeugt Melvilles Hang zu schottischen Wörtern; so gebraucht er auch „glen" (Gletschertal) durchgängig für die Schluchten in Palästina; eine entrückende Poetisierung, die sich in der Assoziation von „Indianerwäldern" in andere Richtung fortsetzt.   *Mirakelspiel:* mittelalterliches Heiligenschauspiel; das Heilige Grab wird hier als der Ort einer durch die Jahrhunderte entwickelten Inszenierung vorgestellt; durch die Gestalt des Schurken *Ludovico* (aus Richard Shells Theaterstück *EVADNE: or, THE STATUE*) werden Gothic-Elemente eingeführt.   *Golgatha:* eigentl. „Schädelhügel" (nach der Form des Berges); der in die Grabeskirche integrierte Felsen zeigt einen tiefen Spalt, den das Gewitter beim Tode Christi verursacht haben soll und der angeblich das Blut des Sterbenden aufnahm.   *Gottfried und Balduin:* werden hier ebenfalls als Geister heraufbeschworen; die beiden Kreuzritter befreiten das Heilige Grab 1099 aus den Händen der „Ungläubigen", in deren Blut sie die Straßen Jerusalems schwimmen ließen.   *Phantasie / Vorstellungskraft:* Die Unterscheidung *fancy / imagination* stammt von Coleridge (in: *Biographia Literaria*).   *Osterfest:* CLAREL wird an Ostern enden, nachdem der Protagonist seine persönliche Passion (den Tod der Geliebten Ruth) erlitten hat.

V. CLAREL   Nachdem das Labyrinth des Heiligen Grabes aus auktorialer Perspektive vorgestellt wurde, führt Melville seinen Helden ins Zentrum aller christlichen Pilgerwünsche.   *Der Zweite Adam:* Christus wird bereits 350 von Bischof Cyril als solcher bezeichnet: er habe am Kreuz die Arme ausgebreitet und damit die Enden der Welt umfaßt, denn Golgatha sei die Mitte der Welt. Das Adamsgrab befindet sich im unteren Teil des Golgatha-Felsens und soll durch Christi Blut gesalbt worden sein.   *In Träumen ... / In gliding turn of dreams that mate ...:* könnte als Motto über dem gesamten Werk *CLAREL* stehen: Wie im Traum verbinden sich weit entfernte Zeiten, Stätten, Mythen und Stoffe zu einer einzigartigen poetischen Präsenz; der Traum der unterschiedlichen Glaubensrichtungen, auf irgendeine Weise das Paradies wiederherzustellen, eine Art Erlösung zu erlangen, steht dabei im Mittelpunkt.

VI. STÄMME UND KONFESSIONEN   Der Traum von der „Sympathie zwischen den Glaubensrichtungen" wird durch die Wirklichkeit drastisch zerstört. In der Tat haben sich die christlichen Konfessionen im Laufe der Jahrhunderte gegenseitig jeden Quadratzentimeter der Grabeskirche streitig gemacht.

X. STREIFZÜGE   In Canto VII war Nehemia Clarel wie in einer Erscheinung entgegengetreten, gleichsam als Konkretisierung seines Wunsches nach einem spirituellen Lehrer. Mit ihm durchstreift Clarel nun Jerusalem. Die historischen Schichten der Stadt werden dabei mit den Terrassierungen im *Glenroy* assoziiert, einem Gletschertal in Schottland (!). *Morija* ist der ältere Name für den Tempelberg, auf dem sich ursprünglich König Davids Tempel befunden hatte. Im 7. Jahrhundert wurde dort der muslimische Felsendom errichtet.   *Adonia:* vgl. 1. *Könige*, 1

Blutacker: wurde von den 30 Silberlingen des Verräters Judas gekauft (vgl. *Matt. 27,* 3-10). *Christi Wiederkunft:* Hauptglaubensartikel der Milleniaristen; gemäß der Offenbarung des Johannes soll Christus nach tausendjähriger Herrschaft auf der Erde wiedererscheinen, um Gericht zu halten. Da sie dem Ort dieses Geschehens möglichst nahe sein wollen, waren die Anhänger dieser Lehre die eifrigsten Palästinapilger.

XI. UNTERER GIHON *Gihon:* ist der Name eines der vier Flüsse des Paradieses, der Name einer Quelle im Osten von Jerusalem und der zweier Teiche im Südwesten, im Hinnom-Tal. Das Wort „gehenna" (arab. für „Hölle") wird daraus abgeleitet; und ein solcher Abstieg in die unteren Höllenkreise im Geiste Dantes wird hier vorgeführt (daß sich die Textgestalt dieser Schräge anpaßt, ist Werk des Zufalls). *Fremdling:* Clarel wird sich mit Celio anfreunden, verliert ihn aber bald wieder durch Tod. In Canto XIII identifiziert sich Celio unter dem Ecce-Homo-Tor (wo Christus von Pontius Pilatus der höhnenden Menge präsentiert wurde) mit der Gestalt des „Ewigen Juden" (der, der Legende nach, zuvor von Christus zur ewigen Wanderschaft verurteilt wurde, da er ihm auf dem Kreuzweg einen Moment der Ruhe verweigerte).

XVI. DIE KLAGEMAUER *Kein froher Zug:* An der Klagemauer, die angeblich aus den übriggebliebenen Blöcken des alten Tempels des Herodes besteht, betrauern die Juden am Klagetag die Zerstreuung ihres Volks über die ganze Welt und beschwören frühere Herrlichkeit herauf. *Mädchen:* Hier handelt es sich um Ruth, die Jüdisches (über ihre Mutter Agar) und Amerikanisches miteinander verbindet. Ihre Züge werden mit denen von Hagar verglichen, der ägyptischen Konkubine Abrahams, die Ismael gebar (und in die Wüste vertrieben wurde).

XVIII. NACHT *Abdon:* Der „schwarze Jude", Clarels Hauswirt, wird in Canto II ausführlich gewürdigt. Clarel ist fasziniert von dieser geheimnisvollen Gestalt, die den legendären, nicht aus der Babylonischen Gefangenschaft zurückgekehrten Stämmen Israels angehören soll.

XXVIII. GRAB UND BRUNNEN *Schmerzensmann:* Aus der Sicht der Paradieses erscheint Christi Passion als eine Perversion. Melville thematisiert hier die Durchdringung von Tropisch-Paradiesischem, für das der idyllische Dichter Theokrit steht, und Düsterem (angedeutet durch den apokalyptischen Propheten Joel); mit der Indianerprinzessin *Pocahontas* (die mit einem Weißen vermählt wurde) springt die Assoziation auch noch nach Amerika. *Siloha:* Der Teich wurde über einen 950 Fuß langen unterirdischen Kanal durch die Gihon-Quelle gespeist. *Bethesda:* vgl. *Johannes* 5, 1-9 *Der Fremde:* ist Vine. Clarel findet seine Gefährten in ähnlicher Weise wie Jesus seine Jünger fand.

XXX. DIE STÄTTE DER PASSION *Dathan:* einer der Rebellen gegen Moses, der sich der Rotte Korah anschloß. *Legendärer Felsen:* Hier werden die Körperabdrücke der schlafenden Jünger gezeigt.

XLIII. EIN ZUG *Goldne Schale:* vgl. Prediger *Salomo* 12, 6: „Ehe dann der silberne Strick wegkomme und die goldene Quelle verlaufe und der Eimer zerlechze am Born (...)"

TEIL II XIV. BEI ACHOR *Lang dann der Abhang:* Jerusalem liegt 800 Meter über, das Tote Meer 395 Meter unter dem Meeresspiegel. *Metzelei bei Ai:* vgl. *Josua 7 Schwarzer Hügel:* Berg der Versuchung Jesu (*Matt.* 4. 1-11); Jesus fastete hier 40 Tage und Nächte; die Zahl 40 steht für göttliche Prüfung (das Volk Israel verbrachte 40 Jahre in der Wüste); unser Begriff der Quarantäne rührt daher. *Pisga:* ist Teil des Berges Nebo, von wo Gott Moses das Gelobte Land gezeigt hatte (in einer Parodie jener göttlichen Geste hatte der Teufel später Christus alle Reiche der Welt gezeigt). *Balboas Stamm / Darien:* Damit ist Cortez gemeint, der die Gegend des heutigen Panama durchstreifte.

XV. DIE **Q**UELLE *Elisa* machte dieses „böse Wasser" gesund, indem er Salz hineinwarf (vgl. 1. *Könige* 2, 19-22). *Zin:* bibl. Wüste südwestl. des Toten Meeres *Obi:* wahrscheinlich entstellte „Gobi".
XXVIII. DER **N**EBEL *vier Könige:* vgl. Genesis 14, 10 *Milcom / Camos:* Götzen der Ammoniter, denen Salomon zeitweise huldigte (1. *Könige* 11, 5-7).
XXXI. DIE **I**NSCHRIFT *Christus und der Riese:* Mit letzterem ist Orion gemeint, der in der griechischen Mythologie als Sternbild an den Himmel versetzt wurde.
XXXIII. LOTS **M**EER *Moses-Stein:* auch „Stinkstein" genannt, brennbar, aber nicht von Wohlgeruch. *SUM:* vgl. 2. *Mose* 3, 14: „Ich werde sein, der ich sein werde." Ich habe die lateinische Form gewählt, um das folgende „Hog-Latin" zu unterstreichen.
XXXIV. MORTMAIN TAUCHT WIEDER AUF *Bach Crith:* vgl. 1. *Könige* 17, 1-7 *Vox clamans:* Stimme des „Predigers in der Wüste", Johannes; gegen Ende des Canto läßt sich Mortmain gar zu einer imitatio Christi hinreißen und leert den „Bitteren Kelch" mit dem Wasser des Toten Meeres.
XXXV. VORBEDEUTEND Der Verweis auf Piranesis *carceri* ruft wieder Melvilles Schilderung des Hl. Grabes als Labyrinth in Erinnerung. *Mysterium der Bosheit:* vgl. 2. *Thessalonicher* 2, 7
XXXVI. SODOM *Stern, Wermut genannt:* vgl. *Offenbarung* 8, 10-11 *Trank der Tofona:* nach einer Italienerin benannt, die diesen arsenhaltigen Gifttrank zur Ermordung von Ehemännern im 17. Jahrhundert kreierte. *Rudimente der Natur:* Der verbitterte Ex-Revolutionär Mortmain beschwört hier eine Anti-Kosmologie herauf, eine Schöpfung aus der Ursuppe des „Sündenpfuhls" – creatio ex nagativo.
XXXIX. LEICHENBEGÄNGNIS *Nebelbogen:* Dieser gebrochene Bogen deutet auf das gebrochene Bündnis zwischen Gott und den Menschen hin (dadurch, daß Gott das Böse zuließ).
TEIL III XVI. DAS **O**STERFEUER Diskussion im Kloster Mar Saba *Belex,* der Türke, war Wächter am Hl. Grab gewesen (Jerusalem gehörte zu Melvilles Zeit zum Osmanischen Reich). *Atys:* (auch Attis), Priester der Göttin Cybele, der sich, in Verzückung, selbst entmannte (von Catull besungen). *Es soll so bleiben ...:* Auch heute noch ist das Osterfeuer Anlaß für Raserei und Streit; griechische und armenische Orthodoxe balgen sich um den Zugang zum Grab. Am Osterfest des Jahres 2004 mußte eine israelische Anti-Terroreinheit einschreiten, um die Glaubenskampfhähne zu trennen.

Der Übersetzer dankt dem Deutschen Literaturfonds e.V
für die Förderung seiner Arbeit.

Alexander Pechmann
„Eine Pilgerfahrt, ein Ding in Versen ..."
Herman Melvilles *Clarel*

Der Lyriker Herman Melville wurde im deutschen Sprachraum bislang ignoriert. Die beiden schmalen Bände von Ferdinand Schunck und Walter Weber mit Übersetzungen ausgewählter Gedichte sind wohl nur wenigen Lesern bekannt. Wer aber meint, er kenne nach der Lektüre der sprachgewaltigen Prosawerke Melvilles dessen gesamtes Œuvre, der irrt und übersieht die Arbeit von beinahe drei Jahrzehnten: drei veröffentlichte Gedichtbände, viele Seiten unveröffentlichtes Material sowie das umfangreichste Versepos der amerikanischen Literatur: *Clarel: A Poem and Pilgrimage in the Holy Land*.

Clarel ist ein monumentales Gedicht in vier Teilen, hundertfünfzig Cantos und fast achtzehntausend Zeilen in jambischen Tetrametern, gelegentlich unterbrochen von Einschüben in einem anderen Versmaß. Die Buchausgabe erschien am 3. Juni 1876 auf Kosten des Autors bei G. P. Putnam & Co. Die wichtigsten Quellen waren Melvilles eigene Tagebuchaufzeichnungen von 1856/57 sowie zahlreiche Reiseberichte, Werke zur Geschichte des Heiligen Landes und zur Bibelgeschichte wie John Kittos *Cyclopaedia of Biblical Literature* und Eliot Warburtons *The Crescent and the Cross*. Seine Vorbilder in der Literatur waren die Versepen Byrons, Dantes und Miltons sowie die Gedichte von Matthew Arnold und Thomas Hood – Werke, die Melville seit seiner Jugend kannte und schätzte.

Da es keine Hinweise auf das Gedicht in der Korrespondenz gibt, ist es nicht möglich, exakt zu bestimmen, wann die Arbeit an *Clarel* begonnen und abgeschlossen wurde. Melvilles illusionslose Betrachtungen über den Zustand der amerikanischen Gesellschaft sind jedoch ein Hinweis darauf, daß das Werk nach dem patriotisch motivierten und erfolglosen Gedichtband *Battle-Pieces* (1866) geschrieben wurde, als er hauptberuflich für das New Yorker Zollamt arbeitete.

Selbst wenn man die 1845 anonym veröffentlichte Verserzählung *Redburn: or the Schoolmaster of a Morning*, deren Autorschaft umstritten ist, außer acht läßt, ist es unübersehbar, daß Melville einen besonderen Hang zur Lyrik hatte – eine Vorliebe, die nach dem kommerziellen Mißerfolg seiner späten Romane zunehmend an Bedeutung gewann und die während der Jahre dauernden Arbeit an *Clarel* zu einer Obsession wurde, welche auch den Familienalltag beherrschte. Gelegentlich konnte es vorkommen, daß Melville um zwei Uhr morgens in das Zimmer seiner Tochter Fanny stürmte, um ihr einige neue Zeilen vorzutragen. Manchmal mußte sie ihm am Klavier den Takt vorgeben, damit er den Rhythmus seiner Verse prüfen konnte.

Für Melvilles Ehefrau Lizzie war es ein „Inkubus von einem Buch", der seine Gesundheit ruinierte und seine Lebenskraft stahl. Für ihn selbst war es ein Werk, dessen Wert wohl erst von künftigen Generationen anerkannt werden würde. Es war sein Vermächtnis an die Nachwelt. Entsprechend nervös war er kurz vor dem Veröffentlichungstermin. Die beiden Töchter wurden bei Verwandten untergebracht, damit er ungestört die Druckfahnen korrigieren konnte.

Melville schrieb das Epos in einer für ihn schwierigen Zeit: Er war gezeichnet von Krankheit, Mißerfolg, finanziellen Problemen und von zahlreichen Todesfällen im Familien- und Freundeskreis. Der rätselhafte Tod seines Sohnes Malcolm war der Höhepunkt in einer ganzen Reihe von persönlichen Niederlagen und Katastrophen. Malcolm diente möglicherweise als Vorbild für die Titelfigur. Und sicher nicht zufällig ist der Tod ein immer wiederkehrendes Motiv in *Clarel*.

Nach der Rückkehr von seiner sechsmonatigen Reise nach Europa und ins Heilige Land in den Jahren 1856 und 1857 begann für Herman Melville eine Zeit des Schweigens, die lediglich von einigen Vortragsreisen unterbrochen wurde. Seine zerrüttete Gesundheit hielt ihn davon ab, neue schriftstellerische Projekte in Angriff zu nehmen. Erst 1866 erschien mit *Battle Pieces and Aspects of War* ein neues Buch, das – oberflächlich betrachtet – mit den früheren Romanen und Erzählungen nicht viel gemein hatte. Es war eine umfangreiche Sammlung von Gedichten, die zentrale Ereignisse des amerikanischen Bürgerkrieges kommentierten. Melvilles Standpunkt, daß der Katastrophe des Krieges eine Aussöhnung der Gegner folgen müsse, wurde jedoch nur von wenigen seiner Landsleute geteilt. Die Hoffnung, daß die USA zu den ursprünglichen nationalen Idealen, die Melville oft als Verknüpfung von individueller Freiheit und christlicher Nächstenliebe dargestellt hatte, zurückkehren würden, blieb unerfüllt.

Melvilles idealistische Vorstellungen hatten im Zeitalter der Industrialisierung und Kommerzialisierung keinen Platz mehr. Die Ausbeutung der Arbeiter und ehemaligen Sklaven bedeutete keinen wirklichen Fortschritt gegenüber dem Übel der Sklaverei. Die diktatorischen Mittel, die die Nordstaaten zur Durchsetzung ihrer Positionen im Süden anwandten, widersprachen dem Geist der Demokratie und erzeugten neuen Haß und Mißtrauen. Die Erschließung der westlichen Territorien wurde kompromißlos fortgesetzt, und Korruption und Parteienfilz prägten die Politik auf allen Ebenen. Melville, der in seinem Frühwerk die Zukunft Amerikas mit einem irdischen Paradies assoziiert hatte, machte sich keine Illusionen mehr. Sein Versepos *Clarel* ist das Werk eines politischen Pessimisten: Das Paradies, von dem er einst träumte, befindet sich in unerreichbarer „Regenbogenferne".

Die Kritik an Politik und Gesellschaft im Nachkriegsamerika ist allerdings nur ein Aspekt dieses Werkes, das in seiner Vieldeutigkeit und Vielschichtigkeit durchaus mit *Moby-Dick* zu vergleichen ist. Die Verserzählung beschreibt die Sinnsuche eines amerikanischen Theologiestudenten im Heiligen Land. Er trifft auf verschiedene Personen, die für bestimmte religiöse, philosophische, politische Standpunkte stehen und während einer gemeinsamen Pilgerreise zum Toten Meer versuchen, Clarel für ihre eigenen Ideale und Ansichten zu gewinnen. Sie dienen ihm als mögliche Lotsen im Ozean der Weltanschauungen – doch der Student findet in den Diskussionen mit seinen Gefährten keine zufriedenstellenden Antworten auf seine Fragen und muß am Ende seine Suche alleine fortsetzen.

Die in *Clarel* beschriebene Sinnsuche ist in die Darstellung widersprüchlicher Glaubenssysteme eingewoben, die allein durch ihre Vielfalt beweisen, daß „Wahrheit" nicht mit einer spezifischen Weltanschauung verknüpft sein kann. Melville schöpft aus den Mythen und Allegorien antiker und moderner Religionen und Ideologien: Hinduismus, Parsismus, Gnosis, griechische und römische Mythologie, Islam, Judentum, christliche und häretische Lehren, Atheismus – bis hin zu Wissenschaft und Kommerz als Ersatzreligionen. Clarels Pilgerfahrt ist nicht nur eine Suche nach Erlösung von religiösen Zweifeln, sondern auch nach Inhalten, mit deren Hilfe die materialistische Sinnleere überwunden werden könnte.

Der erste Teil der Verserzählung, „Jerusalem", beginnt mit der Ankunft Clarels in der Heiligen Stadt und seinen Erinnerungen an die Reise dorthin. Es ist die Stadt, die Melville auf seinen eigenen Reisen kennengelernt und in seinem Tagebuch skizziert hat: eine düstere Nekropole, heimgesucht von Pilgern aller Sekten und Religionen, die sich von der Aura der heiligen Stätten religiöse Offenbarungen erhoffen. Doch anstatt die ersehnte Anwesenheit Gottes zu spüren, finden sie Schmutz, Tod, Verfall, Krankheit und Betrug. Melvilles Jerusalem verweist auf Dantes „Stadt der Schmerzen" und ist zugleich ein Vorläufer der „unwirklichen Stadt" in T.S. Eliots *The Waste Land*.

Während seines eigenen Aufenthalts in Jerusalem hatte Melville über die Unbeirrbarkeit der Sektierer gestaunt, die an diesem trostlosen Ort die bevorstehende Wiederkehr Christi verkündeten. Der junge Clarel, der vergeblich nach Offenbarungen sucht, trifft auf solch einen Menschen, den amerikanischen Milleniaristen Nehemia. Nehemia bietet sich als Führer an und macht Clarel mit einer amerikanischen Familie bekannt, die sich zum Judentum bekehrt hat: Nathan, seine Frau Agar und ihre Tochter Ruth. Clarel verliebt sich in das rätselhafte und schöne Mädchen, doch kurz nach ihrer ersten Begegnung erreicht Clarel die Nachricht von der Ermordung Nathans. Während der vorgeschriebenen Trauerzeit ist es nur Juden gestattet, das Haus Nathans, seine Frau und seine Tochter zu besuchen. Clarel beschließt, die Zeit zu überbrücken, indem er eine Pilgerreise zum Toten Meer unternimmt. Begleitet wird er von Nehemia und zwei weiteren Amerikanern, die er in Jerusalem kennengelernt hat: Rolfe und Vine.

Die Figur des Rolfe stellt unverkennbar ein Selbstportrait Melvilles dar, verknüpft mit dem Idealbild eines amerikanischen Adams, das in seinen frühen Romanen von zentraler Bedeutung war. Rolfe ist ein ehemaliger Seemann, besitzt weitreichende humanistische Bildung und eine überaus skeptische Einstellung gegenüber vorgefertigten Meinungen. Gleichzeitig verflucht er seinen Skeptizismus, der ihn daran hindert, das Heilige Land mit den Augen eines gläubigen Christen zu sehen. „Zion, wie Rom, ist Niebuhrisiert", sagt Rolfe zu Clarel und wiederholt damit einen alten Tagebucheintrag Melvilles: „Wünsche Niebuhr & Strauß zum Teufel. – Der Leibhaftige möge ihre Geisteskraft & ihren Scharfsinn holen."

Barthold G. Niebuhrs *Römische Geschichte* stellte den ersten Versuch dar, den Wahrheitsgehalt römischer Überlieferung kritisch zu hinterfragen. David Friedrich Strauß war ein Theologe, der biblische Überlieferungen als Phantasiegebilde entlarvte. Spricht Rolfe, dann steckt in seiner Rede oft das Bücherwissen Melvilles, Zitate aus literarischen und wissenschaftlichen Werken, Erzählungen auch von Erfahrungen, die der Autor selbst in der Südsee gemacht hat. Rolfes Erinnerungen an den realen Garten Eden seiner Jugend basie-

Herman Melville, ca. 1870

ren auf Melvilles Beschreibungen der polynesischen Inselparadiese in *Typee*, *Omoo* und *Mardi*. Im ersten Teil von *Clarel* erzählt Rolfe zudem eine Variante von Owen Chases Geschichte des Walfängers *Essex*, der durch einen Wal versenkt wurde. (In *Moby-Dick* wurde das Schicksal der *Essex* von Ishmael nacherzählt.)

Clarels zweiter Reisebegleiter, Vine, ist ein rätselhafter, unnahbarer Mensch, der von seinen Gefährten für ein großes Genie gehalten wird. Vine wirkt ironischerweise nur deshalb genial, weil er keine klare Meinung vertritt, oft nur kryptische Antworten gibt oder sich ganz in Schweigen hüllt. Zahlreiche Indizien sprechen dafür, daß Melville hier seinen Freund Nathaniel Hawthorne porträtierte. In seinen *American Notebooks* erwähnte Hawthorne seinen liebsten Zeitvertreib: auf einer Klippe zu sitzen und Steinchen hinabzuwerfen. Melville beschreibt in *Clarel*, wie Vine sich dieser müßigen Beschäftigung hingibt. Schon der Name „Vine" könnte eine Anspielung auf Hawthorne sein: Melville hatte eines seiner Bücher als „vintage from his vine" bezeichnet – „Wein von seinem Weinstock." Es handelt sich hierbei um eine Anspielung auf ein Jesuszitat aus dem Johannes-Evangelium: „Ich bin der wahre Weinstock" – „I am the true vine."

Im zweiten Teil des Versepos, „The Wilderness", schließen sich weitere Pilger der Reisegesellschaft an. Die Figuren basieren auf realen Personen, die Melville während seiner eigenen Reise kennengelernt und im Tagebuch erwähnt hatte: Ein reicher griechischer Bankier und sein sorgloser Schwiegersohn Glaucon begleiten die Reisenden eine kurze Strecke, fliehen jedoch bald zurück nach Jerusalem, da ihnen morbide Assoziationen Angst machen. Derwent, ein anglikanischer Priester, bildet durch seine religiöse Bodenständigkeit ein Gegengewicht zu dem realitätsfernen Nehemia; er versucht Clarel von der Nutzlosigkeit seiner Zweifel zu überzeugen. Auf den Schultern seines Esels leuchtet ein weißes Kreuz – das Motiv erinnert an den Schluß von Melvilles früherer Erzählung *Die Chola-Witwe*. Der gleichmütige Djalea, Angehöriger der libanesischen Sekte der Drusen, welche christliche, mohammedanische und magische Elemente verknüpft, ist Führer und Dolmetscher der Pilger. Er reitet auf seinem prächtigen weißen Pferd Zar, das ihm wie ein Kind aufs Wort gehorcht. Die Diskussionen und Zweifel seiner Schützlinge sind für ihn belanglos, sein Glaube ist fatalistisch und spiegelt sich in einer seiner knappen Äußerungen: „Es gibt keinen Gott außer Gott." Melvilles Bewunderung für diese Einstellung wird aus einer Tagebuchnotiz über den Reiseführer Abdallah deutlich, der ebenfalls Druse war.

Während die Reisegruppe die trostlose Wildnis Judäas durchquert, treffen sie auf einen Geologen, einen Juden namens Margoth, für den das Heilige Land ausschließlich von naturwissenschaftlichem Interesse ist. Für ihn gibt es keine Mythen, Märchen, Religionen – nur Gesteinsschichten als Zeugnisse der Erdgeschichte. Für Rolfe ist der Glaube an die „Fakten" der Wissenschaft jedoch nur eine weitere Religion, der es nicht gelingen kann, dem Kern der Wahrheit näherzukommen als irgendein anderes Glaubenssystem. Ähnliche Gedanken formulierte Melville in seinen Tagebüchern, als er über die Vergänglichkeit technischer Errungenschaften schrieb.

Eine weitere wichtige Figur, die im zweiten Teil von *Clarel* erscheint, ist der Schwede Mortmain, ein gescheiterter, desillusionierter Revolutionär. Von der Vergeblichkeit menschlichen Strebens überzeugt und von Todessehnsucht getrieben, ist er ein naher Verwandter von Melvilles Kanzleischreiber *Bartleby*. Mortmains Verwicklung in die Revolution von 1848 und sein Vergleich mit dem romantischen Dichter und demokratischen Politiker Alphonse de Lamartine weisen darauf hin, daß eine wirkliche Person für diese Figur Pate gestanden hat, die Melville auf seiner Reise nach London kennengelernt hat. In seinem Tagebuch von 1849 gibt es einen nicht weiter ausgeführten Eintrag über eine „wunderliche Diskussion zwischen dem Schweden & dem Franzosen über Lamartine".

Am Ende des zweiten Teils erreichen die Pilger das Tote Meer, einen unheimlichen Ort, der – wie in Melvilles Tagebuch – an Szenen aus Miltons *Paradise Lost* erinnert, und sie übernachten an seinem Ufer. Nehemia sieht im Traum das ersehnte Neue Jerusalem aus dem Meer aufsteigen; schlafwandelnd läuft er darauf zu und ertrinkt im Glauben, sein Ziel erreicht zu haben.

Clarel und seine Begleiter reisen weiter zum Felsenkloster Mar Saba in der Kedron-Schlucht, wo sie drei Tage verbringen. Der dritte Teil der Verserzählung, „Mar Saba", beginnt mit einer Betrachtung über den Kontrast zwischen den fruchtbaren Ebenen und den kahlen Steinwüsten der Umgebung. Dies führt zu einem Exkurs über dualistische Religionen, die vom Glauben Zarathustras ausgingen. Ormuzd und Ahriman, so Melville, lebten unter anderen Namen weiter, das dualistische Prinzip des ewigen Ringens von Gut und Böse um die Vorherrschaft wiederhole sich im Manichäismus und in der Lehre der Gnostiker.

Melville vereinfacht diese Lehre, indem er sie als Kampf zwischen Jehova, Schöpfer und Gott des Bösen, und Jesus, dem „sanften Gott", darstellt. Melville deutet an, daß dieser Kampf in der Gegenwart zwischen materialistischen Überzeugungen und religiösen Konzepten fortgesetzt werde. Glaubensbekenntnisse stünden nun gegen die vermeintlichen Gewißheiten der Wissenschaft, die Ruinen der heiligen Stätten würden von vergänglichen Götzenbildern des Fortschritts in den Schatten gestellt, Demokratie müsse sich nicht mehr gegen den Absolutismus behaupten, sondern gegen die allgegenwärtige Macht Mammons, des Gottes des Geldes.

Im Kloster Mar Saba nehmen die Pilger an verschiedenen Riten teil. Nachts feiern sie mit St.-Saba-Wein und lenken sich mit Geschichten und Liedern von den allgegenwärtigen Symbolen des Todes ab. Am nächsten Morgen besuchen sie Krypten und Einsiedlerhöhlen, in denen Mönche, über alten Manuskripten brütend, den Verstand verloren haben. „Tod" ist das Losungswort, das ihnen Eintritt gewährt. Die Inschriften, die ein Mönch in seiner Zelle hinterlassen hat, erinnern an den Wahnsinn und die Selbstzerstörung Bartlebys:

„Ich, selbst, ich bin der Feind von allem.
Oh Herr, befrei' mich von mir selbst."

Doch am Ende des dritten Teils von *Clarel* steht ein vieldeutiges und mächtiges Symbol der Hoffnung. Jeder Pilger wird mit der Palme von Mar Saba konfrontiert, die der Gründer des Klosters auf halber Höhe über dem Abgrund gepflanzt haben soll und die Melville selbst während seines Aufenthalts bewundert hatte. Eine Palme, die selbst in der unfruchtbaren Felswüste wachsen kann, widerlegt Hoffnungslosigkeit und Zweifel. Erneut wird Rolfe an die Südseeparadiese seiner Jugend erinnert, an eine Zeit, da er selbst wie ein Gott verehrt wurde. Der Schwede Mortmain, der sich seit langem schon in seine innere Verzweiflung zurückgezogen hat, stirbt an Auszehrung und Erschöpfung; sein letzter Blick ist auf die Palme gerichtet.

Nach dem Tod Mortmains schließen sich im 4. Teil des Gedichts, „Bethlehem", zwei neue Pilger der Reisegruppe an: Agath und Ungar. Agath ist ein griechischer Lotse, der über eine endlose Kette von Unglücksfällen berichtet, die ihm widerfahren sind. Eine seiner Geschichten erscheint in Melvilles Werk in vielen Variationen: Das Schiff Agaths kam vom Kurs ab, da die große Menge an Waffen im Lagerraum die Kompaßnadel manipuliert hatte. Der Kompaß, der in die Irre führt, der Sturm, die geisterhaften Elmsfeuer – all diese Elemente aus Agaths Bericht erinnern an *Moby-Dick* und wurden von Melville in den Gedichten *The Haglets* und *The Admiral of White* erneut aufgegriffen. In Melvilles Tagebuch von 1856/57 wird die „Kompaßgeschichte" zum ersten Mal erwähnt.

Der zweite Pilger, Ungar, ist ein ehemaliger Soldat der amerikanischen Südstaaten und ein indianisches „Halbblut". Über den verlorenen Krieg verbittert, verdingt er sich als Söldner in den Ländern des Orients. Seine haßerfüllte Tirade über den desolaten Zustand der amerikanischen Demokratie bildet den Höhepunkt des politischen Themas in *Clarel*. Nach der vergleichsweise milden Kritik Rolfes am Werteverfall einer oberflächlichen, ausschließlich am schnellen Profit orientierten Gesellschaft, skizziert Ungar ein Amerika, das von Demagogen beherrscht und in einen neuen Dreißigjährigen Krieg getrieben wird: Es ist „das dunkle Zeitalter der Demokratie".

Nach einem Aufenthalt in Bethlehem und einem Besuch der Geburtskirche reiten Clarel und seine Gefährten zurück nach Jerusalem. Im Hinnom-Tal, vor den Toren der Stadt, stoßen sie auf ein jüdisches Begräbnis. Clarel erkennt das Tuch, in welches eine der Leichen eingewickelt ist: Es ist das Tuch Ruths, seiner Geliebten, die kurz vor seiner Rückkehr an einem Fieber gestorben ist. Verzweifelt und einsam bleibt Clarel in Jerusalem, nachdem seine Freunde weitergereist sind. Er nimmt an den Osterfeierlichkeiten teil, doch die Idee der Auferstehung steigert den Schmerz über den Verlust seiner Liebsten zusätzlich. Schließlich mischt er sich unter die Pilger aller Nationen und Religionen, die dem Kreuzweg folgen, und verschwindet in den engen, dunklen Gassen Jerusalems, der „Stadt des Gottesmordes".

Im Epilog des Gedichtes wird ein Ausweg angedeutet – eine gleichmütige, philosophische Haltung gegenüber dem Schicksal und eine ironische Distanz zum ewigen Streit der Religionen und Ideologien, die sich im alleinigen Besitz der Wahrheit wähnen:

„Am Ende ist vielleicht nicht mal
der Tod real
Und selbst der Stoiker kommt
in den Himmel."

Die Ironie dieser Zeilen entspricht der Idee Melvilles, die er in einem Brief und im 49. Kapitel von *Moby-Dick* formulierte: Das ganze Universum könne sich am Ende als eine Art Scherz erweisen – im Gegensatz zu den amerikanischen Transzendentalisten, die mit Ralph Waldo Emerson der Meinung waren, daß Gott keine Witze macht.

Melvilles Versepos *Clarel* wird oft als eine Antwort auf den Untergang der Religionen als letzte moralische Instanz im Zuge der Popularisierung von Darwins Evolutionstheorie in den siebziger und achtziger Jahren des 19. Jahrhunderts verstanden. Doch ist dies nur ein Teil des unermeßlich vielseitigen thematischen Spektrums. Im Kern des Gedichtes steht die vielleicht wichtigste religiöse Frage überhaupt: Welchen Sinn hat das Leben angesichts des unausweichlichen Todes?

Der Theologiestudent Clarel wird während seiner Reise mit der Erkenntnis konfrontiert, daß es keine Gewißheit gibt außer dem Tod. Letztendlich beruhen sämtliche Religionen darauf, diese schreckliche Erkenntnis zu verarbeiten. Man kann Melvilles Gedicht als eine Diskussion über die unzähligen philosophischen und religiösen Lösungen für dieses Problem lesen. Drei immer wiederkehrende Symbole repräsentieren solche „Lösungen", die einen Ausweg aus der Sackgasse der Resignation weisen: der Esel als Symbol für stoischen Gleichmut; die Palme als Symbol für die Zyklen der Natur, die aus dem Tod immer neues Leben erzeugen; das Kreuz als Symbol für die Hoffnung auf ein Leben nach dem Tod.

Die Palme erweist sich als das mächtigste, weil eindeutigste Symbol. Das Kreuz bleibt in Melvilles Darstellung vieldeutig. Es verkörpert wie in *Die Chola-Witwe* und *Israel Potter* bereitwilliges Erdulden. Agath, eine der zahlreichen Hiob-Figuren Melvilles, trägt – wie viele Seeleute – Tätowierungen des Kreuzes als Schutz. Ungars Schwert wird von den Mönchen Mar Sabas als Kreuz gedeutet, das er zu tragen habe. Das Kreuz symbolisiert Schmerz und Erlösung, Leben und Tod – doch für den Zweifler bedeutet es ausschließlich Schmerz und Tod. Die Palme, die selbst mitten in der Wüste gedeiht, ist hingegen für die skeptischen, zweifelnden und verzweifelten Figuren in *Clarel* das eigentliche irdische Wunder. Die unerschöpfliche Natur sorgt dafür, daß der Tod nicht das Ende allen Lebens ist.

Melvilles eigenartige Bevorzugung heidnischer Konzepte gegenüber den christlichen und die zuweilen bittere Ironie sind es, die den entscheidenden Unterschied zu den zahlreichen Publikationen der Zeit über Reiseerlebnisse im Heiligen Land ausmachen. „Jesus Christus hätte in Tahiti erscheinen sollen – Land der Palmen – Palmsonntag", so lautet einer der ironischen Tagebucheinträge Melvilles, der in *Clarel* aufgegriffen wird: „Tahiti wär' der bess're Ort / Für die Wiederkunft des Herrn". Selbst Mark Twains Schilderung der Heiligen Stätten in *Innocents Abroad* vermeidet solche ironische Wendungen.

Im Gegensatz zu Twains Bestseller war *Clarel* bei Lesern und Kritikern ein völliger Mißerfolg. Es wurden lediglich dreihundertdreißig Exemplare gedruckt, von denen 1879 zweihundertzwanzig Exemplare vernichtet wurden, da das Epos sich als gänzlich unverkäuflich erwies. Die wenigen bekannten Rezensionen von *Clarel* waren, bis auf eine einzige, überwiegend negativ.

Welche künstlerische Absicht könnte sich hinter dem längsten, rätselhaftesten Gedicht der amerikanischen Literatur verbergen? Ein Indiz findet sich in einer Randbemerkung Melvilles in seiner Ausgabe der Künstlerbiographien von Giorgio Vasari. Melville zählte die Prinzipien auf, durch die, seiner Ansicht nach, einem Kunstwerk Bedeutung verliehen werden konnte:

„Erreiche das bestmögliche Ergebnis. – Eine Fähigkeit zum Ergreifen. – Die unablässige Wahl erhabener Themen. – Der Ausdruck. – Packe so viel hinein wie du kannst. – Vollendung bedeutet Vollständigkeit, Fülle, nicht Glätte – Größe ist vom Maßstab abhängig. – Klarheit & Entschlossenheit. – Die größtmögliche Anzahl der größten Ideen."

Clarel entspricht – bis auf die Klarheit – durchaus den Idealvorstellungen des Autors, wie sie in dieser Notiz deutlich werden. Das Epos muß allein aufgrund des ungeheuren Arbeitsaufwandes Herman Melvilles als eines seiner wichtigsten Werke betrachtet werden. Aufgrund der archaischen Sprache und der oft fehlenden Schlüssel zu den zahllosen Anspielungen ist es allerdings auch sein unzugänglichstes, wie der Autor selbst nur allzu gut wußte. Einem seiner treuen Leser in England beschrieb er *Clarel* mit den folgenden Worten:

„Ein Ding in Versen, eine Pilgerfahrt oder sonst was, bestehend aus ein paar tausend Zeilen, insbesondere dazu geschaffen, unpopulär zu sein."

Peter-Huchel-Preis 2004

Hans Thill
Kühle Religionen
Gedichte
2003, 96 Seiten, gebunden
EUR 17,90   SFr 30,80
ISBN 3-88423-212-6

Kühle Religionen ist ein Hausaltar mit vielen Nebengöttern. Weit entfernt davon, an die neue Konjunktur des Religiösen anknüpfen zu wollen, sieht Hans Thill in der poetischen Beschwörung wie im hohen Ton neue Möglichkeiten des Ausdrucks und eine willkommene Gelegenheit für unbekannte Konfrontationen. Vielleicht kann man im Gedicht die erkaltete Macht der Wörter finden?

Michael Buselmeier
Amsterdam. Leidseplein
Roman
2003, 176 Seiten, gebunden
EUR 18,90   SFr 32,50
ISBN 3-88423-214-2

»*Trotz – oder auch gerade wegen – der zahlreichen Tiefendimensionen ist Buselmeier ein wunderbares Buch gelungen … Insgesamt also ein Muß für alle, die – in dieser Steigerung – an der Welt, Amsterdam und Heidelberg interessiert sind.*«
Rhein-Neckar-Zeitung

Fordern Sie unser Verlagsverzeichnis an:
Verlag Das Wunderhorn · Bergstrasse 21 · 69120 Heidelberg
www.wunderhorn.de

Deutscher Literaturfonds e.V.
Johannes Gutenberg-Universität Mainz

Seminare zur Literaturkritik

Ausschreibung

Der Deutsche Literaturfonds veranstaltet gemeinsam mit der Johannes Gutenberg-Universität in Mainz eine Folge von Seminaren zur Literatur- und Theaterkritik. Adressaten sind junge Feuilletonredakteure sowie Studentinnen und Studenten kulturwissenschaftlicher Fächer, die bereits journalistische Erfahrungen gesammelt haben. Die Ausschreibung erfolgt in Deutschland, Österreich und der Schweiz. Die Teilnahme ist gebührenfrei; die Kosten für Unterkunft und Verpflegung werden übernommen. Die Zahl der Plätze ist auf zehn begrenzt.

Lyrikkritik

Seminar im Sommersemester 2005

Das Seminar leiten Harald Hartung und Steffen Jacobs. Beide Dozenten sind sowohl als Lyriker wie auch als Lyrikkritiker hervorgetreten. Neben praktischen Schreibübungen werden folgende Bereiche bearbeitet: 1. Techniken des Gedichts, 2. Aspekte der Wertung von Lyrik und 3. die Formen ihrer Beschreibung. Das Seminar findet vom 5. bis 8.5.2005 statt.

Kritik erzählender Prosa

Seminar im Wintersemester 2005/06

Die Konzeption und Durchführung übernehmen der Lektor Thorsten Ahrend, der Schriftsteller Daniel Kehlmann, Gunther Nickel vom Deutschen Literaturfonds und der Literaturkritiker Franz Schuh. Im Seminar werden exemplarische Fallbeispiele literaturkritischer Rezeption untersucht, darunter die Auseinandersetzung um Goethes ›Wilhelm Meister‹ und Remarques ›Im Westen nichts Neues‹. Selbstverständlich sind auch hier praktische Übungen zu Neuerscheinungen und die Diskussion der Ergebnisse obligatorisch. Das Seminar findet vom 22. bis 25.9.2005 und vom 24. bis 27.11.2005 statt.

Bewerbungen

sind mit einem Lebenslauf, einer Biobibliographie und drei Arbeitsproben zu richten an: Priv.-Doz. Dr. Gunther Nickel, Deutscher Literaturfonds e.V., Alexandraweg 23, 64287 Darmstadt. Bewerbungsschluß für das erste Seminar ist der 1.2.2005, für das zweite der 15.8.2005. Beim Seminar zur Lyrikkritik gehört zu den Arbeitsproben eine Rezension des ›Jahrbuchs der Lyrik 2005‹, beim Seminar zur erzählenden Prosa eine Rezension von ›Die Besten 2004. Klagenfurter Texte‹ im Umfang von jeweils zwei Normseiten.

Ingo Schulze
Toast oder Popcorn?
Ein verworfener Spickzettel für eine Rede zum 80. Geburtstag von William H. Gass

Die Wahrscheinlichkeit, erwachsene Männer könnten sich aufmerksam und begierig über einen Roman oder ein Gedicht beugen, hielt ich lange Zeit für ebenso gering, wie mir die Vorstellung, in den USA könnten Schriftsteller leben, lächerlich erschien. In den Indianerfilmen bzw. Western kamen sie nicht vor, und bei Laurel und Hardy oder in Gangstersagas spielten sie ebenfalls keine Rolle. Selbst in *Blutige Erdbeeren* nutzte man die Karteikästen der Bibliothek nur, um sich barbusig zu zeigen. Wer keine Waffe handhaben konnte, brauchte sich dagegen gar nicht erst in Amerika sehen zu lassen.

Als sich später die Tatsache nicht mehr leugnen ließ, daß auch in den USA Bücher geschrieben, gedruckt, verkauft und gelesen wurden, erschienen sie mir als Abfallprodukte typisch amerikanischer Tätigkeiten wie: mit Schlittenhunden zur Goldsuche zu fahren, überall auf der Welt auf Großwild-Jagd zu gehen oder Kriegsabenteuer zu bestehen. Wenn man all das hinter sich hatte, vertauschte auch mal der eine oder andere sein Gewehr mit dem Füller.

Kann man sich William H. Gass mit einem Gewehr oder Revolver in der Hand vorstellen? – Ja, davon bin ich überzeugt!

Möglicherweise ist das kein guter Beginn für einen Toast an der Geburtstagstafel von W.H.G. Gleich zu Beginn geriete ich in Erklärungsnöte, müßte sofort beteuern, bei W.H.G. sei überhaupt alles vorstellbar, und sehe mich die Hände heben und rufen: Ich meine das ganz positiv, ausschließlich positiv! Lesen Sie ihn, da ist doch alles drin! Er könnte genausogut Torwart sein wie eben Professor oder Vertreter für Rasensamen. Hat er nicht jedes Wort, jeden Slang, jeden Seufzer an Bord seiner Arche? Und versteht er es nicht wie kein anderer Zeitgenosse, ihnen allen einen überraschenden und einprägsamen Auftritt an Bord zu garantieren, packen sie die Leser nicht wie Seeadler am Kragen? Was sollte diesem Mann fremd sein?

Nicht erstaunt hätte mich damals die Tatsache, daß einer der wichtigsten Autoren sein Leben lang unterrichten mußte, weil die Einnahmen aus seinen Buchverkäufen ihn und seine Familie kaum hätten ernähren können. So ist eben Amerika oder überhaupt der Westen: Vor lauter Freiheit weiß man gar nicht mehr, was man sagen soll. Da hatten wir es im Osten besser, wo die Schriftsteller, wenn auch hinter dem Eisernen Vorhang, so doch immerhin auf einer Bühne agierten und zugleich den Dissidenten und den Volkshelden geben konnten, und man sich die Nachfrage nach ihren Produkten natürlicherweise als unendlich vorstellte. Heute, da ich mich davon überzeugt habe, daß es in den USA auch Buchläden gibt, begreife ich allmählich, wie Heldenmut in der freien Welt aussieht.

Lieber W.H.G., Hans Christian Andersen, dessen Werk für Leser und Schreiber gleichermaßen zu den folgenreichsten gehört, beschreibt in seinen „Galoschen des Glücks" – die ihrem Träger jeden Wunsch erfüllen –, was den Dichter von anderen Menschen unterscheidet. Nachdem ein Kopist vom Polizeirevier die Galoschen angelegt hat, heißt es: „Wir merken schon, daß er ein Dichter geworden ist; ins Auge fallend war es freilich nicht, denn es ist eine törichte Vorstellung, sich einen Dichter anders als andere Menschen zu denken; es können unter diesen viel poetischere Naturen sein, als manche großen, anerkannten Dichter es sind. Der Unterschied ist nur der, daß der Dichter ein besseres geistiges Gedächtnis hat, er kann die Idee und das Gefühl festhalten, bis sie klar und deutlich in das Wort übergegangen sind, das können die anderen nicht."

Meine sehr verehrten Damen und Herren! William H. Gass hatte keine Wahl, er mußte sich Zeit lassen, weil Klarheit und Deutlichkeit des Wortes nichts mit Effizienz zu tun haben. Er ließ sich sein erstes Manuskript stehlen, schrieb es wieder, verwarf es und begann erneut, während seine Generationskollegen Ruhm und Honorare einheimsten.

Lieber W.H.G., Sie haben Ihre Beobachtungen und Erfahrungen, Ihre Gefühle und Ideen gekeltert. Spät, sparsam doch beständig, begannen Sie Ihren Wein auszuschenken, um in einem Alter, da für gewöhnlich die Vorräte zur Neige gehen oder erschöpft sind, den Überfluß zu praktizieren. Wer sich vergegenwärtigt, was allein in den vergangenen zehn Jahren unter dem Namen William H. Gass erschienen ist, erahnt das Ausmaß der vorausgegangenen Arbeit. Sie haben nie gesagt, diese oder jene Trauben hingen zu hoch. Sie haben sie alle probiert. Damit hätte ich wohl mein Bild überanstrengt, doch ganz falsch wäre es nicht. Denn auch vom Wagemut sollte die Rede sein, der ja nie nur eine Frage des Geschmacks ist.

Ich kann es mir nicht anders vorstellen, als daß W.H.G. beim Schreiben – es reicht zu sagen, beim Schreiben, schließlich ist es egal, was er schreibt – von der Konsequenz seiner Sätze vorangetrieben wird, ohne in jedem Fall zu wissen, wohin die Reise führt. So evident seine Wendungen und Schlußfolgerungen sind, so unabsehbar auch das Dikkicht, durch das der Weg führt. Ob er manchmal vor den Wandlungen seiner Figuren und Ideen erschrickt? Eine typische Kollegenfrage.

Doch das wäre ein Stichwort, um auf Rilke zu kommen, der den Zusammenhang von Schrecken und Schönheit nördlich der Alpen bekannt gemacht hat. Zudem ergäbe Rilke ein ganzes Knäuel von Bezügen! Gass und die deutsche Sprache oder Gass und die Deutschen, zugleich: Lyrik und Prosa, Prosa und Essay, Schönheit und / oder Funktionalität der Sprache.

Lieber W.H.G. Mich drängt es, einen unvergeßlichen Abend zu erwähnen – es war Anfang August 2000 im Literarischen Colloquium Berlin –, als W.H.G. am Ende einer für den Deutschlandfunk aufgezeichneten Lesung das letzte *Orpheus*-Sonett in seiner Nachdichtung vortrug. Die vielen noch ungestellten Fragen auf dem Zettel des Moderators hatten mich in der schönen Gewißheit bestärkt, wir würden noch lange, lange zusammensitzen – und nun sollten die zwei Stunden bereits um sein? Ich erwachte wie aus einem Traum. Laßt uns doch weitermachen, wollte ich vorschlagen, doch das Publikum applaudierte bereits. Als wir eine Stunde später beim Essen saßen, sagte ein wirklich sehr erfolgreicher Schriftsteller an unserem Tischende, etwa zwei Meter entfernt von W.H.G., er sei stolz auf sein Buch, weil es ein demokratisches sei. Ich fragte, was er damit meine, und er antwortete: Alle Menschen können es lesen.

Mich verwirrt dieser Ausdruck noch immer. Denn wer würde die Bücher von W.H.G. als demokratisch bezeichnen, obwohl sie den Tatbestand erfüllen, daß alle, die das Zusammenziehen von Buchstaben zu Wörtern beherrschen, sie auch lesen können?

Jürg Laederach, dem wir deutschsprachigen Leser in Sachen Gass viel zu verdanken haben, stellte fest, W.H.G. schriebe „keinen Satz, der nicht Materie-dichter wäre als die Erde selber ..."

Jede beliebige Seite des Gassschen Werkes überzeugt den Leser von der außerordentlichen Dichte, von dieser hochprozentigen Poesie (ist es nicht im wahrsten Sinne des Wortes reiner Spiritus?).

Dementsprechend ist es schwer, W.H.G. auf eine Gattung festzulegen. Ihn einen Prosaautor zu nennen, bedeutete etwa dasselbe, wie eine Geliebte als Bekannte vorzustellen.

Lieber W.H.G., Sie heben nicht nur den Unterschied zwischen Prosa und Lyrik auf – hier sollte ich kurz zitieren, zum Beispiel: „Die Kirche – Die Kirche hat einen Turm wie einen Hexenhut, und fünf Vögel, alles Tauben, sitzen in ihren Dachrinnen" (*In the heart of the ...*) –, auch die als Essay bezeichneten Texte vertragen keine Abgrenzung. Sind diese „Essays" nicht so reich an Metaphern und Bildern, daß sich problemlos mehrere Lyrikbände damit füllen ließen? Sie künden nicht nur von etwas, sie praktizieren es zugleich, sie sind so inkommensurabel wie ein Gedicht von Rilke, ein Roman von Faulkner oder ein Witz.

W.H.G. geht auf seine Leser zu, ein Professor mit unbegrenztem Lehrauftrag, als werbe er stets und ständig um Gesprächspartner, jederzeit bereit, zwischen Lehrstuhl und Schulbank hin- und herzuwechseln. Versteige ich mich bei der Vermutung, er, an der Methode des Sokrates geschult, vermeidet Platon, ist ein Aufklärer, der dem Agnostizismus zuneigt, ein Skeptiker, der bereit ist, seinem Gegenüber jeden erdenklichen Vorschuß an Vertrauen zuzugestehen?

Lieber W.H.G., Sie vertrauen Ihren Lesern. Sie vertrauen auf deren Aufmerksamkeit und Beobachtungsgabe. Eine Figur, die einem die Welt so einfühlsam erklärt, daß man ihr zustimmt und willig folgt, kann sich letztlich als der Täter erweisen. Das Gewohnte ungeprüft zu akzeptieren, ließe den Leser heillos in die Irre gehen. W.H.G. irritiert fortwährend unsere Wahrnehmung; seine Bücher zu lesen, bedeutet zugleich eine Ausbildung in der hohen Schule des Skeptizismus.

Daran sollte sich eine Anmerkung über das Verhältnis von Autor und Figuren knüpfen. Hat W.H.G. einen Personalstil? Meine Vermutung lautet: Nein. So, wie sich seine Figuren erst nach und nach zu erkennen geben – wenn überhaupt –, so wenig weiß man bei jeder neuen Geschichte, bei jedem neuen Essay: Was kommt jetzt? Nicht mal im *Herzen des Herzens des Landes* verbirgt sich der wahre Gass. Der wahre Gass ist eben der ganze Gass und noch viel, viel mehr. Wie jeden Autor von Rang hat man auch ihn für die Moral seiner Figuren verantwortlich gemacht, vor allem für den Charakter von Mr. Kohler.

Doch wo ist der Ort, wenn nicht in der Literatur, an dem es möglich, ja Pflicht ist, die Extreme des Denkbaren, Fühlbaren, Machbaren, überhaupt des Sagbaren durchzuspielen? Das einzige Kriterium ist die interne Stimmigkeit und Plausibilität, die Übertreibung liegt allemal in der Realität. Natürlich darf man aufschreien, wie schweinisch und taktlos und grauenvoll und pervers jener Charakter oder jene Figur ist, das soll man auch, aber nicht so tun, als sei der Autor schweinisch, taktlos, grauenvoll, pervers. Wenn Kohler glaubt, er habe Schlafzimmer erlebt, die schlimmer waren als Bergen-Belsen, dann weiß man schon eine ganze Menge über Mr. Kohler, über seine Wahrnehmung der Welt. – Aber was sagt dies über Mr. Gass?

Ach, das ist auch nichts für einen Geburtstagstoast. Überhaupt fühle ich mich dieser Aufgabe nicht gewachsen. Als warnte Mr. Gass mich davor, lese ich wieder: „Um gut zu reden, muß man hinunter, so weit der Eimer reicht. Jeder Gedanke muß von seinem Endpreis bis hin zu seinen billigen Anfängen durchdacht werden; jede Erkenntnis, wie tiefschürfend oder weit hergeholt auch immer, muß so klar und einfach sein wie der Mond ... Laufen Sie also meinetwegen herum, ohne sich umzuschreiben. Leben Sie von Satzfetzen und Silbensalat, von Telegrammatik und Filmkritiken. Es wird keiner was ahnen ... bis Sie zu sprechen beginnen und Ihre Seele aus Ihrem Mund fällt wie eine Dose Popcorn von einem Regal."

Was soll Popcorn an einer Festtafel? Also schicke ich ihm lieber eine Ansichtskarte – vielleicht jene von dem karstigen Weg Rilkes bei Triest? – und schreibe drauf: Happy birthday, Mr. Gass. Thank you, thank you, thank you! Oder ich warte ab, bis der Trubel vorüber ist, und klingle dann bei Familie Gass. Ich zeige meine große Dose Popcorn vor und frage, ob Mr. Gass nicht Lust hätte, mal wieder ins Kino zu gehen. Nein, ich weiß nicht, was kommt, ist doch egal, hier, das Popcorn, eine ganze große Dose!

Natürlich kommt er mit, er ist höflich und voller Neugier, was sich tatsächlich in der Dose verbirgt. Nach den ersten Szenen flüstere ich ihm zu, weshalb ich mir nicht vorstellen konnte, daß es in Amerika Schriftsteller gibt. Wir tuscheln den ganzen Film über. Vielleicht aber sagen wir auch gar nichts, sondern sitzen nur still da und schauen auf die Leinwand – jedenfalls solange das Popcorn reicht.

William H. Gass
Der Faschismus des Herzens
aus: *Der Tunnel**

Also. Ein weiterer Tag. Ein weiterer. Ein Dienstag.

Und wieder habe ich mein Manuskript durchgeblättert. Ich lüpfe die Seiten und lege sie wieder ab. Mag sein, ich habe nur halbe Arbeit geleistet. Anders als meine Kollegen habe ich das Geschehen nie aus der Nähe verfolgen können, aber habe ich meine Ergebnisse nicht schön in ein Buch gepackt? Habe ich mein Unkraut nicht in barocken Rabatten arrangiert? Nun gut, unter einem durchweichten Haufen Makulatur konnte ich keinen GÖTTLICHEN HEILSPLAN entdecken. Das wollte ich auch nicht. Ich präsentiere dem Leser keine Natur, die sich als Schutthaufen für Zeichen und Wunder eignet. Nur die ganz Dummen und die ganz Brutalen glauben heute noch an Allmächtige. Ich habe keine stahlbusige Vorsehung hingepinselt, die würfelnd über das Schicksal entscheidet und uns wie Spielfiguren über das Brett schiebt – nichts, was so großartig oder so trivial wäre. Nein, ich fürchte, ich habe die Fadenheftung für Geschichte erfunden, griffsympathische Buchdeckel, zwischen denen die Historie höchst angenehm in der Hand liegt, wo sie doch eigentlich so schwer wiegen müßte, daß selbst ein Herkules sie nicht stemmen könnte. Die Geschichte ist grausam, aber jetzt vollzieht sie sich in einer ganz und gar unaufdringlichen Zeit. Und wurde nicht aus all der Schuld und Unschuld, von der hier die Rede ist, eine schlichte Abfolge bedruckter Seiten?

Wir lesen und sehen deshalb einen großen Erdhügel vor uns, den Bulldozer zusammengeschoben haben; nur daß die zugehörige Grube schon einmal, und zwar von Häftlingen, ausgehoben worden ist. Die Grube entspricht dem Hügel, entspricht den Seiten, die sich zu meiner Obsession aufschichten. Vor der Grube: eine meilenlange Schlange nackter Unbekannter. In Zwanzigerpäckchen, wie Zigaretten, stehen sie und werden von einem Mann mit Ochsenziemer und Peitsche auf die andere Seite befohlen. Es hilft nichts, ihm das Gesicht bunt anzumalen. Mehrere andere Männer mit Schubkarren sammeln Kleidungsstücke ein. Die jungen Frauen haben teilweise noch attraktive Brüste. Da sind ganze Familiengruppen, viele kleine Kinder weinen still, Tränen quellen aus ihren Augen wie Schweißperlen. Flüsternd versuchen sich die Leute zu trösten. Bald, sagen sie. Bald. Keine Klagen oder Bitten um Schonung. Arme flechten sich in Arme wie gefallene Äste und legen sich wie Schals um dürre Schultern. Eine formlose graue Stille senkt sich über alles. Bald wird es sein ... bald. Eine Großmutter beschwichtigt das Kleinkind auf ihrem Arm. Wegen ihrer langen Haare ist es bis auf die Füße unsichtbar. Es quietscht jedesmal vor Vergnügen, wenn es gekitzelt wird. Ernst spricht ein Vater zu seinem Sohn, zeigt dabei mit dem Finger zum

---
* Teil I in *Schreibheft* 54, S. 31-51

Himmel, der bestimmt eine Erklärung bereithält; der Himmel ist ohne Zweifel ihre wahre Bestimmung. Die Farbe des Himmels kann nicht mit Buntstiften ausgemalt werden. Also wird der Sohn bis zum Schluß belogen. Der Vater nimmt die nassen Wangen des Jungen nicht in beide Hände und sagt: Du wirst sterben, mein Sohn, und niemand wird sich an dich erinnern. Nicht an den kleinen Salamander, vor dem du dich anfangs gefürchtet und den du später geliebt und noch später im Garten begraben hast, nicht an den langen Weg zur Schule, den deine Füße zu bewältigen lernten, nicht an unser tägliches Leben, unsere kurze Liebe und wie sie dich geformt hat, nicht an den Krach, den du gemacht hast und deine harmlosen Spiele, nicht an deine kleinste Empfindung, die dir Blick und Sinne schärfte, nichts von alledem wird mehr da sein, nicht nur die Schmetterlinge, die du immer haben wolltest, oder die Körper, die du gerne unbedeckt gesehen hättest – schau, da sind sie: die Schenkel, die Brustwarzen, das Schamdreieck, nicht nur die Freude, die wir später vielleicht aus deinen geliebten Spielsachen hätten ziehen können, die Träume, die du mit Menschen bevölkert hast, sondern vor allem deine gerade erst erwachenden Augen, dieses empfindlich reiche Bewußtsein, das einmal, so hatte ich gehofft, einmal nur dir gehören würde wie ein Duft zu einer Frucht (Schale, Saft, das süße Fruchtfleisch) – nur leider, mein Sohn, bleiben alle diese Möglichkeiten so ungenutzt wie die Erektionen deines Penis, denn bald, bald, jeden Moment wird ein harter Stiefel sie in den Schmutz treten wie eine Zigarettenkippe, bis sie verschwunden sind. Nur an unsere Nummer wird man sich erinnern. Nicht daß du oder ich gestorben sind, sondern daß es so viele von uns gab. Und daß wir waren

wir waren, nicht? wir? wir waren, wir waren einmal, wir waren, waren

– geordnet, ruhig, gefaßt, tapfer. Auf der anderen Seite des Erdhügels, dort, wohin jetzt zwei junge Frauen und die Großmutter gehen, haben sich die Toten in schnurgeraden Reihen in ein hektargroßes Grab gelegt. Die nächsten Opfer klettern unsicher auf die Kuppe des Hügels, wo sie von einem jungen Mann mit Zigarette und Maschinenpistole erschossen werden. Einige der Toten sind noch nicht einmal ganz tot. Die Leute entschuldigen sich, wenn sie auf sie treten; doch die Verwundeten quält nur der Gedanke, daß man sie sehenden Auges begraben könnte; sie wollen noch einmal erschossen werden; doch die Kugeln strecken nur die über ihnen nieder, und für einige wenige wird die Last irgendwann so groß, daß ihnen die Rippen brechen. Wie schön und weiß der Tod ist. Wie friedlich. Ich schließe das Buch und nehme den Hörer des klingelnden Telefons ab.

Mitunter rutscht ein Fuß auf den blutverschmierten Leibern aus, und eine dicke Frau schlittert mit dem Gesicht voran die Leichenhalde hinab, wenn die Kugel sie trifft. Die nächste Gruppe erklimmt den Hügel, es gibt Trostworte für die Verwundeten und gelegentlich eine zarte Berührung. Für den Schützen hingegen sieht der Hügel aus wie ein riesiger Haufen Perücken. Nach und nach sterben so Millionen, und sie sterben auf jede erdenkliche Weise. Millionen. Welche Lieder, welche Bilder, Gedichte und Dramen wurden mit ihnen beerdigt – vor allem: wie viele? Wer kennt die Erfindungen, Erkenntnisse und Entdeckungen, die hier verscharrt, verbrannt und ertränkt wurden? die Freuden, die unsere hätten sein können, aber auf dem Eis eines finnischen Sees verbluteten? die vielen leckeren Brote, gebacken und gegessen, hektarweise Kuchen; wie viele Empfindungen, die wir hätten teilen können; wie viele Stunden der Liebe gingen hier verloren, rannen wie Sand durch ein Stundenglas, noch durch das winzigste Loch, das ein Metallsplitter in einen Körper gerissen hatte.

Natürlich muß man den Abgang von allerhand Widerlingen und Dämeln dagegenhalten. Tausende von Dieben, Mördern, Shylocks, Gaunern, Schwuchteln, Landstreichern, all das nichtsnutzige Gesindel, die nörgelnden Büromenschen, Betrüger, Säufer, Drogensüchtigen, die Don Juans und Wichte, dazu Schuldner, vorzeitige Samenergießer, Epileptiker, Schwindler, frigide Jungfern, modebesessene Kleiderstangen, keifende Weiber, Nägelkauer, Bettnässer, alte Schachteln, Hysteriker, Wichser, Großmäuler, Krüppel, elegante Damen, sie alle erhielten doch nur ihre gerechte Strafe, als man sie zerhackte oder vergiftete oder in den Wahnsinn trieb oder vergewaltigte oder aufschlitzte oder einfach verdursten ließ wie ein Weizenfeld ohne Wasser; nicht auszudenken, wie viele einfältige Äußerungen uns durch das Walten eines einzigen Mordbuben erspart geblieben sind; wie viele Lästermäuler gestopft, wie viele Liebesschnulzen abgewürgt worden sind, als habe man zwischen zwei Noten den Strang zugezogen; wie viele Jesus- und Maria- und Papst-Figuren nicht allein durch den rechtzeitigen Verlust des Augenlichts vereitelt worden sind, sondern auch durch zerschmetterte Glieder; wie viele Leinwände, auf denen heute Mühlen im Mondlicht, Kühe im Morgenrot oder Kinder und Hunde zu sehen gewesen wären, tatsächlich unbemalt auf ihrer Staffelei geblieben sind, und das allein aufgrund von ein bißchen Gas, Talente weggeworfen, als hätte man Farbe ins Nachtgeschirr gepinkelt; so daß sich alles in allem und nach eingehender Würdigung ein Gewinn für die Menschheit ergibt, wäre da nicht der ebenso störende wie kleinmütige Gedanke um Mitternacht, daß die Kugel, die den Bauch der Schwangeren zerriß, auch einen künftigen Milton um Stimme und Ruhm gebracht haben könnte; daß in irgendeinem Kleinkind womöglich schon der begnadete Jüngling schlief, der der Welt einst eine Sixtinische Kapelle schenken sollte und uns mit seinem Genie zugleich beschämt und mit Stolz erfüllt hätte, da er und wir zur selben Menschheit zählten ... nun gut, die Angst läßt sich wohl nie ganz aus der Welt schaffen, die Angst, man könnte diesen Jüngling einfach zerteilt haben wie einen Pfirsich; oder daß ein Vermeer, Calderón, Baudelaire, Frege oder Fourier (Degas war eindeutig Antisemit) unter Umständen, das heißt durchaus möglicherweise (worüber sich Wagnerianer allerdings nicht den Kopf zerbrechen müssen), das heißt gegebenenfalls (dasselbe gilt für Heidegger und Konsorten), das heißt vermutlich (wohingegen Célines Judenhaß zuviel Stil besitzt, obwohl auch er das Herz am rechten Schandfleck hat) von einem Paar grauhaariger Arme könnte in seinen Tod getragen worden sein, Armen, die im richtigen Leben nicht einmal mehr in der Lage gewesen wären, ein klares Süppchen zu trüben.

„Geordnet." „Ruhig." „Würdevoll." „Tapfer." Herschel spricht die Worte leise, als wolle er ihre Bedeutung in mich sinken lassen. Berichte wie dieser bewegen ihn immer, etwa Herman Friedrich Gräbes vielzitierte eidliche Erklärung über das Massengrab bei Dubno, und genau aus dem Grund wiederhole auch ich die Worte noch einmal. An Herschels Reaktion ist nichts auszusetzen. Diese Leute *waren* tapfer. Sie verhielten sich würdevoll und geordnet. Menschlich waren sie ihren Mördern himmelweit überlegen, sogar einem Hermann Friedrich Gräbe waren sie überlegen, dem Ingenieur, der alles gesehen und später so offen, beinahe mit Verwunderung darüber ausgesagt hat, so, als handle es sich bei alledem lediglich um die Vernichtung eines Bienenstocks. Dieser Ingenieur erinnert mich an Kafkas Forschungsreisenden aus der *Strafkolonie,* dessen Neutralität bei der Beschreibung des Exekutionsapparats sich tief in mir eingegraben hat. (Der wahre Stachel im Fleisch ist Culp.) Jedenfalls ist Herschels Punkt so abwegig nicht. Die Leute waren tapfer. Sie verhielten sich würdevoll und geordnet. Sie waren. Sie starben als lebender Gegensatz zu ihren deutschen Mördern. Aber hätten sie so ruhig und friedlich sein sollen, Henry, frage ich ihn. Oder hätten sie nicht vielmehr schreien, hätten sie nicht am Leben festhalten sollen, mit

Zähnen und Klauen, bis dem Himmel selbst die Tränen gekommen wären? Hätten sie nicht, all die Hunderte, hätten sie nicht wenigstens in jede Himmelsrichtung auseinanderlaufen können wie der Hühnerschwarm, in den man einen Stein geworfen hat? Auch die Juden in Warschau sind gestorben, doch über mehrere Tage hinweg banden sie die Kräfte einer ganzen Armee. Darauf lächelt Herschel auf seine vorsichtige Art. Er weiß mittlerweile, daß meine Antwort umgehend auf ihn zurückfällt wie eine von ihm angestoßene Schaukel, doch an meinen Schwung hat er sich immer noch nicht gewöhnt. Ich sage ihm, daß jene Tapferkeit nur die Tapferkeit des Ochsen gewesen sei, der unter seinem Joch verendet, doch Henry läßt den Vergleich nicht gelten. Diesen armen Menschen, sagt er, sei nur eine Wahl geblieben – nämlich die, *wie* sie aus dem Leben treten würden –, und sie hätten sich für die Würde entschieden. Menschheit und Menschlichkeit, von den Nazis in jeder Beziehung verkürzt, hätten durch sie einen Zuwachs erfahren und so die Bilanz wieder ausgeglichen! Nein, Hershey, nein. Die Deutschen hätten jede Leiche einzeln aufsammeln sollen, nicht anders als verschütteten Reis. Ohne Besen! Mit der Pinzette hätten sie jedes Bröckchen zusammenlesen müssen! Wer hat etwas davon, wenn du still und leise abtrittst, Hersh? Doch nur der Tod. Schön, sie waren tapfer. Würdevoll. Doch sie fuhren in die Grube wie Säcke voller Düngemittel. Immer höflich, immer brav, wie Patienten, die von ihren Ärzten gefügig gemacht worden waren, verzichteten sie auf jegliches Theater und starben leise wie der Wind. Herschel reicht ein Lächeln herüber wie die letzte Praline auf dem Teller. Es soll mir mitteilen, daß meine Beobachtung ernst genommen wird, aber bei ihm nicht das geringste ändert. Er trennt sich von seinen Ansichten so wenig wie ich mich von meinen Pfunden. Aber Henry, da Nietzsche das bekannte Wort nun einmal in die Welt gesetzt, Hoffnungen geweckt und sich jedweder echte Gottesglaube tatsächlich verabschiedet hat wie der letzte geschwätzige Gast, ist es nur logisch, daß nach dem Holocaust jeder wirkliche Glaube an die Menschheit verdorrt ist. Langsam mahlt sein Kiefer hinter den Hängebacken. Irgend jemand hat das letzte Lächeln aus dem kleinen Papierförmchen genommen. Er glaubt nicht, daß dies meine wahre Ansicht wiedergibt, und fragt sich deshalb, welche Absicht dahintersteckt. Nun gut, ich bin das *enfant terrible d'un certain âge.*

Und was kommt unterm Strich heraus, wenn es sich schon nicht gegenseitig aufhebt, fragt Herschel schließlich. 1 Leiche, Henry, sage ich; 1 Leiche, klein oder groß, + 1 Leiche, dick oder dünn, = 2 Leichen für die gierigen Krähen, aber wer weiß schon, wie viele Schnäbel von diesen zwei Leichen gefüttert werden? 1 Mensch, der ruhig den Gipfel des blutglitschigen Hügels erklimmt, + ein weiterer Mensch + ein weiterer = 3 Menschen, die es hinter sich bringen. Durch solche Handlungen kommt eins zu anderen, Hershey. Äpfel addieren sich. Munition wird verbraucht. Meilen werden gespart. Viele Rollen Verbandsmull. Säcke voller Haar. 3, 13, 30 krochen den Hügel hinauf. Dieselben 3 sind vielleicht schon durch Vordrängeln beim Metzger aufgefallen und wollten sich grundsätzlich nie hinten anstellen. Diese 13 spalteten ihr Dorf mit ihrer bösen Zunge. Diese 30 glaubten, daß Zigeuner lügen, daß sie Pferde und Geld und die Wäsche von der Leine stehlen, ja sogar Kinder, und daß sie den bösen Blick haben. Das sind Sachen, Henry, die lassen sich nicht aufrechnen, weder auf der Soll- noch auf der Habenseite. Leg eine Erbse neben eine andere, heraus kommt trotzdem nicht mehr als eine dumme grüne Summe. Aber was, wenn die eine Erbse aus einem Märchen stammt? Die ergraute Alte war, im friedlichen Vorleben, ein echter Drachen, ein schrappiges Bügelbrett im Bett, eine gute Freundin und Katholikin, eine schlechte Köchin, eine erstklassige Schneiderin (wovon sie sich und ihren alkoholabhängigen Mann ernährt hat); sie war widerwillige Gärtnerin, Hundeliebhaberin und Kleptomanin, was Süßigkeiten anging. Der Schütze mit der Maschinenpistole ist ein netter Junge aus Bebenhausen, wo er mit dem Fahrrad an die Kranken und Behinderten Lebensmittel ausgeliefert hat. Der Bursche mit der Peitsche hingegen hat ein Vorstrafenregister so lang wie deine Lieblingswurst. Er schaut sich gerne die nackten, wehrlosen Mädchen an und träumt davon, sich auf diesen Haufen Menschenfleisch zu werfen und jedes Loch zu ficken, in das er seinen Schwanz hineinkriegt, während über ihm – *herrattattat* – die Maschinenpistole knattert und er sich – *schlampampamp* – über das Angerichtete hermacht bis die Erde herabregnet, wenn er aus den sodomisierten Leibern wieder hervorkriecht und sich davonschleicht, über und über mit Blut beschmiert, als kehre er aus einer Schlacht heim. Er ist derjenige, der später bei seiner Verhandlung sagen wird:

> **Als junger Mensch und als Christ las ich die Bibelstelle, in der der Herr schließlich keinen Hehl mehr aus seiner Gesinnung machte und nach der Peitsche griff, um die Wucherer, dieses Ottern- und Natterngezücht, aus dem Tempel zu jagen! Tief bewegt nach zweitausend Jahren, erkenne ich die ungeheure Bedeutung des Kampfes unseres Führers, die Welt vom jüdischen Gift zu befreien.**

Und niemand merkt, daß er bloß den Führer zitiert. Die Guten werden schlecht und die Schlechten noch schlechter. Nach dieser primitiven Formel lief alles ab, Hersch, also such dir was aus von der Menge der Verdorbenen und Versehrten. Wenn wir Blätter wären, Herschel, sage ich so oder so ähnlich, und es gäbe nur einen Wind, dann, ja, dann könnten wir unseren Weg einigermaßen vorausbestimmen. Nach Anaximenes leben wir jedoch in einer Welt der Wirbel, einer Welt von Hauch und Zug, von Brisen, Böen, Wirbelstürmen, Monsunen und Mistralen; und flauten sie alle auf einmal ab, lägen wir madagaskart in einer See des Zufalls, und schon das kleinste Lüftchen durchs Winterfenster könnte uns an unser Schicksal nageln.

Die Idee, die jetzt wie ein Blatt auf mich herabflattert – nämlich daß es sowohl aktive als auch passive Tugenden gibt, solche des Widerstands und solche der Einwilligung –, diese blasse Idee stammt, wenn ich mich richtig erinnere, von den schmalen Lippen von Jerry – hieß er so, Jerry? –, dem presbyterianischen Pfarrer, dessen Predigten ich manchmal zu hören bekam, wenn ich nach abgesessener Sonntagsschule meine Eltern auch noch in die Kirche begleiten mußte.

Meine Erinnerungen an Jerry sind schemenhaft, ich weiß kaum noch, wie er aussah, was er sagte oder wie er es sagte, nur seine Beredsamkeit treibt mir noch heute die Röte ins Gesicht, was mir damals allerdings peinlich war, denn als notorisch skeptischer Schuljunge ließ man sich nicht von bloßen Gedanken derart bewegen – oder von Sentenzen, die so kraß gezeichnet waren wie politische Cartoons, zumal mir die richtigen Comics in der Sonntagsausgabe ohnehin lieber waren.

Ein Leben im Betgestühl. Die Sitze waren natürlich hart, und wenn ich nicht weit vorn auf der abgerundeten Kante saß, reichten meine Füße nicht einmal bis zum Boden. Die Kirche war schlicht, die Kanzel schmucklos, der Chorraum klein. Ich haßte die Gebete, die sich ewig hinzogen, während ich die Nacken der Leute studierte oder die wie abgetrennt wirkenden Zehen, die aus meinen Hosenbeinen hinausschauten, oder den kleinen Zettel mit dem Ablauf des Gottesdiensts. (Die Predigten lauteten etwa „Unsere sechs Tage der Ruhe gegen den einen der Arbeit" oder einmal sogar „Ichthyomachie", was aber niemand verstand.) Ich haßte die Lieder (die von mir deshalb auch nur „liederlich" mitgesummt wurden). Mir mißfielen die großen schwarzen Zahlen in der Halterung der Tafel, denn jede von ihnen verkürzte meine freie Zeit. Kurioserweise verband ich mit ihnen die Vorstellung von meiner Mutter wie sie in einem lauten Zelt Bingo spielte oder allein zu Hause bei einer Partie Solitaire. Flugnummern sollten später die gleiche Wirkung auf mich haben. So oder so, vor allem die Singerei empfand ich als erniedrigend. Ich haßte die Stimme meines Vaters, die sich um so breiter machte, je länger das Lied dauerte, während die Mutterstimme plötzlich verstummte, als habe man sie von einer Klippe gestoßen. Auch die Kollekte rausrücken wollte ich nicht so ohne weiteres. Mein Vater dagegen legte immer einen kleinen braunen Umschlag auf das Tablett. Auf den Umschlag war ein blasses Jesusgesicht gedruckt. Ich hatte den Eindruck, wir wurden erpreßt. Wenn mein Vater nicht zahlte, würde der Pfarrer mit dem Finger auf ihn zeigen und sagen: Du bist schuld, wenn deine Frau wieder weinen muß; du hast mit deinem kleinen Jungen geschimpft; du hast die ganze letzte Woche über andere Autos und Autofahrer geflucht; du hast den Gin versteckt; du bist zur Zeit eigentlich nirgendwo richtig angestellt. O erhebt euch und singet dem Herrn, tönte Jerry. O singet ihm auch im Sitzen. Oh, so antwortet auf die Worte, die geschrieben sind, mit den Worten, die geschrieben sind. Oh, so pflichtet bei meiner ausgewählten Bibelstelle; bewundert die Finessen meiner Interpretation; amüsiert euch über meine harmlosen Witzchen, und, Oh, natürlich auch über meine hübschen, klugen, lehrreichen Anekdoten. Ja, ich erinnere mich an seinen klaren, direkten Vortrag, dem wir wie die Schafe folgen konnten. Jung, gutaussehend, gesund – Jerry war wie ein Milchshake, der sich satt und sämig durch den Strohhalm schiebt. Und jeden Punkt kehrte er so feinfühlig auch gegen sich selbst, daß sich seine Gemeinde innerlich um so reicher, schöner und besser fühlen konnte. Ich war überwältigt von der Atmosphäre gespannter Stille, in die er uns bannte. Er hat in Princeton studiert, sagte mein Vater bewundernd. Seine Ankündigungen waren knapp, und von keinem Lied sangen wir mehr als eine Strophe, obwohl deren Dutzende zur Verfügung standen. Sein Segen war kurz, doch die Geste dazu allumfassend; bald durften alle aufstehen; der Schlußgesang war eine Erlösung; und herausgeputzt in unserem Sonntagsstaat marschierten wir, endlich frei, zum Ausgang, wo Jerry uns abfing, um von jedem einen Händedruck entgegenzunehmen wie eine Eintrittskarte.

Jedenfalls blieb dieser Wiehießerdochgleich nicht lange bei uns. Seine Fähigkeiten waren viel zu kostbar für unsere schäbige kleine Stadt, und der Herr berief ihn auf eine Kanzel nach Pittsburgh. Das wenige Interesse, das meine Eltern überhaupt für die Kirche aufbrachten, flackerte noch einige Monate nach und erlosch dann leise. Ob sich Tugenden nun tatsächlich in zwei Lager teilen, ob das Böse nur die Ausübung einer passiven Tugend ist, nämlich in einer Lage, die nach beherztem Eingreifen verlangt, und umgekehrt, das alles ist eigentlich völlig unwichtig. Wichtig ist nur, daß mir Jerry – hieß er wirklich Jerry? – eine erste Vorstellung von der Macht des Wortes gegeben hat. Ist es Emerson nicht genauso ergangen? Oder manchem Politiker, Schriftsteller oder Wissenschaftler aus dem ländlichen Süden? Adolf Hitler hat eine ähnliche Entdeckung gemacht – nur nicht in der Kirche, sondern in diesem Film über einen politischen Agitator, den er einmal in Wien gesehen hat, nach dem Roman von Kellermann. *Der Tunnel,* so sein Titel. Genau. Wenigstens das stimmt. Obwohl K. vielleicht nur mit einem *n* geschrieben wird, ich bin mir da nicht sicher.

111

Stare. Der Historie ganz und gar gleichgültig. Amelita Galli-Curci. Ach, meine Liebe, meine Liebe. Du warst so trillerhochwogend, so süß, so klar. Es sieht so aus, als wollten die Sterne ihre bananengelben Schnäbel an den schützenden Zweigen wetzen. Und die Spatzen natürlich, die kritteln und nörgeln in einem fort. Eines Tages wird die Welt ihnen gehören, auch wenn dies niemand mehr verzeichnet. Dazu vereinzeltes Klirren von Sprudelflaschen im Türfach des Kühlschranks, ein entferntes Schrittgeräusch, ein Knirschen auf der Treppe. Ich bin in der Lage, selbst das Kratzen eines Zweigs am Fenster genau einzuordnen, das Knacken einer kalten Wand, die sich an den heißen Kamin schmiegt, das feine Klicken einer zurückspringenden Lampenstrippe. Jetzt höre ich einen Eichelhäher krächzen wie eine Krähe. Kein Grote. Kein Macaulay. Macaulay ist klassenkrank, schreit Planmantee und boxt Culp gegen den Arm. Das zornige Geplapper der Eichhörnchen hat sich in etwas durchdringend und unangenehm Mechanisches verwandelt, während ich mit meinem Pepys-Tagebuch festsitze, als hätte ich mich eingenäßt, und mich unnötig aufrege.

Mein Wille, er läßt nach, und mein Federhalter verläßt die vorgezeichnete Strecke, um an den Rändern herumzudödeln. Eine Rolle, wollte ich schreiben ... Ehrlichkeit, wollte ich sagen ... Doch Hitler, der Täuscher, der Lügner, der Heuchler, der Scharlatan, der Gaukler, der Schwindler, der Sophist, der Manipulator, der Träumer, der Inspizient und der unerreichte Schmierenkomödiant, er war vermutlich nur der ehrlichste Mensch der Geschichte.

Nicht einmal allein, eingesperrt in meinem Zimmer, ohne auch nur das Grundmuster eines Wochentags – sagen wir Montag oder Freitag –, der mir als Stütze dienen könnte, vermag ich mit dem *vitam impendere vero* etwas anzufangen, genausowenig wie Gide etwas damit anfangen konnte, der sich vielleicht nur vom schlechten Beispiel Rousseaus hat blenden lassen, diesem berufsmäßigen Herzsteller, dem ich weniger glauben sollte als Casanova, für den die Wahrheit immerhin so etwas war wie das glühende Zentrum eines gefallenen Rocks.

Eine Rolle, wollte ich schreiben ... Lausiger Morgen, trauriger Nachmittag und nun ein beschämender Abend, ein erniedrigendes Spiel. Der Worte. Deshalb roll dir den Mops und mops dir die Rolle, ich auch, ich auch ... ich, ich, gib her ... eine Rolle, ein Ritual, ich auch ... Ich höre den Glotzer grölen beim Anblick meiner heruntergelassenen Hose. Ich kann Geschichte hören, Deine und Meine. Ich höre das universale **Remmidemmi**. Alles zum Mitsingen. Ihre Gastgeber auf der Bühne: Endless Night & the Eternal Spheres.

> **Ich schlief mal mit einer Nonne,**
> **die bat, daß ich sie nicht schone.**
> **Doch da sie noch klein war**
> **und mein Schwanz hart wie Stein war,**
> **war ihr Popo bald weidwunde Zone.**

Soll ich meine sitzende Existenz wirklich dafür einsetzen, einen steilen Abhang hinabzuschlittern, womöglich über seifige Schenkel? Habe ich wirklich Verwendung für das Wogen von ungemähtem Gras? die harte Brustwarze, für Rauch, der gemächlich ins Licht steigt, während der Himmel zurückweicht wie in der Darstellung von Fluchtlinien in einem Physikbuch, für Lous vaginale Zärtlichkeit ... auf die eine oder andere Weise alles Teil eines Universums, das sich in den leeren Raum ausdehnt. Ein Teil. Jeden Tag bevölkere ich meinen Kopf mit neuen Figuren, höheren Zahlen, längeren Listen, trotzdem wird der Raum dazwischen immer größer. Eins zu ... fünfzig. Eins. Ja, die Eins ist lustig, ganz einsam und klein steht sie über dem Strich. 1. Später dann I (= ich) ... welch großes Wort verbirgt sich hinter dem kleinen englischen Zeichen von der Form einer griechischen Säule. Selbst jetzt bin ich Saal und Publikum, Vortrag und Redner. Ich bin sein vollgerotztes Taschentuch, der staubige Mantel, bin sein morscher Knochen und knochiger Körper. Und ich lache. Ich bebe.

... diese Tiefen, diese Wiesen und diese Wasser *waren* sein Gesicht.

Mad Meg bebte, denn Meg war wahnsinnig. Er bebte bis zum Tod. Er bebte von Kopf bis Fuß, als Ganzes; er bebte von innen; seine Adern heulten wie Drähte im Wind, und seine Knochen knirschten. Bis zum Tod. Unbändig bebend, unbändig singend. Ein Brand ohne Brennstoff, Kamin oder Schornstein. Bis zum Tod.
  Ich folgte seinem Sarg zum Grab.

Ein Leben im Klassenzimmer. Leben in einem Stuhl. Endlose Reise. Ich habe schon viele Romane über erschöpfte Kanzleischreiber gelesen, ihre Finger radieren die Augen, während sie arbeiten, auch sie hingehockt auf hohe Stühle wie amputierte Eulen, mit Ärmelschonern, die durch enge Gummizüge so aufgebläht sind wie ich, und einem Blick so starr wie ihre Augenschirme, die das trockene Licht ein wenig abmildern sollen. Ich war der Arzt mit seinem Einspänner (auf den alten Drucken ist immer Schnee zu sehen, dazu Wege mit tiefen Spurrillen, ein Tod voll freudiger Erwartung), deshalb kenne ich die abgenutzten schwarzen Ledertaschen, die glänzenden Waschschüsseln, die grauen, besorgten Gesichter, die dunklen kalten Mitternächte. Und auf Geburt oder Amputation folgte stets die dampfende Tasse Tee. Genau wie du stand auch ich mit dem Bergmann im Kohlenstreb, wo der Staub in jede Pore dringt, bis sein Gesicht so grau ist wie Gummiabrieb auf Asphalt. Ich habe mir das bleiche Gesicht eines Sträflings aufgesetzt, ebenfalls eine leichte Übung, ein Gesicht, so schartig wie die Zellenwand, so ist das immer, oder? Seine Finger laufen wie Wasser über die Steine, suchen nach einer Ritze, nach irgend etwas. Er ist gleichzeitig niedergeschlagen und erregt. Also komm mir nicht mit Bergleuten, Martha, mit Malochern, die unterm Flußbett einen Tunnel buddeln, laß mich in Ruhe mit den Arbeitsbedingungen in der Kanalisation oder weggesperrten Prinzen, verschone mich mit all den gefahr- und ehrenvollen Berufen; ich will diesen sentimentalen Quatsch nicht hören, vom entbehrungsreichen Leben eines Arztes, von den Schlägen, die ein Boxer einstecken muß, von persönlichen Angriffen auf Politiker; nicht, wenn ich mein Leben, ganz gleich ob dort oder hier, an einem Schreibtisch verbracht habe, zwischen Pulten; also piß mich nicht an, scheiß mich nicht zu, denn darauf laufen solche Vergleiche doch hinaus; merk dir, auch ich habe eine Staublunge, auch ich habe eine gebogene Nase, einen beschädigten Ruf und eine allein gelassene Ehefrau (das bist du, meine Liebe); ich habe so ungeheuer viel Lebenszeit in meinem Arbeitszimmer verbracht, geordnet wie ein Stundenplan, eben wie dieser Schreibtisch, lautlos wie mein Verstand; ruhig wie das Flüstern der Uhr, ich habe ganze Tage nur auf meinem Arsch gehockt, wie jemand mit Verstopfung oder ein Guru; Wochen, Monate, Jahreszeiten, Semester, Jahre, träge wie eine Pythonschlange, aber konsequent – so konsequent wie die Bücher, die ich geschrieben, gelesen oder aus denen ich gelehrt habe, ein kleines, rechteckiges, solides Buchleben, Leinen mit Schutzumschlag für gerade mal sechs Dollar.

In einigen Monaten beginnt mein drittes Sabbatjahr, das erste, das ich nicht in Deutschland verbringen werde, und Martha ist der Meinung, wir sollten irgendwohin fahren, wo es zivilisiert zugeht, nach Griechenland zum Beispiel, obwohl ich mal fragen möchte, was an Griechenland so zivilisiert sein soll oder am Meer, was ist daran zivilisiert? Vielleicht reist sie ja auch allein, um noch ein paar Ahnen auszugraben, irgendwelche vergessenen Vierungen in ihrem Familienwappen, kaum interessanter als Knochenfunde in einem Moor. Nein, sage ich, ich brauche Frieden. Ein wenig vom Schnarchen Gottes habe ich mir verdient. Ich habe es verdient, das Kissen und das Fächeln von Farnwedeln. Nach einundzwanzig Jahren des Redens, der Prüfungsfragen „mit der Bitte um eine klare Antwort, und keine Wiederholungen, bitte", nach einundzwanzig Jahren der blauen Stifte, der schlauen und freundlichen Gesichter, der netten Ausreden und der kreischenden Kreide; nach Susu, Lou und Rue und all den engen Pullis der Studentinnen, die mit den Schenkeln singen können, auf daß ein Lächeln ihre Note kröne; wirklich, ich brauche eine Pause, ich brauche Ruhe nach einem so ruhelosen Leben – stets noch wach, wenn morgens die Zeitung in den Vorgarten fliegt, als sei ich der Wächter der Wiese, wach, so daß die ersten munteren Vögel ihr Halleluja hinausflöten können, bevor sie sich über ihr Frühstück aus Würmern und Fallobst hermachen – ich brauche meinen komatösen Schlummer, meine Windel, den siebten Himmel, einen Sonntag, meine Barbiturate, meinen Schlaf.

Die Dämmerung schlüpft unter die tiefen schwarzen Wolken wie ein Leib unter eine Bettdecke. Ich lasse den Sturm die Türen schlagen, wenn ich das Haus verlasse. Alles in Ordnung, Martha, keine Gefahr. Der Garten zieht an mir vorbei, inzwischen ein Friedhof, und die Obstbäume teilen sich wie das Rote Meer. Unsere Garage ist dunkel und leer. Lou hat mich geliebt. Ich las Rilke. Schwamm. Wanderte über die Bleiklippen. Äpfel liegen auf dem Boden wie angeschlagene Herzen, und die kühle Luft verursacht Gänsehaut. Das ist es: Die Kinder sind fort. Die Kälte hat den Regen kristallisiert, so daß die Pfützen unter meinen schweren Stiefeln brechen, meine Schritte fressen Raum wie ein Rachen. Ich weiß noch, daß ich in meiner Jugend mit meinem Körper zufrieden war. Heute, komisch, beschäftigt mich der Gedanke nicht mehr. Ich spüre, wie meine Knochen sich bewegen, und meine Stimmung verbessert sich mit dem Licht. Ich bin froh, auf dieser schönen Welt allein zu sein, setze mühelos über den schlammigen Drainage-Graben, was nicht immer so war, und gehe in den weiten Wald, als sei dort mein eigentliches Zuhause, wo ich nicht schnell gehen muß und nichts zu befürchten habe.

In Wirklichkeit ... in Wirklichkeit spreche ich. Döse. Stammle. Korrigiere mich. Schreie. Verbeuge mich. Und applaudiere. In der Höhle der Winde. Die Rechte schreibt, die Linke hört zu. Hört auf das Kratzen des Gekritzels. Ein Bruchteil von mir denkt, ein Bruchteil weint, ein Bruchteil spuckt aus ... das ist nicht gut. Ein Teil höhnt, ein Teil wägt, ein Teil reimt, einem Teil wird es romantisch ums Herz, ein anderer plant einen Hinterhalt, und wieder ein anderer ist so süß vernünftig wie ein Stück Kuchen. Ein Stück liebt, ein anderes betrügt, ein weiteres fliegt; eines scheißt bis zum achtundzwanzigsten Zusatzartikel ... und das ist nicht gut, ganz und gar nicht gut. Ich pisse mit meinem Penis, ich kaue mit den Zähnen, nur meine Augen können sehen, es ist meine Nase, die atmet, und meine Haare gleichen einem altmodischen Hut. Bin ich auf diese Weise ... in Fakultäten unterteilt? Niemand sollte eine Universität sein. Nicht diese starrgesichtige Herde, diese fraktionierte Vielfalt von Egos: IchIchIchIchIch-IchIchIchIchIchIchIchIchIchIchIchIch ... ein dekorativer Gartenzaun, ein jüdischer Ausruf, ein Nest von Hürden, warnende Sirene, keuchender Motor, Gleis, mechanisches Vögelchen, Reißverschluß ... Ehemann, Wissenschaftler, guter Kumpel, Papa, Liebhaber ... was weiß ich. Ich bin über fünfzig ... darüber hinweg ... und in gewisser Weise, ganz ohne falsche Sentimentalität, ist mein Leben vorbei. Man altert. Jeder tut das. Man denkt, man weint ... ach Gott, ich weiß auch nicht. Mir entgeht nichts. Man wird älter, hat nicht mehr diese Kapazität, wird statt dessen zu einer. Mit etwas Glück wirst du sogar zu einer Institution, so abstrakt wie die Geschichte.

Von mir aus können mir meine Kollegen das Fell über die Ohren ziehen. Dann wollen wir mal den wahren Bill aufrollen, sagen sie im Kreis und richten ihre Stifte auf mich. Doch keine Bange, er ist aus dem rechten Holze, unser Bill: er mag Schriftsätze. Dann nimmt jeder Mund wieder Platz. Sie lassen ihre Kalauer in Haufen liegen: schnauben, grüßen und gehen. Meine Kollegen. Auf diese Weise könnten sie mich von mir selbst abziehen.

Und da die Scheiße, die sich seit fünfzig Jahren kontinuierlich durch meine Eingeweide bewegt, täglich aufs neue entsorgt und vergessen wird, warum nicht auch alles andere: Mad Meg, Mutter, Vater, Marty, ich, die dreckigen Juden, die noch dreckigeren Nazis, Susu, Lou, Culp, Planmantee ...? Ich habe mich ernsthaft bemüht, keinen Groll aufkommen zu lassen. Oder etwa nicht? Jeden Tag habe ich daran gearbeitet, ein Trainingsprogramm wie mit Hantelscheiben habe ich absolviert und mich dabei derart geschwächt, daß ich, ohne gläubig zu sein, so lammfromm geworden bin, daß falsches Zeugnis oder Groll wider meinen Nächsten einfach nicht mehr in Frage kommen, geschweige denn der Fehdehandschuh oder die gezielte Bosheit, da mir die Milch der frommen Denkart inzwischen wie Wasser durch die Adern rinnt. Habe ich mich nicht treulich bemüht ... um eine Einstellung, die mich zum kraftlosen Bittsteller macht, die vergibt und vergißt, zwar nicht lebt, aber leben läßt? Ach, wer wollte da so kleinlich sein? Nein, sage ich mir, ich mache aus meinem Herzen keine Mördergrube, weder für das, was ich erlitten, noch für das, was ich anderen angetan habe, noch für all die Augenblicke meines Lebens, die ich nicht genossen habe. Und doch, es gelingt mir nicht. Wann also wird die Wut, die ich im Herzen trage, ihren Ausdruck finden? HA! Sollten diese Seiten mein **MEIN KAMPF** sein? HAHA, gute Idee. Und von wegen keinen Groll hegen. Ich hege und pflege meinen Groll so lange, bis er mich in die Knie zwingt. In mir ist genügend Wut für eine Sintflut; mein Kleingeld würde die meisten Menschen zu Millionären machen können.

So aber mache ich mir nur selbst das Leben schwer, oder? Ich stehe mir im Weg, trete mir selbst auf die Füße. Ich drohe, aber keinem anderen als mir. Ich erwürge mich, oder etwa nicht? Drücke mir die Brust ein. Wie eine Kobra spucke ich in meine eigenen Augen. Der Haß allein gibt meinem Leben Energie und Richtung. Ich habe ihn studiert. Er hat mich studiert. Dagegen hat die Liebe, sofern ich sie zugelassen habe – Unsinn, soweit sie mir zugeteilt worden ist –, hat ihn die Liebe beinahe zerstört, wie eine Schlampe ... mit Visionen dessen, was alles mein sein könnte. Ich bin nur der Schwanz eines Knaben, der sich

Die Fahne, die meine Kinder gemalt und hier in der Gegend herumgetragen haben, bis ich das Ding ins Feuer warf und ihnen den Hintern versohlte. Es sei, meinten sie, das Geheimnis des Hakenkreuzes. Die Bedeutung der Zahl 69 dagegen war ihnen völlig unbekannt.

der sich einen Spaß macht und sich die puddingweiche Flöte lehrt. Solange du noch Tinnef verkauft hast, hast du an mir gesaugt, Lou, meine Tochter von Five & Dime, doch als Etepetete-Studentin warst du nur noch die feine Lady im Bett, agil wie ein Plumeau, sinnlich wie Vaseline; ach, mit welcher Blindheit war ich geschlagen, daß ich deinen späteren Verrat nicht voraussah? Wo die Weide trauert, bleibt der Himmel träge. Ich träume von deinem Körper, so blau wie ein Stern. Mit diesem Licht in mir, mache ich mir weis, wäre ich ein Himmel und schlösse schlafend in meinen Armen ganze Städte ein. Mein Herz regt sich so nutzlos, wie es diese Gefühle tun, und obwohl in mir ein Krieg tobt, dringt nichts davon nach außen, da alles schon entschieden ist, sogar der Zeitpunkt meines Todes in einer Zukunft, die nichts weiter sein wird als das, was ich morgen über meine Vergangenheit denke.

Gibt es denn gar nichts Neues für mich? Nein. Meine tolle Frau wälzt sich erdrutschartig über mich. Wenn sie lächelt, wird ihr blaßgraues Zahnfleisch sichtbar, wie zerkautes Schweinekotelett. Grinsend pellt sie sich aus ihrer Unterhose. Was für ein Dschungel hat sich darunter breitgemacht? Was ist eigentlich in dieser Speckfalte passiert? ein Unfall? wo bleibt die Polizei? Aus der Mitte runzliger Höfe richten sich die Brustwarzen auf. Erregt verhärten sich die Falten zu einem borkigen Etwas. Diese Brustwarzen waren einmal rosa, jetzt sind sie braun. Speckige, stoffbezogene Knöpfe knöpfen sich den Bauch hinunter. Ich will nicht sein, was ich bin: ein altes Kleidungsstück, das nur noch im Schrank herumhängt.

Die Sonne blendet an so einem herrlichen Tag. Planmantee mit Weste und einem weiten, grauen Mantel lächelt herablassend. Achtung, gleich wird er mich bloßstellen. Warum muß er sich immer wie ein Dandy anziehen? Er verbringt den Sommer in Paris; kauft an den Quais diese extravaganten Sachen ein; würde einen Strohhut tragen wie Maurice Chevalier, wenn er sich traute. Ich würde mich mit dir gern über diese Dissertation unterhalten, sagt er. Dabei hat er mich wie einen Diener in sein Büro bestellt. Sein Mantel hängt jetzt auf dem Bügel wie eine Wolke um einen Berg. Wie ist er denn, dieser Bursche, wie ist er denn überhaupt auf das Thema gekommen? Hast du das genehmigt? Die Sonne hat den Fußboden mit einem Teppich aus demselben dämlichen Schnee überzogen wie draußen die Erde. Du meinst Larry? Lacelli? Also, ich betreue seine Doktorarbeit jetzt seit, laß mich nicht lügen, jetzt seit zwei, seit gestern drei Uhr zwei Jahren. Plan nickt, obwohl nichts an ihm mit meiner Antwort einverstanden ist. Darf ich das so verstehen, daß

Würde ich das tun, zwei Jahre investieren – wenn ich es vorher nicht genehmigt hätte? Oh, natürlich, davon bin ich ausgegangen, daß es dein Okay bekommen hat, sagt er, das heißt, dein Okay *an sich* ist nicht das Problem, rätselhaft bleibt mir jedoch ... Er lächelt aufschnittdünn. Denn wenn man sich *damit* beschäftigt, muß man sich auch mit einer anderen Frage beschäftigen, sagt er. Planmantee faltet seine lange Gestalt auf seinen Stuhl. Ich bleibe stehen. Das Fenster. Gleich wird es vor meinen Augen flirren. Mein Gott, wie er es genießt, sich über seiner schwülstigen Moral einen runterzuholen! Er schaut mich an mit jenem Blick, der wohl eindringlich sein soll. Aber zu seinem Verstand paßt nur eine dicke Brille. Faulinsereien – sehen kann man dadurch nicht. Aber hallo! Ein prunkender Positivist. Schwer zu sagen, was schlimmer ist. Wenn ein Positivist sagt, irgend etwas sei „rätselhaft", heißt das, man hat ihm regelrecht das Hirn vollgeschissen. Ich dachte, das ist das einzige Thema, das Lacelli überhaupt beherrscht, sage ich. (In Wahrheit entschuldige ich mich, das macht mich verrückt.) Sonst wird der doch nie fertig. Brauen heben sich bis über die intransparenten Brillenränder seines Empirismus. Das bedeutet eine Überraschung, mit der man jedoch rechnen mußte. Muß Lacelli überhaupt fertig werden? Oder sind *wir* nicht mit Lacelli fertig? Plan lackiert seine iiis so, daß man ein Glas darauf absetzen könnte, ohne daß ein Ring zurückbliebe. Muß eigentlich jeder Student, ganz gleich wes geistiger Güteklasse, hier einen Abschluß machen? Plan, wir haben diesen Burschen jetzt all die Jahre mit durchgeschleppt. (Mein Einwand ist ein Gnadengesuch, und ich hasse das.) Erinnerst du dich noch an die Sitzung der Auswahlkommission? Wenn ja, weißt du sicher auch, daß ich seiner Aufnahme in den Promotionsstudiengang nie zugestimmt habe. Und nach dem ersten Jahr war ich noch immer dieser Meinung, aber damit stand ich ziemlich allein da. Man hat mir Elitedenken vorgeworfen. Und jetzt? Jetzt will auf einmal niemand mehr mit dieser Pfeife arbeiten. Kein Thema, kein Doktorvater, nichts. Nun ja, gibt Planmantee zu bedenken, ich bin lediglich externer Prüfer in der Sache ... Und der Ausdruck „lediglich" bedeutet hier nicht weniger als „Ich bin Sokrates, Weisester in Hellas". Breite Handgelenke ragen aus seinem Fischgrätärmel. Er laboriert an einer Geste. Einer Geste der hart erarbeiteten Selbstgefälligkeit. Diese betenden Hände, wie geschnitzt. Aber ausgerechnet, er seufzt unsichtbar wie ein undichter Reifen, ausgerechnet D'Annunzio? Seine Fingerspitzen berühren sich, mehr nicht, ehe seine Handflächen bedauernd auseinanderfallen ... so engstirnig, so dümmlich, so dünn ... Nein, sage ich, es geht nicht um D'Annunzio, sein Thema ist der italienische Faschismus. Plan hat Hände wie Schaufeln, Arbeiterhände, aber gewaschen, gecremt und maniküre. Durch die Höhlung seiner halbgeschlossenen Faust schaut er mich an. Und durch dieses kleine Arschloch, ereifert er sich, will Lacelli in die Geschichte schauen? An einem Silberkettchen vor seiner Brust hängt das Medaillon der gelehrten Phi-Beta-Kappa-Gesellschaft. Er ist auch Mitglied bei Mensa. Ein breiter Ring protzt mit seinem Ehestand ... nicht nur ist das Thema unhistorisch und bereits im Ansatz absurd, auch seine Behandlung als ... Nur weil D'Annunzio ... der Faschismus und die *ottava rima*, du lieber Himmel. Das geht so nicht, das ist eine völlig verzerrte Darstellung der Zusammenhänge, eine Karikatur ...

... die Behandlung, die Behandlung ...

Aufsatz

Der Scharlatan ist ein Profi. Das ist der Unterschied. Er spielt eine Rolle, aber es zerreißt ihn nicht. Er paßt in jeden Anzug, der ihm gefällt, bleibt heil unter fremden Federn. Der Hafer sticht nach Schalkesart und wächst über sich hinaus ins Leben. Sobald ich mich ernst nehme, wird es mir peinlich (als ließe ich vor Fremden die Hosen runter). Aufgepaßt. Auf die Plätze. Noch ein Abwehrgeräusch, das Pfeifen auf einem dunklen Friedhof. Die Grabsteine markieren Persönlichkeiten, die nicht mehr sind. Doch aufgepaßt. Es hausen Gespenster in jedem Grab (ausgenommen denen, welche die Deutschen gegraben haben, Untergrund-Ghettos, wo sogar die Geister krepierten), gut möglich, daß sich das eine oder andere materialisiert und am Himmel kondensiert wie Feuchtigkeit auf Glas ... und, hoppla, da bin ja auch ich, all die Jahre schon tot, ein kleiner Junge in Knickerbockern, mit Matrosenmütze und Halstuch, Rotznase und Sextanerblase – aber was für eine Waffe! wie genial ich überall hingepinkelt habe –, ja, das ist das Gespenst der Gespenster und kann mich selbst heute, mit fünfzig, noch naß machen, während ich zwischen den Seiten meiner Persönlichkeit umherspaziere ... und so geschah es, daß der Bengel auf Kirchenbänke schiffte, in Hotels wie dem Palmer House, diskret neben ein Möbel oder einen Blumenkübel oder neben die Koffer mit den vielen Aufklebern oder die faulen Pagen in ihren Uniformen, stehende Spucknäpfe, erhaben wie die vorstehenden Kanten der Holzdielen in der Hotelhalle und immer in sicherem Abstand zu kleinen angeleinten Hunden und ihren hundsföttischen Besitzern, nur damit kein Mißverständnis aufkam (denn Ehre, wem Ehre gebührt, dachte er schon damals), wenn aus seiner Hose wütende Bäche rannen, weil Daumen öffentlich nicht zugelassen waren, sondern in Fäusten weggesteckt wurden, als seien sie die wahren Druckerzeuger, die der Flüssigkeit erst die Expansionskraft verliehen. Und so hinterließ er seine Botschaft gleichermaßen in Fahrstühlen, Restaurants und Büroräumen, auf Autositzen, wenn der Wagen an der Kreuzung halten mußte, in Eisenbahnen, wenn man versonnen hinaussah auf die Bahnanlagen, des weiteren beim Tee, beim Bridge, bei Damenessen (sie plaudern, er pladdert) oder auf Riesenrädern und Achterbahnen und Kirmessen, beim Flaschenwerfen oder im Kino mit Tom Mix' rauchendem Colt oder beim Radiohören, wenn es den *Shadow* gab. In der Schule ließ er es zu lateinischen Versen laufen, und beim Kaufmann setzte er eine Pfütze neben das Gurkenfaß. Und natürlich beim Spielen, bei Fangen, Doktor oder „Haus", im entscheidenden Moment hielt ihn nichts. Auf Spielplätzen spülte er sich die Rutsche hinunter. Ja richtig, und von Katzen lernte er die Kunst der Miktion in Sandkästen, und nicht selten, aus Spaß, als Mutprobe, aufgrund einer Wette pinkelte ich an meinem Bein hinab. Trotzdem, ins Bett gemacht habe ich nie. Meine Inkontinenz hatte keine physiologische Ursache, sondern war ein hochbewußtes Protestpissen, eine Art Selbstverteidigung, zu der auch Jesus hätte greifen können oder russische Duchobory oder Mahatma Gandhi; tatsächlich interpretierte ich sogar die Bibelstelle mit dem Blut und Wasser auf diese Weise, obwohl die Kriegsknechte angeblich nur Jesu „Seite" öffneten.

Ich sollte noch einmal von vorn anfangen, denn in meinem Kopf dreht sich alles.

Der Scharlatan: trägt er in einem Jahr eine Kellnerjacke und im nächsten eine SS-Uniform?

Wenn ich mich teile, werde ich nicht dünner. Und komme insofern auch nicht einfacher heraus.

Die Zeit gleitet vorbei, träge wie ein schmutziger Fluß. Also bin ich ... Brücke und Ufer, über mir gehen die Leute, unter mir, im braunen Wasser, treiben alte Kartons ...

Lou. Lou. Woran erinnere ich mich überhaupt? daß ich protestiert habe? Sehe ich den, der ich war? sehe ich Tabor? kommt mir der Anblick der vielen Stiefel wieder hoch? Woran erinnere ich mich wirklich? Nein, das geht so nicht, das ist nicht gut. Was bin ich bloß für ein Idiot. Träume greifen nach mir. Moment, auch das stimmt so nicht. Was machen Träume wirklich? greifen sie nach einem? ... greifen sie? ... wen greifen sie? Ich weiß noch, im Traum sah ich eine Gestalt, und der Traum griff nach ihr. Auf dem Blatt Papier trocknet das Licht. **Die Buchstaben scheinen zu verblassen. Meine eigenen Zeichen schrumpfen zu einem Punkt, der sich von mir entfernt. Ich schaue hoch und sehe: das Fenster ist grau. Na gut, es gibt immer noch elektrisches Licht.** Gegen welche Küste schiebt sich dieses Wolkenmeer? Ich erinnere mich nur an das, woran ich mich zu erinnern wage ... die Titel auf den verdämmernden Buchrücken. Was bleibt mir denn wirklich? eine Hand auf dem Schreibtisch, dunkel und schlaff wie ein Handschuh? diese Tagträume? Träume umschlingen, umfassen, verwickeln, beherrschen, umwölken, sie senken sich hernieder, löschen aus, nebeln ein. Oder etwa nicht? Sie und ihre Traumbilder? Aber sicher bin ich mir nicht. Tabor verschwindet nicht: dort neben dem glitzernden Ehering, das blasse Gesicht auf dem Papier ... Angenommen, ich hätte alle diese Befehle unterschrieben? wäre das vielleicht realer? Die Listen, die Namen, die Zahlen ... Zahlen für die Zukunftslosen ... Fragmente, Titel, Wunden.

William Frederick Kohler
Sind alle diese Objekte nicht lediglich Sinneslieferungen,
William F. Kohler
versendete Lagerware?
W. F. Kohler
W. F. K. **Der Lastwagen fuhr zu einer offenen Grube; die Türen**
oKk **gingen auf, und die Leichen wurden hinausgeworfen,**
Bill Kohler **wobei es schien, als seien sie noch lebendig, so weich**
Billy Boy **waren ihre Gliedmaßen.**
Willi K.
... so weich waren ihre Gliedmaßen ... wie Marmor eher, denke ich, marmoriert, das sind sie ja immer. Ich,
Kay,
sah im Traum eine Gestalt, und der Traum griff nach ihr.
Wilfred Koh
Whiff Cough **Sie wurden in die Grube geworfen, und ich sehe noch**
Whiffy **immer diesen Zivilisten, der den Toten mit einer Zahnarzt-**
Willko **Zange die Zähne herauszog. Ich sah zu, daß ich fortkam –**
Herr Rickler
Durch die Erfindung der Zange die Rede verhindern. Hervorragend. Hervor-rag – Nein. Warte. Warte.
413-012
287-30-5088
896-7707 Dw 3311 **Ich sprang in mein Auto und machte meinen Mund**
3708 015575 21009 **nicht wieder auf.**
Nein. Ich weiß nicht. Scheiße Scheiße Scheiße, ich bin nicht sicher. In keinem Herzen sollte das Blut wie in einem Becher stehen.

Zunächst lagen sie an der frischen Luft, wie gehäutet von ihrem Sterben, später, in der Erde, reichte schon ein verirrter Hauch, wahrgenommen als Zittern an der Nasenwand, zum Beweis, daß sie in Wahrheit noch atmeten, und während sie also verfaulten wie Samenkörner in der Ackerfurche, glichen sie immer mehr ihren Großvätern, auch sie wundersame Skelette und ähnlich bleich, und dann deren Vorvätern in tiefer Primatenvorzeit, bis sie so nackt und lauter waren wie Adam, dünn wie ein Gedanke und endlich so glatt und unverderblich, wie es geschrieben stand in ihrem eigenen Buch. Vom Moment der Zeugung an liegen wir in der Hand der Parzen, und völlig zu Recht heißt es, das Fleisch auf den Knochen werde bei der Geburt durch das Fingerspiel dieser sternhütenden Metzen geformt, das dadurch an uns klebt wie ein Tuch, während unsere Seele nichts weiter ist als das schlammige Delta unserer eigenen Wahrnehmungen, ihr angesammeltes Fett. Aus Klothos Berührung wird unser Gewebe, Atropos schneidet es zu, und Lachesis näht es zu unserem Leichentuch, so daß wir, wenn wir, was unausweichlich ist, einst in die Grube fahren, zusammen mit diesem Leinen unsere Begierden verlieren und am Jüngsten Tag so rein und frisch gebeichtet auferstehen wie am Tag unserer Zeugung. Daß der Deutsche also die Zähne ausriß, war nur konsequent, denn es waren die Knochen, die beißen, reden und träumen; und mit welchem Knochen träumen wir, wenn nicht mit dem Traumknochen; jawohl, der Knochen, in den Moses blies, um den Herrn zu träumen. Kein noch so goldplombierter Backenzahn besitzt diese Herrlichkeit. Würfel aus Traumknochen klickern im Knobelbecher; der Wurf ein Tyrannenpaar in Form einer Zwei; wirf das

Los um Christi Schicksal; wirf eine Serie von Siebenen oder die Viehwaggons, in die man die Juden gepfercht hat. Ich erinnere mich an diese Soldatenhand, die am Rand des durchweichten Bombenkraters aus der Erde ragte wie eine Pflanze. Dort, wo er einmal seinen Ring getragen hatte, war ein blasser Streifen, und seine blaukalten Nägel waren abgekaut. Ich weiß noch, wie der Erdrutsch langsam über uns kam. Ich überlebte, weil meine Nase vom heimtückischen Schlamm in eine Kaffeedose gedrückt worden war, ähnlich wie in der Geschichte von Winnie the Pooh und dem Honigtopf. Die Dose diente mir als eiserne Lunge, in sie konnte ich schnaufen, während ich mich rudernd und strampelnd aus diesem Grab, dieser Riesensauciere hervorbuddelte. Mittlerweile hatte mich der Regen abgespült, und ich kauerte mich aufs freie Feld, ohne auf das Gewehrfeuer zu achten, keuchend, als sei ich immer noch im Innern des Wals, aber dankbar für den Himmel, den ich nicht sehen konnte. Der andere Soldat war Stunden zuvor verschüttet worden, lange bevor ich seine starren Ausrufefinger ergriff und sah, daß man ihn schon ausgeraubt hatte. Der Anblick war Kern und Sinnbild dieses Abenteuers, aber woran ich mich am deutlichsten erinnere, sind die Summen, der Über**schuß**, wenn ich mich überhaupt an etwas

    erschossen erschossen erschossen

erinnere, dann an die Tatsache der einfachen Addition und wie sich alles summiert.

    erschossen erschossen erschossen

Nichts anderes ist Geschichte: der Über**schuß** vom Über**schuß**. Denn was in keiner

    erschossen erschossen erschossen

Summe enthalten ist, ist keine Geschichte, obwohl sich diese tückischen Summen hinter

    erschossen erschossen erschossen

ihren Zahlenkolonnen verstecken wie jener abhandengekommene Ring oder der Schnurr-

    erschossen erschossen erschossen

bart aus Milch, das Sperma, das die Schuld trägt. erschossen

    erschossen erschossen erschossen

 Gut, wollen wir mal diese jüdischen Schleicher aus ihren Zügen holen.

    erschossen erschossen erschossen

Stell diese Daten zur Exekution auf: meine Forschungsergebnisse. Das Geäder des Mar-

    erschossen erschossen erschossen

mors, daran erinnere ich mich, und an den Goldrand der äolischen Kapitel, die aussa-

    erschossen erschossen erschossen

hen wie Schriftrollen, auch daran erinnere ich mich (Griechisch war der offizielle Stil

    erschossen erschossen erschossen

in Deutschland), und die Schwere der Strangulation,

    erhängt

    erschossen erschossen erschossen erhängt

die Goldquasten an den Vorhangschnüren, die glänzenden Stiefel, daran erinnere ich mich,

und erschossen erschossen erschossen erhängt

an die langsam treibenden Schwärme der Massen ... alles historisch nicht verwertbar. Warte.

Bis auf eins. erschossen erschossen erschossen erhängt

Nämlich, daß Griechisch der offizielle Stil war. Eine runde Summe. Aber hervorgerülpst

    erschossen erschossen erschossen erhängt

wie aus dem Bauch des **Gastriloquisten**. Immerhin, ein ehrenwerter *Versuch*. Die Vor-

    erschossen erschossen erschossen erhängt

hänge waren pflaumenblau.

Ich **bis zur Vergasung**   erschossen erhängt

möchte mal die Augen aufmachen und erleben, daß mir etwas anderes ins Gesicht starrt als immer nur Sprache,   **bis zur Vergasung**
              erschossen   erschossen   erschossen   erhängt
nicht nur Sätze, einzelne Worte, seltsame Unterstreichungen, sondern eine klare Ober-
              erschossen   erschossen   erschossen   erhängt
fläche,   **bis zur Vergasung**
blank poliert wie ein Spiegel. Dort würde meine Gestalt vollkommen erscheinen wie jede
bis zur Vergasung   erschossen   erschossen   erhängt
andere Reflexion im platonischen Raum – etwa diese hohen pechschwarzen Stiefel, an die ich mich als diejenigen erinnere,   **bis zur Vergasung**
die mir im Marmor wuchsen. Ich bin so alt, so weit fort, so dünn in meiner feisten Umfänglichkeit,   **bis zur Vergasung   erschossen   erhängt**
daß ich das Bild hungern lassen müßte, damit es in mich hineinpaßt. Die Stiefel glänzten; sie glänzten immer,
bis zur Vergasung   erschossen   erschossen   erhängt
und dieser Glanz lag tief am Grunde des Bildes der Stiefel wie schlafende Fische im schattigen Wasser.   **bis zur Vergasung   erschossen   erhängt**
Gott steh mir bei, was für ein Lügner!

   Und *wo* liegt eigentlich Deutschland?

   Soll ich bei meiner Geburt anfangen, wie von der Historie gefordert: ein Kind seiner Zeit, das zwischen zwei Ticks in eine Welt geboren wurde, die nur noch Tacks zu bieten hatte? Trotzdem begann ich nicht bei meiner Geburt, sondern später; nur einmal, in der Liebe, *war* ich, wo weder vor- noch nachher etwas gewesen war.

(...)

Aus dem amerikanischen Englisch von Marcus Ingendaay

Heide Ziegler
William H. Gass: der Übersetzer Deutschlands
(im Namen von Goethe, Hölderlin und Rilke)

Mann und Frau (Goethe)

Als ich William H. Gass zum ersten Mal begegnete, war ich betroffen, wieviel besser er die deutsche Literatur kannte als ich. Zwar war mein Spezialgebiet amerikanische, nicht deutsche Literatur, doch das gleiche galt für ihn, und da ich Literaturwissenschaftlerin und außerdem Deutsche war, kam ich mir unterlegen vor und baute sogar einen gewissen inneren Widerstand gegen ihn auf. Ich hatte geglaubt, daß ich mich in der deutschen Literatur nicht schlecht auskenne. Erst später sah ich ein, daß fast jeder, der auf William H. Gass trifft, zuerst beeindruckt, dann überwältigt und schließlich tief beschämt ist, sobald er das ganze Ausmaß seiner literarischen und philosophischen Kenntnisse begreift. Gass scheint überall gelebt zu haben, wo Inspiration je den Geist beflügelt hat.

Als Kind – und hierin waren wir uns wenigstens ähnlich – hat Bill gelernt, schnell und heimlich zu lesen, nachts mit einer Taschenlampe unter der Bettdecke, so daß ihn sein Vater nicht entdeckte; und diese Angewohnheit, quer zu lesen und den Inhalt eines Textes schnell zu absorbieren, hat er sein Leben lang beibehalten. Seit seiner Kindheit hat sich diese früh erworbene Fähigkeit allerdings zur Meisterschaft entwickelt, zur Fähigkeit, einen Text auf Anhieb umfassend in sich aufzunehmen, zu erinnern, zu vergleichen, zu analysieren, zu interpretieren und für andere zu erhellen. Seine „Bildung" ist abgeschlossen, und für viele ist er inzwischen zum Mentor geworden. Dabei ist sein Stil der Wissensvermittlung von besonderer Art: sorgfältig und dennoch freizügig, entgegenkommend und dennoch fordernd. Kurz: dieser Stil hat etwas entschieden Weibliches.

Johann Wolfgang von Goethes *Wilhelm Meisters Lehrjahre* ist wahrscheinlich der bekannteste „Bildungsroman" der deutschen Sprache, und einen großen Teil seines Ruhms bezieht dieser Roman aus der Einsicht des Lesers, daß hier der Meister selbst versucht, seine Vergangenheit zu bewältigen – seine schicksalhafte Zerrissenheit zwischen dem Hang zu Treue, Ergebenheit und Vertrauen in eine geliebte Frau und der entgegengesetzten Tendenz zu Untreue und Tändelei; seinem Respekt vor dem erfolgreichen Geschäftsmann, dem Wunsch nach einem angenehmen Einkommen und einem wohlgeordneten Leben einerseits und seiner Neigung zu Bühne, Schauspielerei und einem Vagabundendasein andererseits; seinem Verlangen nach Rang, Namen und elegantem adligen Lebensstil und der unwiderstehlichen Versuchung, genau diejenigen Werte zu parodieren, zu travestieren oder gar zu verhöhnen, welche die Spitze einer hierarchisch strukturierten Gesellschaft hochhielt; seiner Glorifizierung von Taten, die Helden der Geschichte begangen haben und zugleich seinem tief verwurzelten Glauben daran, daß selbst die größten Taten, die Menschen je vollbracht haben, keinen Heller wert wären, wenn es nicht Dichter gäbe, die ihnen Unsterblichkeit verleihen durch die Macht und Überzeugungskraft ihrer Worte, Metren und Reime.

Goethes Lehrjahre, so wie die Wilhelm Meisters, bestanden darin, daß er allmählich lernte, sich selbst zu verstehen und eine prekäre Balance zwischen den inneren Widersprüchen herzustellen, die ihn zu zerstören drohten. Die Bildung, die Wilhelm Meister schließlich sein eigen nennt, hat ihm so manche Narbe eingebracht und manche noch offene Wunde, aber sie gewährt ihm auch die Befriedigung, daß er Fortschritte gemacht hat.

Willie Masters' Lonesome Wife hat ebenfalls eine Beziehung zu ihrem Autor, ihrem Ehemann namens William H. Gass, und zu *seinen* Kämpfen – mit einer langen literarischen Tradition, die wertstiftend war, in der Wilhelm Meister und Goethe abgelöst wurden durch andere *Masters*, Autoren, die alle männlich und dominierend waren, bevor sie, die einsame Ehefrau des Autors, überhaupt auf der Bildfläche erscheinen kann in der späten Mitte des 20. Jahrhunderts!

Aber sie tritt auf, und welch ein Triumph ist dies! Sie scheint der Phantasie ihres Meisters entsprungen zu sein wie Athene einst dem Haupt des Zeus. Obwohl auch sie noch mit einigen der pubertären Probleme zu kämpfen hat, die Wilhelm Meister beschäftigten und die wir im 20. Jahrhundert eher zu perpetuieren und zu zelebrieren als zu überwinden vermochten, geht sie sie nun als Frau eines modernen Autors an. Sie ist seine Projektion in die Zukunft, seine wankelmütige amerikanische Geliebte – eine Schauspielerin auch sie, viel offenherziger als es Wilhelm Meister und seine Freundinnen je waren, keine Bewunderin der Aristokratie, sondern eine Frau von gewollt demokratischen Anwandlungen, die es mit jedem treibt, der ihr begegnet, hoch und niedrig, arm und reich.

Sie ist eine Kassandra dieser Demokratie, aber auch eine lebenstolle Messalina, ihres Mannes bewunderte, Gestalt gewordene Metapher, Ausdruck seiner Imagination. Sie dient ihm (sie ist immerhin seine Frau), aber sie bedient auch diejenigen, mit denen er zu tun hat, da diese ihrerseits mit jenen zu tun haben, die für ihn wichtig sind, all jene Willie Masters, die Wilhelm Meisters Meister imitiert haben. Goethes Einfluß, besonders auf die Jugend des 18. Jahrhunderts, war so immens, daß junge Männer es seinem Werther, einem weiteren Alter ego, gleichtaten und Selbstmord begingen. Willie Masters' einsame Ehefrau stirbt in zeitgenössischer Manier statt dessen lieber nur eine Serie von *petites morts*.

Warum aber ist sie dann einsam? Als – fiktive – Ehefrau ihres – realen – Ehemannes hat sie mit Distanzen zu kämpfen: der Übersetzung der Sprache ihrer jeweiligen „Meister" in ihre eigene, der Überwindung des kulturellen Unterschieds zwischen den Jahrhunderten, dem inneren Widerspruch der Geschlechter.

Aber sie siegt und gewinnt auf ganzer Linie, während Wilhelm Meister in diesem Prozeß stückweise verliert. Daß sie Amerikanerin ist, ist einer ihrer wesentlichen Vorzüge, aber nicht etwa, weil sie Patriotin wäre.

Dies läßt sich schon bei einem Blick in *Wilhelm Meisters Wanderjahre* erkennen: In Goethes Anschlußwerk an *Wilhelm Meisters Lehrjahre* spielt der Gedanke, nach Amerika auszuwandern, immer wieder eine entscheidende Rolle. Denn in Europa, wo Erziehung und politische Einschränkungen die freie Entfaltung des Individuums zu behindern oder gar zu verhindern schienen, wurde das Ideal der Freiheit und einer unberührten Natur, wie Amerika es repräsentierte, fast unwiderstehlich. Doch gerade weil im 18. Jahrhundert dieses Ideal so überwältigend war, mußte seine Entlarvung als offensichtliche Illusion spätestens im 20. Jahrhundert *Willie Masters' Lonesome Wife* um so einsamer werden lassen. Denn sie *weiß* heute, daß sie in einer von innen heraus zerstörten Umwelt lebt, die einstmals die Hoffnung der Menschheit war, sie *weiß*, daß ihre Freiheit eine Chimäre ist. Sie ist immerhin das Geschöpf ihres wohlbelesenen Autors.

Dabei bedient sie sich als amerikanische Frau des 20. Jahrhunderts einer demokratischen Sprache, die sich denkbar weit von Wilhelm Meisters elitären Vorstellungen darüber entfernt hat, was die poetische Sprache vollbringen kann und wie sie die menschliche Seele soweit zu erheben vermag, daß Dichtung ihr wichtiger erscheint als alles andere: Rang, Geld, Macht.

Die Kraft der poetischen Sprache läßt sich heute dagegen immer noch retten, wenn *Willie Masters' Lonesome Wife* selbst und in ihrer Funktion als solche das ganze Spektrum der Sprache verkörpert. Darum ist sie sowohl Hure als auch keusche Jungfrau; ästhetisch und intellektuell anspruchsvoll und gleichzeitig vulgär; allumfassend und dennoch von einzigartiger Schönheit. Sie ist – die moderne Kunst. Da sie aber auch die Gefährtin eines Autors ist, der sie sich aus seiner Rippe erschaffen hat, können sie sich nur gemeinsam verwirklichen, in der Verbindung von Fiktion und Realität. Er ist der Autor, der Ehemann, sie seine Frau, seine Metapher, ein Bildnis, das aus Worten besteht, Wörter, die ein Bildnis heraufbeschwören.

„Niemand kann nur so imaginieren – einfach so; man muß mit Wörtern imaginieren oder mit Ölfarbe oder in Metall, Gene übertragen oder Zahlen multiplizieren. Imagination ist ihr eigenes, Wirklichkeit gewordenes Medium. Man ist sein eigener Körper – niemand sucht sich die Füße aus, mit denen er geht –, und der Dichter ist seine Sprache. Er sieht seine eigene Welt, und die Wörter treten in sein Gesichtsfeld genauso wie die Flüsse und Bäume es tun. Er fühlt alles in Wörtern: Gegenstände, Leidenschaften, Handlungen –."

Gass' Text ist der Körper seiner Imagination in Form einer begehrten Frau. Der Text bildet die Kurven ihres Körpers ab. Ein schmuddliger Ring, den die Kaffeetasse des Autors auf dem Blatt seines Manuskripts hinterlassen hatte, taucht im Text wieder auf – als Ring, der das Bild ihres Bauchnabels umrahmt. Dieser braune Ring kehrt mehrfach wieder. „Du bist der Kunst verfallen – kehr' ins Leben zurück." So lauten die Worte, die man im letzten der Ringe liest. Aber wer würde gern ins Leben zurückkehren, wenn er – wie der Autor – Partner in einer solchen Beziehung bleiben kann!

So hat die Ehe zwischen Gass und seiner Sprache der Imagination bis heute gehalten; und trotzdem ist seine Ehefrau manchmal einsam, trotzdem schläft sie von Zeit zu Zeit mit anderen. Wir als Leser sollten dankbar sein für die Chance, uns ihr nähern zu können, und unseren Beitrag dazu leisten, mit beiden zusammen an der Dichtung der Zukunft zu arbeiten. Diese wird allerdings niemals wieder idealistisch sein wie bei Goethe oder romantisch wie bei den Nachfahren von Wilhelm Meister, sondern sie muß die harte Metamorphose einer welken Tradition werden. Oder um es in den Worten des Meisters selbst zu sagen: „Wir brauchen nicht die schwächliche, schlappe Prosa, die wir jetzt haben; sondern Dichtung, die menschliche Muse, aufrecht, erigiert und kommend, ungestüm und heiß und laut und wild wie Messalina auf dem Weg ins Bordell, oder wie diese verdammten Raketen, die sich trotzig in den Sternenraum ergießen."

Brüder! Freunde! (Hölderlin)

Im Juli 1979 hatte die Deutsche Gesellschaft für Amerikastudien drei der bedeutendsten amerikanischen Autoren der Gegenwart zu ihrer Jahrestagung eingeladen, wo sie Lesungen halten und an einer Podiumsdiskussion zur Postmoderne teilnehmen sollten. Die Tagung fand in Bebenhausen statt, einem früheren Zisterzienser-Kloster in der Nähe von Tübingen. Die drei Schriftsteller waren: John Barth, John Hawkes und – William H. Gass. Alle drei Autoren hatten eine jeweils eigene Beziehung zu Deutschland und freuten sich daher darauf, diese Reise zusammen antreten zu können.

Die Vorfahren von John Barth stammen aus Deutschland, und er hat eine heiter-komische Erzählung über den deutschen Einfluß in seiner Familie geschrieben, genannt „Ambrose His Mark", eine der Erzählungen in *Lost in the Funhouse*. John Hawkes hat seinen frühen Ruhm mit seinem ersten Roman *Der Kannibale* begründet, welcher, 1949 erschienen, in einem surrealen Deutschland im Anschluß an die beiden Weltkriege spielt. Hawkes ist nach dem Zweiten Weltkrieg als Sanitäter in Deutschland eingesetzt gewesen.

William H. Gass schließlich geht davon aus, daß sein Name eine Kurzform des deutschen Worts „Gasse" ist, und die Leidenschaft für Deutschland hat sein ganzes Leben bestimmt, am sichtbarsten während jener mehr als dreißig Jahre, die er darauf verwandt hat, *The Tunnel* zu schreiben, einen Roman, der erst 1995 erschienen ist. Aber schon in seinen Universitätstagen in Cornell stand er unter dem Einfluß der Persönlichkeit Ludwig Wittgensteins – eines Österreichers, zugegeben, aber Österreicher haben das deutsche Leben und die deutsche Literatur mehr als einmal entscheidend geprägt.

Und dann gab es noch Friedrich Hölderlin und – am einflußreichsten – Rainer Maria Rilke, dessen Romane und Dichtungen die allerheiligsten Bereiche von Gass' ureigenem Tempel der Literatur besetzen.

Ich organisierte die Reise, und wir kamen alle gemeinsam in Tübingen an. Bebenhausen erwies sich als ein außergewöhnlicher Rahmen für das, was folgen sollte. Bebenhausen verlieh allem und jedem eine Form. Erst sehr viel später las ich die Verse, die Friedrich Hölderlin über Bebenhausen geschrieben hat, während er in Tübingen lebte, und ich begann zu verstehen, warum dieses Zisterzienser-Kloster einen solchen Einfluß auf das Geschehen an jenen Konferenztagen hatte.

Hölderlin nennt seine Verse „Bilder von Bebenhausen", und das erste „Bild" trägt den Titel „Kunst und Natur". Es beschreibt eine Situation, die Gass sehr entspricht, einen Ort, an dem Natur zu Kunst geworden ist:

Heute dein einsames Tal durchstreifend,
                    o trautestes Kloster,
Fand ich im Walde zunächst jenen
                    verödeten Grund,
Dem du die mächtigen Quadern verdankst
                    und was dir zum Schmucke
Deines gegliederten Turms
                    alles der Meister verliehn.
Ganz ein Gebild des fühlenden Geistes
                    verleugnest du dennoch
Nimmer den Mutterschoß drüben
                    am felsigen Hang.

Die Atmosphäre, die sich in den schönen Hallen von Bebenhausen verbreitete, war wie ein Abbild der Abtei. Alle problematischen Emotionen: überhöhte Erwartung, Unzufriedenheit, selbst Streit, wurden zu Kunst und fanden eine Form, die angemessen war und letztlich jeden befriedigte, der an dieser Konferenz teilnahm. Die drei Schriftsteller wurden die Meister, nicht Zeremonien-Meister (das war meine Rolle), sondern Meister der Herzen und Gemüter all derer, die die Hallen bevölkerten. Und während der Podiumsdiskussion saß William H. Gass friedlich zwischen John Barth und John Hawkes „wie eine Jill zwischen zwei Jacks", wie er sich ausdrückte. So lernte ich William H. Gass kennen.

Goethe ist ein anerkannter Meister der deutschen Sprache, und mit diesem Klassiker suchte sich Gass in *Willie Masters' Lonesome Wife* auseinanderzusetzen. Friedrich Hölderlin aber, Gass' Gefährte in Bebenhausen, ist ein romantischer Dichter. Er bewunderte Goethe aus der Ferne und glaubte eine Zeitlang, daß er in Friedrich von Schiller einen Freund habe, weil dieser ein Schwabe war wie er selbst. Aber Goethe und Schiller, die ihren eigenen Einflußbereich und mit ihm das klassische Weimar begründet hatten, mochten den jungen Dichter nicht: weder seine enthusiastische Verehrung exzentrischer Griechen der Antike wie Empedokles oder Hyperion noch seinen patriotischen Überschwang oder seine hymnische Beredsamkeit. Es war alles zuviel, alles zu intensiv für die umfassende Weltläufigkeit, welche Goethe geschaffen hatte und Schiller zu kopieren suchte. So mußte sich Hölderlins Genie selbst durchsetzen; und er kämpfte zu Lebzeiten viele Jahre lang um Ruhm und Anerkennung, aber vergeblich. Schließlich gab er auf und zog sich in sich selbst zurück. Jahrzehntelang lebte er verschlossen und zurückgezogen in Tübingen, nannte sich zunehmend selbst Scardanelli. Er behauptete sogar, im 17., nicht im 19. Jahrhundert zu leben, das heißt: in prä-klassischen Zeiten. Gemessen an zeitgenössischen Standards war Hölderlin umnachtet.

Aber es gibt ein tiefes Geheimnis in seinem Leben. Der französische Politiker und Gelehrte Pierre Bertaux, der – zusammen mit seinen Freunden – entschlossen sein ganzes Leben im Namen Hölderlins gelebt hat (i.N.H.), hat eine eindrucksvolle Studie verfaßt, in der er darlegt, daß Friedrich Hölderlin nicht geistesgestört im normalen Wortsinne war.

Der Grund für Bertaux' geduldige und umfassende Recherche über die einundvierzig Jahre von Hölderlins freiwilliger Abgeschiedenheit (er wurde dreiundsiebzig Jahre alt) lag in seiner wachsenden Erkenntnis, daß bei Hölderlin Werk und Person nicht getrennt werden können, daß eine dunkle, untergründige Strömung gerade dort sein Werk durchzieht, wo seine Dichtung Auge und Ohr hell entzückt; und daß der Dichter die Welt nicht an seinem Geheimnis teilnehmen lassen wollte, so daß er sich schließlich mit seinem Herzschmerz verbarg.

Hölderlin hat früh ein Gebet an die drei grauen Schwestern gerichtet, die den Lebensfaden eines jeden Menschen spinnen, ausmessen und schließlich abschneiden. In diesem Gedicht drückt Hölderlin sein tiefstes Verlangen aus:

AN DIE PARZEN

Nur Einen Sommer gönnt, ihr Gewaltigen!
Und einen Herbst zu reifem Gesange mir,
Daß williger mein Herz, vom süßen
Spiele gesättiget, dann mir sterbe.

Und die Parzen gewährten ihm diesen Wunsch. Er schrieb seine göttlichen Gedichte. Denn Hölderlin verehrte die Götter des alten Griechenland, und er suchte sein Vaterland in ihrem Geiste neu zu erschaffen. Ganze Generationen vermochte er zu begeistern – bis diese schließlich auf die Mauern einer unversöhnlichen Wirklichkeit stießen, auf die dunklen Fakten des 20. Jahrhunderts. Da hatte der Dichter selbst jedoch längst durch seine Askese und Selbstverleugnung in der zweiten Hälfte seines Lebens für sein Streben nach Vollendung bezahlt.

Der Anblick des Turms am Ufer des Neckars in Tübingen, wo Hölderlin die zweite Hälfte seines Lebens verbrachte, muß William H. Gass, als er 1979 am Fluß entlangwanderte, an Hölderlins selbstverhängtes Schicksal erinnert haben. Denn daß Gass Hölderlins Geheimnis kannte und verstand, wird daraus deutlich, daß er selbst den zweiten Teil *seines* Lebens damit verbrachte, *The Tunnel* zu schreiben. Die Qual, die es ihm bedeutet haben muß, sich seinem Antagonisten William Kohler, dem Protagonisten des Romans, auszuliefern, kann sehr wohl verglichen werden mit Hölderlins Rückzug aus dem eigenen Leben in das eines Scardanelli aus der tiefen Vergangenheit.

Während Gass an *The Tunnel* arbeitete, begann er allmählich jene dunkle, heimliche Strömung anzuerkennen, die auch sein Leben wie der antike Fluß Alpheios durchzieht, dessen Oberlauf unter der Erde verläuft – eine Strömung, die unter der Oberfläche seines humanistischen und friedlichen Lebens als Schriftsteller sowie Wissenschaftler und Professor an einer amerikanischen Universität des mittleren Westens bislang nicht sichtbar gewesen war. William Kohler (*William* Kohler, *William* Gass! William *Frederick* Kohler, *Friedrich* Hölderlin!) ist Gass' Scardanelli, der sich, da er nicht eigentlich böse ist, in einen Tunnel zurückzieht, den er sich selbst gegraben hat, weil er zuviel Böses gesehen hat und eine Möglichkeit sucht, es dort zu verbergen.

Gass' Übersetzung von Hölderlins „Hälfte des Lebens" verdeutlicht seine Empathie und die Wendung hin zu jener Innerlichkeit, die in *The Tunnel* zum Ausdruck kommt und die ihn mit Hölderlin verbindet.

HALF OF LIFE

With yellow pears, the land,
and full of wild roses,
hangs down into the lake.
You graceshaped swans,
drunk from kisses,
you dip your heads
into the holy solemn water.

Where shall I, when
winter's here, find flowers,
and where sunshine
and shadows of earth?
Walls stand speechless
and cold, in the wind
weathercocks clatter.[1]

Ist die erste Hälfte des Lebens also vergleichbar dem Sommer, die zweite dem Winter? Die erste glückbringend und heiligend, die zweite kalt und unterweltlich? Nicht ganz. Die zweite Hälfte des Lebens mag mehr oder weniger „kalt" sein, wie die Hölderlins, nachdem die Liebe seines Lebens, Susette Gontard, gestorben war; doch William Kohler mag seinen Tunnel, die „Schatten der Erde", den früheren trunkenen Küssen seiner Geliebten Lou schließlich sogar vorziehen; denn der Winter ist die Zeit, da die Erinnerung und die Bilder vorherrschen. Und der Grund, warum sie Einfluß und seltene Macht über uns gewinnen können, liegt genau darin, daß die Hälfte unserer Sommer-Erfahrung immer schon vorgezogene Erinnerung war, widergespiegelte Wirklichkeit. „Was für ein schöner Gedanke", sagt Gass über Hölderlins „Hälfte

---

[1] *Mit gelben Birnen hänget / Und voll mit wilden Rosen / Das Land in den See, / Ihr holden Schwäne, / Und trunken von Küssen / Tunkt ihr das Haupt / Ins heilignüchterne Wasser. // Weh mir, wo nehm ich, wenn / Es Winter ist, die Blumen, und wo / Den Sonnenschein, / Und Schatten der Erde? / Die Mauern stehn / Sprachlos und kalt, im Winde / Klirren die Fahnen.*

des Lebens": „Die Erde, kompakt und bodenständig, der Körper, rosig und fest, das Leben, erfüllt und erfolgreich – alles wird zu Wasser, zu Erinnerung, zum Bild."

Und darum geht es in *The Tunnel*. Gewiß, *The Tunnel* ist *auch* ein Roman über Deutschland, über das Dritte Reich und den Holocaust, über die Geschichte und das Böse, aber im wesentlichen ist es ein Roman über die zweite Hälfte des Lebens, über die Suche nach der verlorenen Zeit und Platons Welt der Ideen, die als Sprache (wie)geboren werden, nachdem sie sich im See der Wirklichkeit gespiegelt haben. Mad (!) Meg, der faustisch-mephistophelische deutsche Philosoph, der den jungen Kohler zu verführen trachtet, ist ein frustrierter Sokrates, und William F. Kohler sein farcenhafter amerikanischer Alkibiades – unfähig, die Essenz des Lebens anzubieten, nach der Mad Meg dürstet, unfähig zur Tat, unfähig auch, selbstgenügsame Schönheit zu verkörpern, fähig nur, sich zu erinnern und in Worten darzustellen:

„In meiner Jugend gab ich die Dichtung auf und wählte die Geschichte. Ich gab das Rauchen auf, änderte meine Handschrift; tauschte die Briefmarken, die ich in meiner Kindheit gesammelt hatte, gegen logarithmische Tafeln ein; trank selten; war hin und her gerissen zwischen der Ethik der Stoiker und der Ethik von Immanuel Kant; bewegte mich nicht länger zu Musik; setzte Regeln für mein Verhalten auf und hielt mich rigoros daran, gab mir sogar Noten; dachte Abstraktes und scheute vor Frauen zurück; pflanzte Bibliographien in Papiertöpfe; lebte in einem Haus voll schwerer Folianten. Was mich einst nach Deutschland gezogen hatte – Hölderlin und Rilke –, blieb reine Phantasie. Hölderlin war geistig umnachtet. Rilkes Blut verdarb. Ich gab meine Jugend auf."

Aber was für Kohler wahr ist, ist nur die Hälfte der Wahrheit für seinen Autor. Denn Gass ist nicht nur sowohl sein eigener nichtjugendlicher amerikanischer Alkibiades als auch Mad Meg – dessen Wahnsinn sich nicht mit Hölderlins Innerlichkeit vergleichen läßt, sondern als leidenschaftlicher, gefährlicher Fanatismus an die Oberfläche tritt –, Gass ist auch ihr Schöpfer.

Zugegeben, er widmet beinahe die Hälfte seines erwachsenen Daseins der Identifikation mit dem fanatischen amerikanischen Geschichtsprofessor William Frederick Kohler, aber zugleich bleibt er dessen vernünftiges Alter ego, das an der Washington University lehrt, Direktor des International Writers Center wird, ein Freund der Künste und der Künstler, Mentor für viele. Und während Kohler die Dichtung für die Geschichte aufgegeben hat, Hölderlin und Rilke für Mad Meg, hat Gass dies keineswegs getan. „Hälfte des Lebens" – für Gass bezieht sich dieser Titel nicht nur auf die Chronologie, sondern bedeutet auch einen Sieg über die Unterwelt, er ist auch der Fluß, der mittels metaphorischer Sprache zur Oberfläche zurückkehrt.

Wie Hölderlin braucht Gass Freunde, und viele Freunde brauchen ihn: Künstler insbesondere, aber auch Kollegen, (ehemalige) Studenten, Herausgeber, Männer und Frauen des Geistes. Für Hölderlin war die Freundschaft das seligste Geschenk der Götter. Er schrieb unzählige Gedichte und Verse für seine Freunde, in denen er die Freundschaft als die höchste Tugend und zugleich als das größte Vergnügen preist. Hier ist er ein Bruder von Gass.

Borges hat uns gelehrt, daß alle großen Werke in der Bibliothek dieser Welt Zeitgenossen sind; Hölderlin hat uns gelehrt, daß alle großen Werke persönlich sind; und Gass lehrt uns, daß alle großen Werke wahre Gefährten haben. Darum mögen Gass und Hölderlin verwandte Seelen sein, aber sie sind weit mehr: sie sind Freunde!

SCHWÄRMEREI

„Freunde! Spräch ich, dort auf jenen Höhen
Werden wir uns alle wiedersehen,
Freunde! Wo ein schönrer Tag
*   die Wolken bricht."*

Vater und Sohn (Rilke)

Im Oktober 1996, nachdem ich drei Wahlperioden lang Prorektorin und Rektorin der Universität Stuttgart gewesen war, hatte ich mir ein Freijahr verdient. Ich beschloß, den ersten Teil desselben, wenn irgend möglich, in St. Louis am International Writers Center zu verbringen und zusammen mit William H. Gass an seiner Übersetzung der *Duineser Elegien* zu feilen. Bill gefiel der Gedanke, und er fragte Charles Newman (der das Semester in New York verbrachte), ob er mir für sechs Wochen sein Apartment vermieten würde. Charles war dazu bereit, warnte Bill aber, daß sein Apartment etwas unordentlich sei.

Ich habe die Wohnung nie in ihrem ursprünglichen Zustand gesehen; was ich aber sah, waren die Kisten, die im Arbeitszimmer standen, in denen Bill vieles aus den verschiedenen Räumen verstaut und die er sehr sorgfältig beschriftet hatte. Jeden Abend, wenn ich in das Apartment zurückkehrte, war ich von neuem gerührt über Bills Liebesbeweis. Es waren sehr sehr viele Kisten.

In den einleitenden Bemerkungen zu seiner Studie *Reading Rilke: Reflections on the Problems of Translation*, die 1999 erschien, sagt William H. Gass, daß Rainer Maria Rilke ihm so nah sei wie nur je ein Mensch, weil ihn Rilkes Werk gelehrt habe, was wahre Kunst sei. Hätte ich Gass nicht schon geliebt und verehrt, bevor ich 1996 jene Wochen in St. Louis verbrachte – mit ihm zusammen Rilkes *Duineser Elegien* zu übersetzen und zu interpretieren, hätte mich gelehrt, ihn so zu lieben und zu verehren, wie er Rilke liebt und verehrt.

Unter anderem erschloß sich mir erst durch unsere Gespräche über jede einzelne Zeile der *Duineser Elegien,* in welche sublimen Höhen meine Muttersprache sich aufzuschwingen vermag, und auch, wie verführerisch sie sein kann. „Wer, wenn ich schriee, hörte mich denn aus der Engel / Ordnungen?" So beginnen die *Duineser Elegien*. „Who, if I cried, would hear me among the Dominions / of Angels?" hat William H. Gass übersetzt.

Rilke hätte sich keine Sorgen machen müssen, Gass hat seinen Ruf gehört. Will ich damit sagen, daß Gass einer von Rilkes Engeln ist, weil diese Engel nichts anderes sind als Verkörperungen dessen, was in der Sprache sublim ist? Ja und nein. Nicht nur.

How many of these waves have been
in me already. Some winds
seem my son.

Do you know me now, breeze, made of
*   my breath?*
You, who once were the smooth bark
and foliage round my words.[2]

Rainer Maria Rilke starb am 29. Dezember 1926. William H. Gass wurde am 30. Juli 1924 geboren. Er hätte gerade noch Rilkes Sohn sein können. Mit Sicherheit ist er durch Rilkes Genius inspiriert („Luft, du, voll noch einst meiniger Orte") – so als *wäre* er sein Sohn. Aber vielleicht ist Gass auch Rilkes Sohn im Sinne von William Wordsworths berühmter Zeile „The Child is father of the Man", denn wenn er Rilkes Dichtung übersetzt, erklärt er sie zugleich voll väterlicher Weisheit seinen amerikanischen Lesern.

So kann man William H. Gass vielleicht am besten als Rainer Maria Rilkes jüngeres Alter ego bezeichnen, eng mit ihm verbunden durch vergleichbare Sensibilität, Einsicht, Begabung. Eng mit ihm verbunden aber vor allem durch ihre gemeinsame Vorstellung vom Raum, Rilkes „Weltraum", dem Raum aller Dinge, welcher chronologisches Nacheinander in Gleichzeitigkeit auflöst.

„Raum. Wenn es nur ein Wort gäbe, dann wäre es 'Raum'. Der Raum der Dinge. Der Raum des Alls. Der Raum der Nacht, die durch durchlässige Fenster steigt, um an unserem Angesicht zu zehren. Der unsägliche Teppich, wo die Liebenden miteinander ringen. Der Schoß der Mutter. *Weltraum*. Nicht nur der Raum, wo sich die Einrichtungen der Welt befinden, sondern der Ort der Dinge selbst. Der Ort, der durch den Atem des Seins entsteht."

---

[2] *Wieviele von diesen Stellen der Räume waren schon / innen in mir. Manche Winde / sind wie mein Sohn. // Erkennst du mich, Luft, du, voll noch einst meiniger Orte? / Du, einmal glatte Rinde, / Rundung und Blatt meiner Worte.*

Rilke hatte viele ergebene Freunde, Bewunderer, Verehrer, sogar eine Ehefrau. Aber letztlich blieb er ihnen allen fern, weil er kein normales Leben führen wollte; er wollte das Leben eines Dichters leben. Er wollte nichts sein als Dichter, und ein Dichter braucht Distanz, um die Dinge sehen zu können, die er in Dichtung verwandelt. Eine zu große Nähe zu einer Person oder einem Ding hätte seine Dichtung unmöglich gemacht – so wie er es sah.

William H. Gass ist kein Dichter. Er ist Schriftsteller, Essayist, Philosoph, Übersetzer, Literaturkritiker, Professor, Fotograf, Träger vieler Preise, Gründer des International Writers Center, dessen Direktor er zehn Jahre lang war, ein Meister der amerikanischen Sprache – aber kein Dichter. Diesen Beruf und die sonst kaum je wieder erreichte Meisterschaft in der (deutschen) Sprache (nebst einigen Übersetzungen aus dem Französischen) überläßt er Rilke.

Als Gass *A Temple of Texts* zusammenstellte, dem er den Untertitel *Fifty Literary Pillars* gab, weil die fünfzig ausgewählten Texte wie Säulen den Tempel der Literatur tragen, da widmete er alle inneren Räume, das Sanctuarium, das Heiligste, Texten von Rainer Maria Rilke. Und der Gedanke überhaupt, einen *Tempel* der Literatur zu erstellen, muß als *hommage à* Rilke angesehen werden.

Als diese fünfzig Texte 1991 in der Olin Library der Washington University zur Eröffnung des International Writers Center ausgestellt wurden, verwandelten sie die Bibliothek in einen „Raum" der Kunst. Und Rilke war der Mittelpunkt dieses Raums. So schreibt Gass in *Reading Rilke:* „In der wahren Kunst kann man die Welt aus der Zeit herausnehmen und ihr einen Raum geben. Einen dauerhaften Raum. Denn *Rühmen, das ist's.*"

Ruhm braucht einen Raum, einen dauerhaften Raum. In ihm muß der Gegenstand des Ruhms mit Worten gestaltet werden, die ihrerseits in Schweigen eingebettet sind, um aus der Distanz Bewunderung erregen zu können. Gass, der Sohn, will diesen Raum des Ruhms für Rilke, den Vater, erschaffen. Das ist die Bedeutung der Tempel-Metapher. Im Raum, nicht in der Zeit, definiert Gass Distanz und Nähe zwischen Rilke und sich selbst.

Was aber sagt uns diese einmalige Vater-Sohn-Beziehung? Welche Konsequenzen für den Leser hat sie? Drei fallen ins Auge:

Erstens (und das ist der wichtigste Punkt) beweist sie, daß es wahre Kunst gibt und daß sie, in Gass' Worten, „einem ganzen Leben Bedeutung verleihen kann". Heißt dies also, daß Gass Rilkes Dichtung als „klassisch" einstuft – ein Gedanke, den Rilke zweifelsohne geschätzt hätte?

Die üblichste Definition eines klassischen Textes ist, daß er zeitresistent ist, gelesen und wieder gelesen wird, erinnert und wieder und wieder zitiert. Doch diese Eigenschaft des klassischen Texts entfernt ihn auch von seinem Leser, macht ihn zwar verehrungswürdig, aber nicht aufregend, fordernd, revolutionär, besser: prophetisch.

Klaus Mann meinte 1927, daß Rilkes *Duineser Elegien* und *Sonette an Orpheus* vorzüglich Ausdruck ihrer eigenen Zeit seien: „Was sie ausdrücken, (...) ist vielmehr an dieser Zeit das Zukünftigste, Neueste, Beste." Auch für Gass, wie für Klaus Mann, sind Rilkes Texte nicht klassisch, sondern existentiell, sie appellieren nicht an den Verstand, sondern an das Herz. Diese Qualität behalten sie auch im 21. Jahrhundert.

William H. Gass ist Zeuge für die energiespendende Kraft von Rilkes Dichtung, und er ist dies sein Leben lang gewesen – selbst in Zeiten, als Rilkes Dichtung in Deutschland nahezu vergessen war (obwohl deutsche Soldaten in ihrem Rucksack manchmal einen Band Rilke dabeihatten), denn der Eindruck seiner Dichtung war fast ausgelöscht worden durch die politischen Ereignisse, die beinahe unmittelbar überhandgenommen hatten, nachdem Klaus Mann seine preisenden Worte geschrieben hatte.

Gass hat somit nicht nur ein Leben lang Rilkes Worte in seinem Herzen bewahrt, er hat dazu beigetragen, daß sie im Ausland als deutsche Dichtung weiterlebten.

Zweitens beweist Gass' risikoträchtige Nähe zu dem Dichter seines Herzens, daß Rilkes Engel wahre Gestalten sind:

... And even if one of them suddenly
held me against his heart, I would fade
                    in the grip
of that completer existence – a beauty
                    we can barely
endure, because it is nothing but
                    terror's herald;
and we worship it so because it
                    serenely disdains
to destroy us. Every Angel is awesome.[3]

Ein Engel bedeutet das Schöne, das uns in Schrecken versetzt, weil wir sterben möchten, um ihm nahe zu sein, und dennoch wissen, daß wir ihm nicht gewachsen sind. Darum ist der Engel, was die Dichter früherer Jahrhunderte – in Ermangelung eines besseren Wortes – das Sublime nannten. Aber sie suchten das Sublime in der Natur. Für Rilke und Gass jedoch ist der Engel das Sublime im „Weltinnenraum". Es ist der Ruf der Dinge, die uns wissen lassen wollen, daß sie da sind, die sterben möchten, um Teil unseres Bewußtseins zu werden, die sterben möchten, um – Sprache zu werden. Das Sublime ist Über-setzung, Trans-lation, Trans-figuration.

Gass' Sprache mag weniger preziös, überwältigend oder aristokratisch sein als Rilkes, schärfer und witziger, umfassend demokratisch, eine Sprache, die ihre Bilder aus allen Bereichen des Lebens bezieht – doch letztlich ist sie genauso präzise, genauso anspruchsvoll wie Rilkes. Denn nur eine solche Sprache kann dem Engel Genüge tun, sie ist der einzige Schild, den der Mensch besitzt, um sich gegen den Schrecken und die Schönheit des Lebens zu verteidigen, und der einzige Weihrauch, den der Engel akzeptiert, eine Weile gelassen verschmähend, uns zu zerstören.

Und schließlich beweist das Vater-Sohn-Verhältnis zwischen Rilke und Gass, daß alle großen Werke autobiographisch sind, in dem Sinne, daß sie mit Herzblut geschrieben sind. In *Reading Rilke* beschreibt Gass, wie Rilke gegen Ende seines Lebens einige Rosen in seinem Garten brach, zu Ehren einer Besucherin, der ägyptischen Schönheit Nimet Eloui. Dabei verletzte ein Dorn seine Hand, und die Wunde wollte nicht heilen. Rilke hatte schon lange an Leukämie gelitten, aber er sprach jetzt gern davon, daß er an dieser Rosen-Wunde sterben würde. Für den wahren Künstler muß das Leben allmählich zur Kunst werden.

Zu seinem 80. Geburtstag wünsche ich William H. Gass einen Sturm der Inspiration wie denjenigen, den Rainer Maria Rilke 1922 erlebte, als er in weniger als einem Monat die *Duineser Elegien* abschloß und *Die Sonette an Orpheus* schrieb.

Aber was immer auch Gass' zukünftiges Werk noch umfassen wird, er hat sich bereits seinen Platz im Haus (oder Tempel) der Literatur gesichert, und dieser Platz wird – seinem Herzenswunsch entsprechend – nahe bei dem Rainer Maria Rilkes sein.

---

[3] *... und gesetzt selbst, es nähme / einer mich plötzlich ans Herz: ich verginge von seinem / stärkeren Dasein. Denn das Schöne ist nichts / als des Schrecklichen Anfang, den wir noch grade ertragen, / und wir bewundern es so, weil es gelassen verschmäht, / uns zu zerstören. Ein jeder Engel ist schrecklich.*

William H. Gass
Emma betritt einen Satz von Elizabeth Bishop
englisch / französisch / deutsch

Ingo Schulze ist davon überzeugt, daß sich bei William H. Gass die Grenze zwischen Prosa und Lyrik auflöst. Könnte man seine metaphorische Sprache denn anders als poetisch bezeichnen? Heide Ziegler dagegen meint, Gass sei alles – Schriftsteller, Essayist, Philosoph und vieles andere mehr – nur kein Dichter.

Der nachfolgende Ausschnitt aus William H. Gass' Cartesian Sonata, *„Emma Enters a Sentence of Elizabeth Bishop's", demonstriert, daß möglicherweise beide recht haben. Denn für Gass ist Dichtung ein philosophisches Phänomen. Indem Emma Bishop, die dem Leben entfliehen und in einem Gedicht von Elizabeth Bishop liebend ersterben will, die Wirklichkeit schrittweise mehr und mehr leugnet, läßt ihr Autor, der allein sie liebt und versteht, Emmas Leben zunehmend zur Dichtung werden ...*

EMMA WAS AFRAID OF ELIZABETH BISHOP. Emma imagined Elizabeth Bishop lying naked next to a naked Marianne Moore, the tips of their noses and their nipples touching; and Emma imagined that every feeling either poet had ever had in their spare and spirited lives was present there in the two nips, just where the nips kissed. Emma, herself, was ethereally thin, and had been admired for the translucency of her skin. You could see her bones like shadows of trees, shadows without leaves.

Perhaps she should have been afraid of Miss Moore instead of Miss Bishop, because Emma felt threatened by resemblance – mirrors, metaphors, clouds, twins – and Miss Moore was a tight-thighed old maid like herself; wore a halo of ropey hair and those low-cut patent leather shoes with the one black strap which Emma favored, as well as a hat as cockeyed as an English captain's, though not in the house, as was Emma's habit; and wrote similitudes which Emma much admired but could not in all conscience approve: that the mind's enchantment was like Gieseking playing Scarlatti ... what a snob Miss Moore was; that the sounds of a swiftly strummed guitar were – in effect – as if Palestrina had scored the three rows of seeds in a halved banana ... an image as precious as a ceramic egg. Anyway, Gieseking was at his best playing a depedaled Mozart. Her ears weren't all wax, despite what her father'd said.

When you sat in the shadow of a window, and let your not-Miss-Moore's-mind move like a slow spoon through a second coffee, thoughts would float to view, carried by the current in the way Miss Bishop's river barges were, and they would sail by slowly too, so their cargoes could be inspected, as when father yelled „wax ear" at her, his mouth loud as a loud engine, revving to a roar. All you've done is grow tall, he'd say. Why didn't you grow breasts? You grew a nose, that long thin chisel chin. Why not a big pair of milkers?

Emma'd scratch her scalp until it bled and dandruff would settle in the sink or clot her comb; the scurf of cats caused asthma attacks; Elizabeth Bishop was short of breath most of the time; she cuddled cats and other people's children; she was so often suffocated by circumstance, since a kid, and so was soon on her back in bed; that's where likeness led, like the path into the woods where the witch lived.

Perhaps Emma was afraid of Elizabeth Bishop because she also bore Bishop as her old maid name. Emma Bishop – one half of her a fiction, she felt, the other half a poet. Neither half an adulteress, let alone a lover of women. She imagined Elizabeth Bishop's head being sick in Emma's kitchen sink. Poets ought not to puke. Or injure themselves by falling off curbs. It was something which should have been forbidden any friend of Marianne Moore. Lying there, Emma dreamed of being in a drunken stupe, of wetting her eraser, promising herself she'd be sick later, after conceiving one more lean line, writing it with the eraser drawn through a small spill of whiskey like the trail ... the trail ...

In dawn dew, she thought, wiping the line out with an invented palm, for she knew nothing about the body of Elizabeth Bishop, except that she had been a small woman, round-faced, wide-headed, later inclined to be a bit stout, certainly not as thin as Emma – an Emma whose veins hid from the nurse's needle. So it was no specific palm which smeared the thought of the snail into indistinctness on the tabletop, and it was a vague damp, too, which wet Miss Bishop's skin.

Emma was afraid of Elizabeth Bishop because Emma had desperately desired to be a poet, but had been unable to make a list, did not know how to cut cloth to match a pattern, or lay out night things, clean her comb, where to plant the yet-to-be-dismantled ash, deal with geese. She looked out her window, saw a pigeon clinging to a tree limb, oddly, ill, unmoving, she. the cloud

Certain signs, certain facts, certain sorts of ordering, maybe, made her fearful, and such kinds were common in the poetry of Elizabeth Bishop; consequently most of Elizabeth Bishop's poems lay unseen, unsaid, in her volume of Bishop's collected verse. Emma's eye swerved in front of the first rhyme she reached, then hopped ahead, all nerves, fell from the page, fled. the bird

So she really couldn't claim to have understood Elizabeth Bishop, or to have read Elizabeth Bishop's poems properly, or fathomed her friend Marianne Moore either, who believed she was better than Bishop, Emma was sure, for what was the way the world went, friend overshading friend as though one woman's skin had been drawn across the other's winter trees. a cloud

How had she arrived here, on a drift? to sit still as pigeon on a kitchen stool and stare the window while no thoughts came or went but one of Moore or two of Bishop and the hard buds of their breasts and what it must have meant to have been tongued by a genius.

She would grow thin enough to say „I am no longer fastened to this world; I do not partake of it; its furniture ignores me; I eat per day a bit of plainsong and spoon of common word; I do not, consequently, shit, or relieve my lungs much, and I weigh on others little more than shade on lawn, and on memory even less." She was, in fact, some several months past faint.

Consequently, on occasion, she would swoon as softly as a toppled roll of Christmas tissue, dressed in her green chemise, to wake later, after sunset, lighter than the dark, a tad chilly, unmarked, bones beyond brittle, not knowing where

or how she had arrived at her decision to lie down in a line of verse and be buried there; that is to say, be born again as a simple set of words, „the bubble in the spirit-level." So, said she to her remaining self, which words were they to be? grave behaving words, map signs

That became Miss Emma Bishop's project: to find another body for her bones, bones she could at first scarcely see, but which now were ridgy, forming W's, Y's, and Z's, their presence more than circumstantial, their presence more than letters lying overleaf.

She would be buried in a book. Mourners would peer past its open cover. A made-up lady wipes her dark tears on a tissue. Feel the pressure of her foot at the edge of the page? see her inhale her sorrow slowly as though smelling mint? she never looked better, someone will say. heaven sent

Denial was her duty, and she did it, her duty; she denied herself; she refused numbering, refused funds, refused greeting, refused hugs, rejected cards of printed feeling; fasted till the drapes diaphanated and furniture could no longer sit a spell; said, „I shall not draw my next breath." Glass held more heaviness than she had. Not the energy of steam, nor the wet of mist, but indeed like that cloud we float against our specs when we breathe to clean them. Yet she was all care, all

Because now, because she was free of phlegm, air, spit, tears, wax, sweat, snot, blood, chewed food, the least drool of excrement – the tip of the sugar spoon had been her last bite – her whole self saw, the skin saw, the thin gray yellow hair saw, even the deep teeth were tuned, her pores received, out came in, the light left bruises where it landed, the edge of the stool as she sat cut limb from thigh the was a wire passes the flesh of cheese, and pain passed through her too like a cry through a rented room. Because she had denied herself everything – life itself – life knew she was a friend, came near, brought all

Ask nothing. You shall receive

She was looking at the circular pull on the window's shade, her skin was drawn, her fingers felt for it, her nose knew, and it was that round hole the world used to trickle into her. With Emma down to her E, there was plenty of room, and then she, she would, she would slip into a sentence, her snoot full of substance, not just smell, not just of coffee she hadn't cupped in a coon's age, or fresh bread from back when, or a bit of peony from beside a broken walk, but how fingers felt when they pushed a needle through a hoop of cloth, or the roughness of unspread toast, between her toes a memory of being a kid, the summer's sunshine, hearty as a hug, flecks of red paper blown from a firecracker to petal a bush, the voices of boys, water running from a hose, laughter, taunts, fear they would show her something she didn't want to know

red rows the clapboard shells her reading eye slid swallowing solemnly as if she'd just been told of someone's love, not for her, no, for the sea nearby in Bishop's poems, a slow wash of words on a beach hissing like fat in the flame, brief flare-up before final smoke

Aunts trying hats on, paper plates in their laps – no – dog next door barking in his sleep, how about that? the flute, the knife, the shrivelled shoes I spell against my will with to l's, how about that? her ear on the pull, the thread-wrapped ring, swell of sea along sunsetted shore, Maine chance, I'm now the longing that will fill that line when I lie down inside it, me, my eye, my nips, fingertips, yes, ribs and lips alined with

Moore's, whose hats, maybe, were meant in the poem, the poem, the poem about the anandrous aunts, exemplary and slim, avernal eyed, shaded by brim, caring for their cares, protecting their skin. a cloud

EMMA AVAIT PEUR D'ELIZABETH BISHOP. Emma s'imaginait Elizabeth Bishop étendue nue à côté d'une Marianne Moore nue, le bout de leur nez et les bouts de leur seins se touchant; et Emma s'imaginait que chaque sentiment jamais ressenti par les deux poètes au cours de leurs vies frugales et fougueuses était présent, là, dans ces deux tétons, juste à l'endroit où ces tétons se baisaient. Emma, quant à elle, était d'une maigreur éthérée, et sa peau translucide avait fait l'objet d'amiration. On distinguait ses os, pareils à des ombres d'arbres, des ombres dépourvues de feuilles.

Peut-être aurait-elle plutôt dû avoir peur de Miss Moore que de Miss Bishop, vu qu'Emma se sentait menacée par la ressemblance – miroirs, métaphores, nuages, jumelles – et que Miss Moore, comme elle, était une vieille fille aux cuisses serrées; qu'elle portait en halo les cordes de sa chevelure, ces chaussures basses en cuir verni, fermées d'une unique bride, auxquelles allait la préférence d'Emma, ainsi qu'un chapeau tout aussi de guinguois que celui d'un capitaine anglais, mais pas lorsqu'elle était chez elle, à la différence d'Emma; qu'elle écrivait aussi des similitudes qu'Emma admirait beaucoup mais ne pouvait en conscience approuver: que les enchantements de l'esprit ressemblaient à Gieseking interprétant Scarlatti … quelle snob, cette Miss Moore; que les sons d'une guitare vivement grattée évoquaient – à dire vrai – Palestrina inscrivant une triple rangée de graines sur la partition d'une demi-banane … image aussi précieuse qu'un œuf en céramique. Enfin bon, Gieseking était à son meilleur lorsqu'il interprétait Mozart sans agir sur la pédale. Les oreilles d'Emma n'étaient pas que de cire, en dépit de ce que lui avait dit son père.

Lorsque vous demeuriez assise dans l'ombre d'une fenêtre, et laissiez votre pensée-qui-n'était-pas-Miss-Moore tourner comme tourne lentement la cuiller dans votre deuxième café, des pensées chevauchaient le courant sous vos yeux, emportées comme l'étaient les péniches de Miss Bishop, et elles passaient lentement, de sorte qu'on pût en inspecter le chargement, comme quand père lui avait hurlé „Oreilles de cire!" d'une bouche aussi bruyante qu'un bruyant moteur, rugissant sous l'effet du régime. Tu n'as fait que monter en graine, lui disait-il. Pourquoi tu t'es pas fait pousser des seins? Tu t'es bien fait pousser un nez, et puis ce long menton maigre en gouge. Pourquoi pas une grosse paire de lolos?

Emma se grattait le cuir chevelu à en saigner et des pellicules atterrissaient dans l'évier ou encrassaient son peigne; les dartres des chats lui causaient des crises d'asthme; Elizabeth Bishop était la plupart du temps à bout de souffle; elle câlinait les chats et les enfants des autres; depuis l'enfance, les événements la faisaient si souvent suffoquer qu'elle regagnait bientôt son lit; voilà où menait la similitude, tel le sentier qui conduit dans les bois où vivait la sorcière.

Peut-être Emma craignait-elle Elizabeth Bishop parce qu'elle avait aussi Bishop pour nom de vieille fille. Emma Bishop – la moitié d'elle était fiction, l'autre moitié était poète. Aucune des deux moitiés n'était une adultère, encore moins une femme amoureuse des femmes. Elle s'imaginait la tête d'Elizabeth Bishop en train de vomir dans l'évier de la cuisine d'Emma. Les poètes, ça ne devrait pas gerber. Ni se blesser en tombant du trottoir. C'était quelque chose qui aurait dû être interdit à toute amie de Marianne Moore. Allongée là, Emma rêvait qu'elle baignait dans les vapeurs d'alcool, qu'elle mouillait sa gomme, se promettant de ne vomir que plus tard, lorsqu'elle aurait conçu un nouveau vers étique, l'aurait écrit en traînant sa gomme dans une petite flaque de whisky comme la trace d'un … la trace d'un …

Dans la rosée de l'aube, se dit-elle, en effaçant son vers d'une paume inventée, car elle ne savait rien du corps d'Elizabeth Bishop, à part que ç'avait été une femme petite, visage rond et tête large, tendant, plus tard, à un peu d'embonpoint, certainement pas aussi mince qu'Emma – une Emma dont les veines fuyaient l'aiguille de l'infirmière. Ce ne fut donc pas une paume particulière qui réduisit la pensée de l'escargot à une indistincte tache sur le dessus de la table, et ce fut de même une humidité vague qui mouilla la peau de Miss Bishop.

Emma avait peur d'Elizabeth Bishop parce qu'Emma avait désespérément souhaité être poète, mais s'était montrée incapable de dresser une liste, ne savait pas comment on découpe le tissu pour correspondre à un patron, ni préparer ses effets du soir, ou nettoyer son peigne, où enterrer la cendre pas encore désagrégée, ni s'occuper des oies. Elle regarda par la fenêtre, vit un pigeon escalader une branche d'arbre, bizarrement, malade, immobile, elle. le nuage

Certains signes, certains faits, certaines formes d'ordre, peut-être, faisaient naître sa crainte, or de telles choses étaient courantes dans la poésie d'Elizabeth Bishop; en conséquence, la plupart des poèmes d'Elizabeth Bishop demeuraient dissimulés au regard, privés de voix, dans son volume des poèmes complets de Bishop. L'œil d'Emma broncha devant la première poésie qu'elle atteignit, puis bondit plus avant, tout en nerfs, tomba de la page, et s'enfuit. l'oiseau

Elle ne pouvait donc pas vraiment prétendre avoir compris Elizabeth Bishop, ni avoir lu convenablement les poèmes d'Elizabeth Bishop, ni réellement pénétré non plus son amie Marianne Moore, qui se croyait meilleure que Bishop, Emma en était sûre, car c'est ainsi qu'il en allait du monde, l'amie faisant ombre à l'amie, comme si la peau d'une femme avait été tirée sur les arbres hivernaux de l'autre. un nuage

Comment était-elle arrivée ici, au terme de quelle dérive? pour demeurer immobile, pigeon perché sur un tabouret de cuisine, et regarder par la fenêtre alors que nulle pensée ne lui traversait l'esprit, hormis une de Moore, ou deux de Bishop, les boutons durcis de leurs seins, et ce que cela avait pu représenter de se faire lécher par un génie.

Elle maigrirait assez pour dire „Nulle attache ne me relie plus à ce monde; je n'y prends aucune part; son ameublement m'ignore; je mange chaque jour un petit bout de chant, une cuillerée de mots ordinaires; par voie de conséquence, je ne chie plus, et ne m'éclaircis pas souvent les poumons, je ne pèse guère plus sur les autres que ne le fait l'ombre sur la pelouse, et moins encore sur la mémoire." A vrai dire, il y avait plusieurs mois qu'elle s'était évanouie.

Par voie de conséquence, à l'occasion, elle tombait en pâmoison avec la mollesse d'un rouleau de papier de soie qui bascule, vêtue de sa chemise verte, pour s'éveiller plus tard, passé le coucher du soleil, plus claire que l'obscurité, un tantinet transie, sans marque aucune, toute fragilité ayant quitté ses os, sans savoir où

ni comment elle était parvenue à sa décision de s'étendre dans un vers, pour s'y ensevelir; renaître, en d'autres termes, sous la forme d'un simple assemblage de mots, „la bulle d'air d'un niveau". Alors, dit-elle à ce qui restait d'elle-même, quels devaient être ces mots? des mots graves et convenables, les signes d'une carte

Cela devint le projet de Miss Emma Bishop: trouver un autre corps pour ses os, des os qu'elle eut d'abord peine à discerner mais qui désormais faisaient des crêtes, formaient des *W,* des *Y* et des *X,* dont la présence échappait aux simples circonstances, dont la présence était plus que des lettres au verso de la page.

Elle serait ensevelie dans un livre. Des pleureurs glisseraient un regard entre la couverture et ses premières pages. Maquillée, une dame essuie ses sombres pleurs d'un mouchoir en papier. Vous sentez la pression de son pied sur le bord du feuillet? vous la voyez lentement inhaler son chagrin comme on renifle un brin de menthe? jamais elle n'a eu meilleure mine, dira quelqu'un. don du ciel

Son devoir, c'était le refus, et ce devoir, elle l'accomplit; elle se nia elle-même; elle refusa les comptes, elle refusa les fonds, elle refusa l'accueil, refusa les étreintes, elle rejeta les cartes de sentiment imprimé; elle jeûna jusqu'à ce que les rideaux se fissent diaphanes et que les meubles ne pussent plus s'asseoir un peu tranquilles; elle dit: „Mon prochain souffle ne passera pas mes lèvres." Le verre recelait plus de lourde densité qu'elle. Pas l'énergie de la vapeur, pas l'humidité de la brume, mais plutôt quelque chose comme le nuage que nous faisons voguer à la surface de nos lunettes lorsque nous soufflons dessus pour les nettoyer. Elle était, néanmoins, toute souci, toute

Parce qu'à présent, dans la mesure où elle était libre de mucus, d'air, de salive, de pleurs, de cire, de sueur, de morve, de sang, de nourriture mâchée, de la moindre bavure d'excrément – l'extrémité de la cuiller à sucre ayant constitué son ultime bouchée – tout son être voyait, la peau voyait, les rares cheveux gris jaune voyaient, même ses dents profondes étaient à l'unisson, ses pores accueillaient, le dehors venait au dedans, la lumière laissait des bleus aux endroits où elle se posait, le rebord du tabouret où elle était assise séparait le membre de la cuisse à la manière dont un fil traverse la chair du fromage, et la douleur aussi la traversait, comme un cri fait d'une chambre louée. Parce qu'elle s'était tout refusé – jusqu'à la vie— la vie la savait amie, se faisait toute proche, apportait tout

Ne demandez rien et il vous sera donné

Elle regardait l'anneau du rideau qui s'enroule, sa peau était tendue, ses doigts cherchaient à la palper, son nez savait, et c'était ce trou rond que le monde employait pour s'écouler en elle. Emma étant réduite à son *E,* il y avait abondance de place, et c'est alors qu'elle, oui, oui, pour de bon, c'est alors qu'elle se glissait dans une phrase, le museau empli de matière, pas seulement d'odeur, pas seulement du café dont elle n'avait pas empli une tasse depuis belle lurette, du pain frais du vieux temps où, ni d'un fragment de pivoine cueilli au bord d'une allée aux dalles éclatées, mais de la sensation de ses doigts poussant une aiguille au travers d'un cerceau de tissu, ou de la rugosité du pain grillé sans beurre, et entre ses orteils le souvenir d'avoir été gosse, le soleil de l'été, chaleureux comme une embrassade, de petits morceaux de papier rouge éjectés d'un pétard pour aller fleurir un buisson, des voix de garçons, l'eau qui coule d'un tuyau, rires, défis, crainte qu'ils ne lui montrent quelque chose qu'elle n'avait pas envie de savoir

Alignements rouges bardeaux coquillages lisait son œil en glissant avalant solennel comme si on venait de lui parler de l'amour de quelqu'un, pas pour elle, non, pour la mer toute proche dans les poèmes de Bishop, lent ressac de mots sur une plage grésillant comme gras à la flamme, soudain et bref embrasement avant la fumée finale

Tantes qui essaient des chapeaux, assiettes en papier sur les genoux – non – chien du voisin qui aboie dans son sommeil, ça va, ça ? la flûte, le couteau, les chaussures ratatinées que contre mon gré j'épelle avec d'uniques *t*, et ça, ça va ? son oreille collée à la tirette ronde, cet anneau enveloppé de fil, houle de mer le long d'une côte sous couchant, veine du Maine, je suis désormais le désir qui emplira ce vers lorsque je m'étendrai dedans, moi, mon œil, mes tétons, les bouts de mes doigts, oui, alignés sur ceux de Moore, dont les chapeaux, peut-être, étaient signifiés dans le poème, le poème, le poème sur ces tantes anandriques, exemplaire et minces, aux yeux d'Averne, ombrées de visières, soucieuses de leurs soucis, se protégeant la peau. un nuage

Französisch von Marc Chénetier

EMMA FÜRCHTETE SICH VOR ELIZABETH BISHOP. Emma stellte sich Elizabeth Bishop nackt vor, wie sie neben einer nackten Marianne Moore lag, die Spitzen ihrer Nasen und Brüste in Berührung; und Emma stellte sich vor, daß bei den beiden Dichterinnen jedes in ihrem knappen und vergeistigten Leben empfundene Gefühl in die beiden Brustwarzen gestiegen war, genau dort, wo sie sich in den Mund nahmen. Was Emma anging, so war sie ätherisch ausgezehrt, und man hatte sie für die edle Blässe ihrer Haut bewundert. Ihre Knochen schienen durch wie Schatten von Bäumen, keinerlei Blätter in den Schatten sichtbar.

Vielleicht hätte sie sich statt vor Miss Bishop vor Miss Moore fürchten sollen, weil nämlich Emma sich durch Ähnlichkeit bedroht fühlte – durch Spiegel, Metaphern, Wolken, Zwillinge –, und Miss Moore war eine alte Jungfer wie sie selber, die ihre Schenkel nicht auseinanderbrachte; sie trug das Gesicht umkränzt von steif abstehendem schnurartigen Haar und die bewußten, tief ausgeschnittenen Lackschuhe mit dem einen schwarzen Schließriemen, die Emma am meisten zusagten, ebenso einen Hut, so verwegen schräg sitzend wie der eines englischen Kapitäns, obschon der nicht im Haus getragen wurde, das Tragen von Kapitänshüten dort war Emmas Privileg; und die Miss schrieb sinnfällige Parabeln, von Emma sehr bewundert, nicht aber reinen Gewissens für gut befunden: daß des Verstandes Entzücken etwas sein sollte, das Giesekings Scarlattispiel ähnelte ... welch ein Snob war Miss Moore; daß die Laute einer rasch mal angeschlagenen Gitarre so wirkten – als seien die drei Samenreihen in einer halben Banane von Palaestrina orchestriert worden ... ein Bild so erlesen wie ein russisches Fabergé-Ei. Gieseking war ja dann am besten, wenn er seinen Mozart ohne Pedale spielte. Ihre Ohren waren doch mehr als Wachsstöpsel, trotz ihres Vaters dahin gehender Behauptung.

Wenn man im Schatten eines Fensters saß und seinen nicht-Miss-Mooreschen Verstand kreisen ließ wie einen langsamen Löffel in einer zweiten Tasse Kaffee, tauchten Gedanken vor dem inneren Auge auf, von der Strömung getragen, so wie Miss Bishops Barken, und auch die trieben langsam vorbei, so daß ihre Ladung inspiziert werden konnte, genau wie ihr Vater sie mit „Du Ohrstöpsel!" anschrie, sein Mund so laut wie eine angekickte Maschine, hochfahrend zu einem Röhren. Rasch zu wachsen, ist immer deine einzige Leistung gewesen, so sein ständiger Spruch. Warum hast du dir keine Brüste wachsen lassen? Du gabst dir eine Nase, das lange dünne Meißel-Kinn. Warum kein großes Paar Zitzen?

Emma kratzte sich die Kopfhaut auf, bis sie blutete, und Schuppen lagerten sich im Spülbecken ab oder klebten in Klümpchen an ihrem Kamm, Katzenschorf verursacht Asthmaanfälle; Elizabeth Bishop war die meiste Zeit kurzatmig; sie knutschte Katzen und anderer Leute Kinder; oft kämpfte sie wie beiläufig mit dem Ersticken, schon von Kind auf, und lag darum rasch immer wieder rücklings auf dem Bett; dort führte die Ähnlichkeit hin, wie der Pfad in den Wald, wo die Hexe wohnt.

Vielleicht fürchtete sich Emma vor Elizabeth Bishop, weil ihr altjüngferlicher Name gleichfalls Bishop lautete. Emma Bishop – ihre eine Hälfte, fand sie, war eine Fiktion, die andere eine Dichterin. Keine der Hälften ging fremd, geschweige denn mit Frauen. Sie stellte sich den von Übelkeit befallenen Kopf Elizabeth Bishops in Emmas Küchenspüle vor. Dichterinnen sollten nicht kotzen. Oder sich verletzen, wenn sie über Bordsteine torkelten. So etwas sollte jeder Freund Marianne Moores längst verboten haben. Als sie so dalag, träumte Emma von dem Zustand einer berauschten Betäubung, dem Befeuchten ihres Radiergummis, gab sich das Versprechen, mit dem Krankwerden noch etwas abzuwarten, nachdem sie eine weitere schlanke Zeile entworfen und mit dem durch eine kleine Whiskeyspur gezogenen Gummi notiert hatte, wie die Spur ... die Spur ...

Im Morgentau, dachte sie und wischte die Spur mit einer erfundenen Handfläche weg, denn sie wußte nichts über Elizabeth Bishop, außer daß sie eine kleine Frau gewesen war, rundgesichtig, breitköpfig, mit einer späteren Neigung zu Korpulenz, sicher nicht so dünn wie Emma – eine Emma, deren Venen vor der Nadel der Krankenschwester zurückwichen. So war es keine spezifische Handfläche, die den Gedanken an die Schnecke auf der Tischfläche bis zur Unkenntlichkeit zerrieb, und es war eine unbestimmte Feuchtigkeit, die Miss Bishops Haut überzog.

Emma fürchtete sich vor Miss Bishop, weil Emma verzweifelt gern eine Dichterin geworden wäre, aber unfähig gewesen war, eine Liste aufzustellen, nicht wußte, wie man Stoff nach einem Muster zuschneidet oder Nachtwäsche präsentabel auslegt, wie man den Kamm reinigt, nicht wußte, wo man die später dann gefällte Esche hinpflanzen sollte, wie man mit Gänsen umging. Sie sah zum Fenster hinaus, sah eine Taube an einen Ast gekrallt, eigentümlich, krank, starr, sie. die Wolke

Gewisse Zeichen, gewisse Tatsachen, gewisse Ordnungsprinzipien schüchterten sie womöglich ein, und solche Phänomene zogen sich durch Elizabeth Bishops Dichtung; als Folge davon lagen die meisten von Elizabeth Bishops Gedichten ungelesen, ungesprochen in ihrem Band der gesammelten Lyrik Elizabeth Bishops. Emmas Auge schweifte ab, noch vor dem ersten Vers, auf den sie stieß, hüpfte dann weiter, ganz Nerven, fiel von der Buchseite, flüchtete. der Vogel

So konnte sie wirklich nicht behaupten, Elizabeth Bishop verstanden oder Elizabeth Bishops Gedichte zutreffend gelesen oder sich deren Freundin Marianne Moore zutreffend vorgestellt zu haben, letztere glaubte, sie sei besser als Bishop, Emma war sich dessen sicher, das war nämlich der Lauf der Welt, Freundin stand Freundin im Licht, als wäre die Haut der einen Frau über der anderen Winterbäume gezogen worden. eine Wolke

Wie hatte sie bis hierhin abtreiben können? Still sitzen wie eine Taube auf einem Küchenschemel und das Fenster anstarren, dabei kamen, gingen keine Gedanken – bis auf einen an Moore und zwei an Bishop, dann an die harten Knospen ihrer Brüste und was es bedeutet haben mußte, darauf die Zunge eines Genies zu spüren.

Sie würde dünn genug werden, um sagen zu können: „Ich bin nicht länger an diese Welt gefesselt; sie ist mir abhanden gekommen; ihr Mobiliar ignoriert mich; meine Tagesration ist ein bißchen Gregorianischer Cantus planus und ein Löffel voll Alltagssprache; folgerichtig kacke ich nicht, noch blase ich meine Lungen kräftig aus, und auf anderen laste ich kaum schwerer als Schatten auf Rasen, rückblickend sogar noch weniger." Es war ja nun schon mehrere Monate her, daß sie zum letzten Mal in Ohnmacht gefallen war.

Folglich schwankte sie ab und zu in ihrem grünen Unterrock noch leicht wie eine aus dem Gleichgewicht gebrachte Rolle Weihnachtspapier, um später, nach der

Abenddämmerung, wieder aufzuwachen, heller und leichter als das Dunkel, ein kleines bißchen frierend, ohne äußere Kennzeichen, die Knochen nicht mehr bruchgefährdet, nicht wissend, wo

oder: wie sie zu ihrem Entschluß gelangt war, sich in einer Gedichtzeile niederzulegen und sich dort begraben zu lassen; dies hieß, wiedergeboren zu werden als eine einfache Wortfolge, „eine Seifenblase auf Verstandesebene". Nun, sagte sie zu dem, was von ihrem Ich übrig war, welche Wörter sollten das sein? Ernste, wohlerzogene Wörter, Zeichen auf einer Landkarte.

Dies wurde zu Miss Emma Bishops Projekt: für ihre Knochen einen anderen Körper zu finden; Knochen, die sie zunächst kaum sehen konnte, die aber jetzt mit großen Risten hervorstanden, *W*s, *Y*s und *Z*s bildeten, ihr Dasein mehr als zufällig, ihre Gegenwart drängender als Buchstaben, die erst auf der nächsten Seite lagen.

Sie würde in einem Buch begraben werden. Die Trauergemeinde würde den Blickkontakt mit dem offenen Buchdeckel vermeiden. Eine stark geschminkte Frau wischt ihre schwarzen Tränen mit einem Tuch ab. Fühlen Sie den Druck ihres Fußes am Seitenrand? Sehen Sie sie ihren Kummer einschniefen wie durch ein aromatisiertes Pfefferminzpastillchen? Nie sah sie besser aus, wird jemand sagen. Vom Himmel gesandt

Zu leugnen war ihre Pflicht, und sie kam ihr nach, der Pflicht; sie verleugnete sich. Sie verweigerte sich dem Zählen, finanzieller Unterstützung, verweigerte Begrüßungen, verweigerte Umarmungen, verweigerte Karten mit gedruckten Gefühlen; fastete, bis die Vorhänge fadenscheinig wurden und die Möbel ihre Zeit nicht mehr aussitzen konnten; sagte: „Ich werde jetzt kein einziges Mal mehr atmen." Glas war von höherem Gewicht als jetzt sie. War keine Dampfenergie, keine Nebelnässe, sondern tatsächlich wie der Beschlag, den wir auf unsere Brillengläser hauchen, um sie zu reinigen. Dennoch war sie ganz Sorge, ganz

Jetzt, da sie frei war von Phlegma, Luft, Spucke, Tränen, Wachs, Schweiß, Rotz, Blut, gekauter Nahrung, dem kleinsten Würstchen Exkrement – der Spitze des Zukkerlöffels hatte ihr letzter Biß gegolten –, bekam ihr ganzes Ich Augen, ihre Haut konnte sehen, das dünne graue gelbe Haar sah, sogar die eingefallenen Zähne waren darauf eingestimmt, ihre Poren waren Rezeptoren, das Draußen kam rein, das Licht hinterließ Verletzungen dort, wo es auftraf, der Rand des Stuhls, worauf sie saß, schnitt Unter- von Oberschenkel, so wie ein Draht durch das Fleisch des Käses schneidet, und Schmerz fuhr auch durch sie wie ein Schrei durch ein Mietzimmer. Weil sie sich allem vorenthalten hatte – dem Leben selbst –, wußte das Leben, daß sie ein Freund war, kam näher, brachte ihr alles

Verlange nichts, man wird dir geben

Sie sah auf den kreisförmigen Griff im Fensterrollo, ihre Haut war angespannt, ihre Finger griffen danach, ihrer Nase fiel's auf, und durch dieses runde Loch drang die Welt tropfenweise in sie ein. Mit Emma, aufs bloße *E* heruntergekommen, entstand eine große Menge freier Platz, und dann würde, würde, würde sie in einen Satz schlüpfen, ihre Nase voller Substanz und nicht nur Geruch, nicht nur von Kaffee, den sie seit unvordenklicher Zeit nicht mehr in eine Tasse gefüllt hatte, oder von frischem Brot von damals, oder von ein bißchen Päonie neben einem ausgetretenen Pfad, so wie sich Finger anfühlten, wenn sie eine Nadel durch den schnurumwickelten Rolloring stießen, oder das Sandpapierhafte von ungebuttertem Toast und zwischen ihren Zehen eine Erinnerung an ihre Kinderzeit, an des Sommers Sonnenschein, herzhaft wie eine Umarmung, Fetzen roten Knallkörper-Papiers wie Blütenblätter auf einen Busch geblasen, Knabenstimmen, aus einem Schlauch laufendes

Wasser, Gelächter, Spott, die Angst, etwas gezeigt zu bekommen, was sie nicht wissen wollte

rote Reihen Holzverschalungen, worüber ihr Leseauge feierlich verschlingend glitt, als habe man ihr gerade von jemandes Liebe erzählt, nicht einer zu ihr, nein, einer zu der nahen See in Bishops Gedichten, eine langsam spülende Brandung an einem Strand, zischend wie Fett in der Flamme, kurzes Aufglühen vor dem Aufgehen im Rauch

Tanten, die Hüte anprobierten, Pappteller auf dem Schoß – nein – der Hund nebenan, der in seinem Schlaf bellte, wie wärs damit? Die Flöte, das Messer, die lederfaltigen Schuhe, die ich gegen meinen Willen mit zwei *L* buchstabiere, wie wär's damit? Ihr Ohr gespitzt, der fadenumspannte Nähring, Brandung am Strand nach Sonnenuntergang, Maine Chance, jetzt bin ich das Sehnen, das die Zeile füllen wird, wenn ich mich in ihr niederlege, ich, mein Auge, meine Nippel, Fingerspitzen, ja, Rippen und Lippen nach den Mooreschen ausgerichtet, deren Hüte waren vielleicht im Gedicht gemeint, dem Gedicht, dem Gedicht über die geschlechtslosen Tanten, Modelle ihrer Gattung und ausgezehrt, höllenäugig, Gesichter im Schatten der Hutränder, um ihre Sorgen besorgt, ihre Haut vor dem Sonnenlicht schützend. eine Wolke

Deutsch von Jürg Laederach

Anja Utler
münden – entzüngeln

»Das ist ganz selten: Anja Utler empfindet die Sprache. Daher schreibt sie so hart und so blitzend, so mitleidend genau. Daher die sibyllinische Klarheit und der bestürzende Reichtum ihres Gedichts.«
Thomas Kling

Edition Korrespondenzen
www.korrespondenzen.at

»Der Reichtum und die Weite ihrer Sprache ist unerschöpflich...«

Ursula März, Frankfurter Rundschau

Sommer 2002. Die Erzählerin: sie kommt als Touristin für ein Wochenende ins »Malibu« nahe der Seepromenade von Oostende. Schnell hat sich ein kleiner Kreis gebildet und man ist gewillt, die Zeit zu nutzen: de Rouckl, dauergekränkter Künstlertyp; Willaert, Antwerpener Parfümerist und undurchschaubarer Führer durch das belgische Städtchen; und Roy, der unglücklich Verliebte, der mit seiner Großmutter da ist. Im Zentrum: die von ihrem Lover begleitete italienische Schönheit Sonja. Bald sind wir mittendrin in Kabale und Liebe.
Wohl nie hat Brigitte Kronauer ihre Sprachmagie aufregender und raffinierter eingesetzt als hier. Von der Sehnsucht in allen und in allem handelt dieser große Roman, der uns mit tausend Verlockungen in seinen Bann zieht.

**Brigitte Kronauer:
Verlangen nach Musik und Gebirge**
Roman

390 Seiten, Fadenheftung,
Leinen mit Schutzumschlag
€ 22,– (D) / sFr 39,60
ISBN 3-608-93571-1

Klett-Cotta
www.klett-cotta.de

HOTEL LAUDINELLA
ST. MORITZ

kult. kultur. hochkultur

2. – 9. April 2005
Drehbuchschreiben – Filmen wie ein Profi
Martin Weiss, Gründer des Film- und Multimediaunternehmens „Weiss-productions", Zürich: Drehbuch, Treatment, Finanzierung und Produktion von Dokumentar- und Kurzfilmen

25. Juni – 2. Juli 2005
Schreiben und Veröffentlichen
Birgit Politycki und Nina Kuhn, „Literatur- und Pressebüro Pauw & Politycki", Hamburg, beraten seit Jahren Autorinnen und Autoren

9. – 16. Juli 2005
„Manchmal möchte ich mit der Hand nach meinem Herzen greifen ..." – Schreiben und Wandern auf den Spuren von Annemarie Scharzenbach
Kerstin Hof, Literaturwissenschaftlerin, „Bureau für kulturelle Affairen BKA", Hamburg
   Lassen Sie sich entlang des Wegs einer faszinierenden Autorin zu eigenen Texten inspirieren.

17. – 23. Juli 2005
Die Familie Mann in Graubünden – Vor, während und nach dem Exil
Mirella Carbone und Joachim Jung, Kuratoren des Nietzsche Hauses, Sils-Maria
   Lebensgeschichtliche und literarische Bedeutungen der Orte Arosa, Lenzerheide, Davos, Engadin für Thomas Mann. Die Freundschaft zwischen Klaus und Erika Mann zu Annemarie Schwarzenbach während ihrer Zeit in Sils-Maria.

Kursgebühr ab € 260
Zimmer ab € 47
1.800 Meter über dem Meer

www.laudinella.ch
Telefon: 0041 81 836 06 02

Jan-Frederik Bandel / Gerd Schäfer
Ein Bewohner von Zwischenwelten
Wolli Köhler und Arnfrid Astel sprechen über Hubert Fichte

Bereits 1983, noch zu Lebzeiten Hubert Fichtes, veröffentlichte das *Schreibheft* einen Vorabdruck aus der *Geschichte der Empfindlichkeit*, eine längere Passage zum *Kleinen Hauptbahnhof*, einem Roman, der sich, so sein Untertitel, als *Lob des Strichs* verstand. (Daß „Strich" dabei nicht von „Strich" komme, sondern von „Streifen", „von Seiltänzern, Landstreichern, Stadtstreichern, Strichvögeln" – darauf deutete das Motto des Fichte-Freundes Peter Michel Ladiges hin.)

Jäcki, Fichtes Alter ego, kehrt im *Kleinen Hauptbahnhof* nach Hamburg zurück, er fängt noch einmal neu an, beginnt die sechziger Jahre als freier Schriftsteller. Er betreibt Feldstudien, überquert die Reeperbahn, bummelt nachts durch St. Pauli, *à la chasse*.

Seit 1983 druckte das *Schreibheft* immer wieder Auszüge aus Fichtes *Geschichte der Empfindlichkeit*, streifte – lustvoll – durch das Riesenwerk. Fichte war zum fünfzigsten Geburtstag gar ein Sonderheft gewidmet, gewidmet unter der Überschrift *Vom Sprechen und vom Spucken*. Christoph Derschau und Norbert Wehr, die beiden Herausgeber, gingen darin der Frage nach, wer in der Literatur spricht, sich ausdrückt, wenn ein Autor schreibt.

Dieses Geburtstagsheft von 1985 war ein Sprech- und Hörbuch, das sich hatte inspirieren lassen „von der Persönlichkeit eines Autors", um als „bunte Palette" ein „beziehungsreiches Netz von Fichte verwandten Geistern" zu knüpfen.

William S. Burroughs etwa sprach vom Charakteristischen eines Menschen, dem es nachzugehen gelte. Von einer „Art Feldtheorie der Worte" war gar die Rede, wenn auch die Worte, so Burroughs weiter, im Grunde „höchst plumpe Werkzeuge" seien. Oswald Wiener formulierte die besondere Aufgabe der Literatur, die „elementaren Mechanismen des Verstehens" zu begreifen, Peter Michel Ladiges breitete sein *Kulinarisches System der Kartoffel* aus, und Fichte selbst ging schließlich in *Hotel Garni* dem „Übergang von Wörtern in Empfindung" nach.

Das folgende Dossier nimmt die alten Fährten wieder auf, indem es einen Blick zurückwirft auf die sechziger Jahre. Auf eine Zeit, in der Hubert Fichte mit der *Palette* einen Bestseller vorlegte und direkt anschließend mit *Detlevs Imitationen „Grünspan"* seinen Abschied von den Illusionen jener Jahre formulierte.

Es sind die Jahre der beginnenden Freundschaft mit Wolfgang Köhler, Fichtes ebenbürtigem Gesprächspartner im Interviewband *Wolli Indienfahrer*, jenem Wolfgang Köhler, der sein Bordell Fichte zu Ehren „Palette" taufte. Und es sind die Jahre, in denen das Vertrauensverhältnis mit dem Schriftsteller und Literaturredakteur Arnfrid Astel begann, der für Fichte ein wichtiger, kundiger Gesprächspartner in Fragen der Antike wurde. Denn Fichte bezog sich in seinem großen Nachlaßwerk, der *Geschichte der Empfindlichkeit*, immer mehr auf die Anfänge der Literatur; er verstand sich als Archäologe, als Erforscher der Anfangsgründe von Wörtern und Worten. Über Astel, den Freund, schrieb er einen großen Essay: „Ein Neuer Martial. Anmerkungen zum Werk Arnfrid Astels."

Im Kleinen tritt auch das *Schreibheft* eine Rückreise an. Es entwirft ein Bild von Hubert Fichte, dem großen Interviewer, nicht durch das geschriebene Wort – sondern durch das gesprochene, verschriftlichte. Wir haben deshalb Gespräche mit Köhler und Astel geführt; und versuchen mündlich, an Fichte und seine Widersprüche, an sein Grenzgängertum zu erinnern.

Es ist eine Reise in die sechziger Jahre, zum Boxprinzen Norbert Grupe, zum indienfahrenden Paulianer Wolli Köhler, ein Trip zu Archilochos, Sappho und Herodot, zu Tintenfisch und Maulbeere, eine Exkursion nach St. Pauli und Delphi, nach Indien und ins Saarland. Orale Philologie.

Das Dossier antwortet so ebenfalls auf die gegenwärtige Wieder- und Neuentdeckung Fichtes. Kathrin Röggla etwa beschäftigt sich mit dem „akustischen Fichte" und dem „hochartifiziellen Prozeß", den klaren Sound scheinbarer O-Töne hervorzubringen. Klaus Sander publiziert im *supposé-Verlag* Interviews und Radioarbeiten Fichtes und arbeitet derzeit an einer Fortsetzung des *Wolli Indienfahrer*. Und Thomas Meinecke, selbst Aufzeichner diffuser Identitäten von Ethnien und Geschlechtern, beendet seinen Roman *Hellblau* mit der Beschreibung von Fichtes Grabstein, auf dem ein griechisches Zitat zu entziffern ist. Auch hiervon, von Empedokles, ist in unserem *Schreibheft*-Dossier die Rede.

Der neue Roman Thomas Meineckes führt seinen Inhalt bereits im Titel, *Musik*. Es geht um Verwandlungen, wobei das Alte, alte Medien nicht außen vor bleiben. Auf dem Buchumschlag glaubt man, vielleicht gar in Erinnerung an *Hubert Fichtes Plattenragout,* eine kurzlebige *konkret*-Rubrik der sechziger Jahre, eine Schallplatte zu erkennen; es stellt sich jedoch als eine Lakritz-, eine Hariboschnecke heraus. Darin bleibt, der Sprachkünstler Fichte wird uns dies von seiner Wolke hinab zugestehen, ein Maler auszumachen, Hieronymus Bosch.

Dessen Triptychon *Der Garten der Lüste* bildet das bestimmende Sehnsuchtsbild von Fichtes *Palette* (wie im übrigen von *Abend mit Goldrand,* Arno Schmidts großer manieristischer Märchenposse über die gesellschaftlichen, die sexuellen Phantasien der sechziger Jahre, über die Strichvögel und Landstreicher einer untergehenden Welt).

Mögen die folgenden Gespräche eine lustvolle Erinnerung an die Sehnsüchte der sechziger Jahre und an Hubert Fichte bewahren, als *songline* zwischen Altem und Neuem, zwischen den Alten und den Jungen.

Buchholz und Dillingen, September 2004

Hubert Fichte und Wolli Köhler, Foto: Günter Zint

Wolli Köhler im Gespräch ...

... mit Jan-Frederik Bandel über St. Pauli, Hubert Fichte, Norbert Grupe, den Prinz von Homburg, *Wolli Indienfahrer,* Wolf Wondratschek und Fritz J. Raddatz

JAN Wolli, du warst für Hubert Fichte nicht nur ein wichtiger Interviewpartner und eine Romanfigur, sondern viele Jahre lang auch enger Freund, bis zu deiner Abreise nach Costa Rica 1982.

WOLLI Ja. Wir haben uns kennengelernt nach der *Palette,* seinem Buch, also nach 68. Seltsam, diese Lesung im „Star Club": Ich war leider nicht da. Damals kannte ich Hubert noch nicht. Ich hatte vorher anderthalb Jahre im „Star Club" als Roadie gearbeitet, mit Chuck Berry zum Beispiel. Die ganzen Deutschlandtourneen, die der „Star Club" gemacht hatte, da war ich der Roadmanager. Aber das war vor Huberts Zeit.

LINDA Aber ich bin da gewesen. Da kannten wir, Wolli und ich, uns noch nicht. Da war ich grad in der Lehre, ich war mit meiner Freundin da, die hat Buchhändlerin gelernt und ich Musikalienhändlerin.

JAN Wie war die Lesung im „Star Club", kannst du dich noch daran erinnern?

LINDA Ich fand das irgendwie nicht anmachend. Er hat ja öfter gelesen, nicht in einem durch, dann hat er Pause gemacht, und dann haben die gespielt.

WOLLI Ian & the Zodiacs.

LINDA Und ich mußte so lachen über die komische Wortwahl. Nee, wir sind dann rübergegangen in den „Grünspan" und haben lieber Musik gehört. Ich konnte mit der *Palette* nichts anfangen.

JAN Und du, Wolli, hast Fichte durch Wilfried Hurter kennengelernt.

WOLLI Reimar Renaissancefürstchen. Ja, ein schöner Name für ihn. Der ist früh gestorben, in Berlin, der Wilfried Hurter. Der war dann Hausmeister in einer Berliner Schule und ist wohl mehr oder weniger an Drogen eingegangen. So einen Menschen hatte ich noch nie kennengelernt. Der Wilfried Hurter war ein wacher Junge, aber nicht sonderlich gebildet. Aber sämtliche medizinischen Ausdrücke, also, was weiß ich: Cannabis oder Haschisch, das war Tetrahydrocannabinol, klar, aber es gibt Worte, die sind so lang – dem konntest du ne Tube Zahnpasta oder was du grad so findest, eine Handvoll von, geben, damit konnte er mit Sicherheit auf die Schnelle eine Droge zusammenstellen, die irgendeine Wirkung hatte. Und, ich hab ein paarmal nachgeschlagen, es stimmten auch die ungeheuerlichsten Apothekerausdrücke. Die gingen ihm über die Lippen wie „Guten Morgen", „Guten Tag". Und der war noch jung, zwanzig ungefähr. Der hat seine ganze Geisteskraft darauf verwendet, was man mit Drogen machen kann.

JAN Bei diesem ersten Treffen – kannst du dich erinnern, welchen Eindruck Fichte auf dich gemacht hat?

WOLLI Ja, es war eine Zeit, in der ich sehr viel neue und auch nicht uninteressante Leute kennengelernt habe, so daß das nichts Aufregendes für mich war, einen zeitgenössischen Autor kennenzulernen. Aber ich weiß, daß ich am Schreibtisch saß, und er mit dem Willi Hurter hochgekommen ist. Tja, ich muß ihn wohl ganz nett gefunden haben, sonst wär er wohl nicht wiedergekommen. Aber mit Sicherheit hat er nicht so einen starken Eindruck gemacht, daß ich mich jetzt noch besinnen könnte. Ich weiß, wie er so dastand, und ich hab gesagt: setz dich.

JAN Da kam also einer, und der war okay.

WOLLI Si.

JAN Denn wenn ich jetzt diesen Brief hier anseh, vom November 67, den ersten Brief, den du mir gegeben hast, da bist du schon sein Ansprechpartner Nummer eins.

WOLLI 67 war das also schon.

JAN Sommer 67 war er zum erstenmal bei dir.

WOLLI Schau, schau. Das wußt ich gar nicht mehr, daß wir so schnell schon so intim waren. Na ja, aber ich kenn ja den Wolli. Wenn Wolli jemanden irgendwie sympathisch findet, dann ist das Herz offen, und oft weht das dann zurück.

JAN Du kanntest Fichte also schon, bevor die *Palette* erschienen ist.

WOLLI Ja eben. Also kannte ich von Fichte gar nichts vorher. Denn der *Aufbruch nach Turku* und das *Waisenhaus* sind mir nie in den Sinn gekommen. Und in der *Palette* bin ich nicht drin. Doch sobald wir uns kennengelernt hatten, tauchte Wolli bei ihm auf. Alles andre, was Hubert dann schrieb – also nicht seine Features, aber *Pubertät* und *Grünspan* –, hab ich durchgearbeitet, die Fahnen, aber praktisch nur auf Anregungen hin: den Satz, findest du den gut so, das würd ich so sagen. In diesem Sinn.

Der ganze *Grünspan* gefällt mir, soweit er real ist, und es sind ein paar sehr reale Dinge da drin, aber diese Wolli-Figur, die hab ich von Anfang an nicht begriffen, was die da soll. Kann ich nichts mit anfangen, weil die eine Hälfte stimmt und die andere Hälfte nicht. Aber das, was stimmt und nicht stimmt, das rutscht auf einmal so rüber, und da kann ich nur sehen, zumindest zu dieser Zeit: das absolute, das staunende Unverständnis für St. Pauli. Daß er das nur so übersetzen konnte, daß er das auf einmal surreal umkippen läßt oder überkippen läßt, weil er sagt: Hier fehlen mir die Worte, hier weiß ich nicht mehr, jetzt hab ich's aber nun mal angefangen, wie soll's weitergehen?

Hubert hat bis zuletzt in St. Pauli etwas gesucht, was es nicht gibt. Er hat vieles dort gesucht, das organisierte Verbrechen und so. Er hat St. Pauli im Innersten nicht verstanden. Er hat mir des öfteren vorgeworfen, daß ich für ihn nicht mal hübsche Jungs besorge, ich komm doch da viel leichter ran und alles, wenn ich auf dem Kiez bin.

Das ist das Unverständnis: Wenn ich für einen Freund eine Frau besorge, muß ich wesentlich mehr bezahlen, als ich sonst bezahlen müßte oder der Freund selber, weil die Frau mir dann auch verpflichtet ist, daß sie den richtig gut behandelt. Und Jungs, wo soll ich Jungs hernehmen? Ich kenn keine Stricher, die ich bringen kann. Das ist nicht so, wie Hubert das bis zuletzt gedacht hat, da gibt's das Telefon, ich brauch hier drei Jungs, ruf ich da an, dann schickt er die und so. So ist das nicht. Also, hätte ich einen Jungen haben wollen, da hätte ich eher Hubert gefragt, ich weiß: Hubert weiß da Bescheid. Ich weiß nicht, wo ich hingehen soll. Und sag: Ich such einen Jungen für nen Freund, aber ich bin ein Junge vom Kiez, deswegen muß ich nur die Hälfte bezahlen, oder was weiß ich.

JAN Kollegenrabatt.

WOLLI Ja, krieg ich Rabatt. Was er sich da vorgestellt hat.

LINDA Das haben sie sich alle so vorgestellt.

WOLLI So, wir besuchen mal den Wolli, dann machen wir einen St.-Pauli-Rundgang. Ja, daß das für mich viel teurer wird, wenn ich selbst in St. Pauli arbeite oder einen Laden hab und jetzt mit welchen komm, da muß ich mehr ausgeben, da muß ich höhere Trinkgelder bezahlen! Wenn Wolli kommt, dann muß er mehr zahlen, Wolli kennt man in St. Pauli, der muß verteilen.

Diese Struktur des Kiezes, die hat Hubert nie ganz begriffen. Eben drum: Kannst du nicht das und das besorgen? Oder diese Dinge: Ein Zuhälter oder ein Mensch, der mit einer Prostituierten zusammenlebt, der hat jetzt einen Bekannten, das muß noch nicht mal ein enger Freund sein, und der sagt: Ich möcht noch mal losmachen heut abend, warum sollst nicht du das Geld verdienen? Ich geh zu deiner Frau. Das ist ein Unding, das geht nicht auf dem Kiez, sofort, wie die Frau aus der Anonymität des Dirnenmodells heraustritt und eine Person wird, geht das nicht mehr, geschweige denn, wenn du dich dann noch oft siehst. Diese Sachen, die sind Hubert immer ein Geheimnis geblieben. Aber bis zuletzt, wo der Hubert sagt: Laß die Hosen runter, jetzt haust du ab aus St. Pauli, jetzt sag doch mal, organisiertes Verbrechen und so. Ich sag: Das gibt's nicht.

Er weiß, da ist ein Geheimnis und es wird ihm gelingen, das eventuell zu lüften, ich krieg noch raus, was der Schamane für einen Zaubertrank nimmt und was der da macht und so weiter. Das verhindert das Erleben einer fremden Kultur, diese ständige Erwartungshaltung, etwas zu sehen, statt, was er ja selber vorschlägt: Werde das Gleiche. Unterscheide dich nicht mehr. Empfinde du, wenn du vier Wochen unter dunkelhäutigen Indern lebst und jetzt Weiße siehst, empfinde die jetzt auf einmal selbst als Exoten, weil du vergißt, daß du weiß bist und deine Umwelt dir nichts entgegenbringt, das dich daran erinnert. Da kommt dazu (Größe, braungebrannt und so weiter), daß ich durchaus als Inder durchgehen konnte, zumindest als ein Inder aus einer anderen Gegend, in Südindien hab ich erzählt, ich bin ein Assamese. Wer spricht schon Assamesisch? Und so ist mein Ding mit Reisen. Das ist die ganz andre Art, wie Hubert drangeht. Natürlich kann Hubert auch mit dieser Art nicht rangehen in den Ländern, wo er hingefahren ist, da kann er nicht einfach untertauchen in Togo oder so, er sieht nun mal nicht aus wie ein kleiner Togolese, wenn er da so herausragt zwischen den Zwergen. Wie das Denkmal seiner selbst schon steht er da. Hubert ist immer der Forschungsreisende. Der mit der großen Lupe. Der das aber auch nicht verhehlt.

JAN Und du hast dann, nach Fichtes Tod, mehr aus der Ferne verfolgt, was an Bänden herauskam, aus dem Nachlaß.

WOLLI Ja. Mir fehlen von Hubert die letzten Sachen, die Romane wie *Hotel Garni* und so. Das war die Zeit, wo ich in Costa Rica war, und ich wußte gar nicht, daß hier diese Sachen erschienen sind. Er erzählte des öfteren davon, daß er was Geiles macht, aber er kann es mir auch nicht zeigen, die *Geschichte der Empfindlichkeit* sagt man ja heute, „Empfindsamkeit" fand ich viel schöner – und damals neigte er auch zur „Empfindsamkeit". Ich hab dann zwei Bücher gekauft im „Männerschwarm", das war der nächste Buchladen bei mir, die hatten das alles da stehen. Das war grad, wo ich aus Costa Rica zurückkam und wo wir richtig mause waren und ich mit sechzig wieder anfing als Barkeeper auf der Freiheit, also, wo das Geld richtig knapp war.

Ja, aber das erzählte Hubert. Er ist an einer ganz großen Sache am Schreiben. Er sagte: Ich schreib viel mehr als du denkst, ich hab Tausende von Seiten zu Hause, aber da mach ich einen Rums. Jetzt muß ich über die Runden kommen – und wenn das auf einmal auf den Markt kommt ... Ich sag: Du willst den Nobelpreis haben. Ja, sagt er, so ungefähr, das wird ne Wucht. Das sind ein paar tausend Seiten, das ist die schwule *Odyssee*, das wird ein tolles Ding, schon alleine umfangmäßig.

Nach Huberts Tod kamen ja wohl wichtigere Sachen raus als das meiste, was vorher erschienen war. Das Beste ist wahrscheinlich das, was er nie geschrieben hat, weil er zu früh gestorben ist. Es geht so kontinuierlich immer weiter weg von dem Modischen, was er früher ganz gern drin hatte. Also, die *Palette* war für mich nie das Tolle. Aber es sind überall interessante Sachen, und je später das ist, desto besser wird es. Daß ich dachte: Das kann nicht wahr sein, daß sie mir das Hubertle jetzt wegnehmen. Ist das möglich, daß der 86 da stirbt. Da ist er übers erste Viertel weg, und jetzt kommt die ganze Power. Nie hat mich – auch nicht im Fall meiner Eltern – der Tod eines Menschen so gekracht wie der von Hubert. Auch nur halb persönlich, sondern weil ich Anteil hatte an seinen Arbeiten und weil mich das ebenso interessierte wie die Person Hubert selber. Und dann war das so ein Abriß, daß man sagt: Mensch, wie ist das möglich? Aber ich war überrascht, wo ich in Deutschland war, was da für eine Menge entstanden ist, das kann er ja nicht in den drei Jahren geschrieben haben, alles zusammen, wo ich in Costa Rica war. Denn alles, was er veröffentlichte zu der Zeit, da haben wir jedesmal lange gesessen. Er sagte: Ich wär froh, wenn ich einen Lektor hätte, der das so aufmerksam durchliest wie du.

JAN Aber von diesen Sachen hat er dir nichts gezeigt.

WOLLI Nee, nee.

LINDA Kurz bevor wir nach Costa Rica sind, hat er ja noch ein Interview gemacht, das letzte.

WOLLI Ja, der *Hauptbahnhof,* eine unmögliche Sache. Eine Skrupellosigkeit des Herausgebers, das einfach so, ohne mit mir zu sprechen, in den Raum zu stellen, das wär zu Huberts Lebzeiten nie passiert, da ist kein Interview entstanden, das nicht im Fahnenabzug noch besprochen worden ist.

JAN Das habt ihr nie zur Genehmigung vorgelegt gekriegt?

WOLLI Ich hab das erste Mal von diesem Stück gehört, als der Regisseur zu mir kam und uns zwei Eintrittskarten schenkte. Wie, es gibt ein Stück, was mit mir zu tun hat, ne Lesung? Weiß ich nichts von.

JAN Was war das für eine Lesung?

LINDA Eine Lesung im Schauspielhaus, in der Kantine. Die Monika Bleibtreu hat mich gelesen, der Michael Altmann den Wolli, und noch jemand den Hubert.

WOLLI Ja, also richtig, vollen Lauf. Wir saßen hinterher zusammen, die Monika Bleibtreu sagte: Das kann doch nicht wahr sein. Die Peggy Parnass war auch noch mit dabei, die sagte: Wie, hast du da keinen Anteil von gekriegt? Ich sag: Darum geht es mir gar nicht. Aber nee, noch nicht mal gefragt, genehmigt. Und da sind Dinger drin über den Schwiegervater, über meine Eltern, über den Kiez. Und das ist entstanden in einem total besoffenen (wo er ja auch ein paarmal drauf hinweist), vollgekoksten, vollgekrachten Zustand.

Das Interview an sich hat überhaupt keinen Wert, ein besoffener, vollgekokster Mann, so à la Bukowski-Interviews. Ich hab nichts gegen das Interview, aber man kann das nicht ohne Kontext einfach so stehenlassen – und das ist dann das letzte, was von der interessanten Figur (ich mein mich da nicht persönlich) Wolli Indienfahrer, die da entstanden ist, bleibt. Daß das der Abschluß davon ist. Totaler Unsinn. In dieser Art war ich nie gewalttätig. Totaler Unsinn. So ein besoffenes Ding, was interessant ist: So ist ein Mensch. Es ist gesprochen worden, und es wäre auch gedruckt worden, nachdem wir drüber gesprochen haben, der Name „Hanne" bitte mit „H." oder so ... Diese Skrupellosigkeit, ich hätte Ärger auf dem Kiez kriegen können. Ne Menge Sachen. Ich mein, so was gibt man nicht heraus, ohne mit dem Betreffenden zu sprechen – und verkauft es noch ans Theater. Da hätte ja Lindas Vater im Publikum sitzen können oder mein Vater. Das ist eine Unverfrorenheit. Denn in der *Alten Welt,* wo ja auch genug über mich steht (das war mir auch völlig unbekannt, das hab ich in der Buchhandlung gekauft), da steht hinten drin, den Hans Werner Henze und einige andere, die hat man gefragt. Aber Wolli, das ist einer aus St. Pauli, dem braucht man noch nicht mal Bescheid zu sagen.

Das ist ganz das Gegenteil von dem, wie Hubert die Menschen betrachtet hat, mit welcher Liebe und Aufmerksamkeit er die,

die außerhalb der bürgerlichen Welt leben, behandelt hat. Das ist gegen das Denken von Hubert, das ohne Kontext zu machen und ohne den zu fragen. Hubert hat jeder Hure die Interviews vorgelesen und dann noch mal auf dem Zettel gezeigt: Ist das in deinem Sinn, ist das okay? Ich will nicht was, wo du sagst: Oh, das habe ich nicht so gemeint. Hubert hätte einen Massenmörder als Mensch genommen und nicht darüber verfügt. Er hat eben nicht unterschieden, ob der oder der interviewt wird. Er hat den Jonny vom Kiez genauso höflich interviewt, wie er den Allende interviewt hat.

Ja, mein Hubertle, so eine Scheiße, daß du weg bist. Er war der einzige Mensch, mit dem ich stundenlang sitzen konnte, streiten konnte, lachen konnte. Schade, schade. Ach, wir sehen uns auf Wolke acht. Oder sieben. Ja, Hubert mußte sterben, und Dieter Bohlen darf leben. So ist das. Aber ich sag dir, wenn ich in den Himmel komm, einer der ersten, der mir entgegenkommt, ist Hubert. Da hab ich Bock drauf. Mal sehn, wie er jetzt aussieht, ob er ein bißchen grau ist.

LINDA Vielleicht ist er ja auch ein wunderschönes Mädchen da oben, wer weiß. Wär er vielleicht lieber geworden.

WOLLI Oh. Ne lange dünne Latte. Er überragte ja immer alle um mindestens einen Kopf, das wär so ein Zweimetermodel, das da kommt. Nee, nee, Hubert, ich will dich lieber als Junge sehn.

JAN Was ich mich beim Blättern in Fichtes Tagebuch gefragt habe: Hat Fichte eigentlich den Norbert Grupe gut gekannt?

WOLLI Ja. Den Boxer, Wilhelm von Homburg. Norbert war ja nicht so ... Na ja, Norbert war überhaupt nie abgeneigt. Alles, was irgendwie entfernt mit dem Schwanz zu tun hat, da kannst du bei Norbert klingeln. Aber das sah so ungeheuer für mich aus: Beim Verabschieden, wenn der große Hubert und der gewaltige Norbert sich auf einmal so zungenküßten ... Das ist sagenhaft, diese zwei großen Leute, ich, so ein Danny DeVito daneben, guck da hoch. Der Norbert, so stellt man sich keinen Schwulen vor. Der war ja nun auch nicht schwul. Der war alles. Der würde auch mit einem Alien losmachen.

JAN Im Tagebuch kommt er zuerst 1969 vor, da heißt's, daß du mit einem Boxchampion durch ganz Europa rast, der den größten Schwanz und einen runden Arsch haben soll. So fängt das an.

WOLLI Das ist Hubert! Der sieht nur wieder alles so: Was hat der für'n Schwanz, was hat der für'n Arsch? Hab ich mir nie drüber Gedanken gemacht, wo ich mit dem Norbert da rumgerast bin, was der für'n Arsch oder für'n Schwanz hat.

JAN Und hier heißt's, Norbert hat sich geweigert, mit Fichte zu schlafen, aus Angst, daß die Freundschaft dann kaputt sei.

WOLLI Ja, diese Zartheit konnte Norbert eben haben. Das war das Faszinierende an Norbert, diese ganz brutale amerikanische Ellbogenmentalität, gepaart mit einer plötzlich aufflackernden Zartheit, die ihn aber auch nie so ganz verließ, selbst bei seiner Ellbogenmentalität ... Na ja, sonst wären wir nicht mit ihm befreundet gewesen, wenn er nur der Schläger gewesen wäre. Was soll ich mit einem Schläger sitzen? Ja, der Hubert und der schöne, große, zarte Boxer, wenn die so zusammensaßen, das war eine tolle Paarung! Hubert so: Laß mich doch mal. Der andre: Mußt du raustun. Warum denn, du magst mich doch auch? Ja, Prinzip bei mir. Diese sich aufbauende Spannung, aber beim Abschied dann ein mindestens eine Minute dauernder Zungenkuß. Ich krieg dich noch. Du reißt noch raus. Du bezahlst noch. Weiter ist da meines Wissens nie was geworden, also die haben nicht gefickt zusammen. Na ja, Hubert wollte ja den Nichtschwulen, wollte den Querelle ficken und nicht die Tante. Er wollte einen Mann ficken. Und Norbert sagte: Wenn schon, dann will ich die Frau sein, dann will ich mich, weil ich so sehr auf die Weiber steh und ewig geil bin, dann will ich in dem Moment die Frau sein, die auch noch gefickt wird, dann geht das nur über diese Kurve bei mir, verstehst du?

JAN René Durand – war Fichte mit dem auch befreundet?

WOLLI Befreundet ist übertrieben, aber sehr gut bekannt. Ja, der Hubert hatte Lust, ein Stück für seine „Salambo"-Bühne zu schreiben, aber natürlich mit seiner Freiheit. Er wollte, was damals neu gewesen wäre, einen Mann und eine Frau auf die Bühne kommen lassen, und beim Entkleiden ist der Mann die Frau und die Frau der Mann. Aber René ist ein zu eigner Kopf, mit dem kannst du überhaupt nicht arbeiten, es sei denn, du sagst: Ja, hoher Meister! Und zwischen eins und zwei, da fällt dem wieder was anderes ein. Darum ist das nie zu einer Zusammenarbeit gekommen, die doch äußerst witzig gewesen wäre, eine Bühnenschau mit einem Libretto von Hubert Fichte, das wär sehr geil gewesen. Na ja, Hubert wollte die Schwänze auf der Bühne zeigen und René die Fotzen. Das konnte nicht so richtig was werden. Der eine wollte ein schwules Programm, der andere ein extrem vaginaausgerichtetes.

LINDA Na ja, obwohl ... René hatte ja einige Transis auf der Bühne.

WOLLI Na, weil er nicht genug Frauen gekriegt hat! Denn die Transis waren die Billigsten, die ganzen Transis aus Südamerika. Aber so viel Freude hat er den Zuschauern mit den Transis nicht gemacht. Denn je mehr Transis es wurden, desto weniger Zuschauer kamen. Wenn ich wieder eine Bar aufmachen würde (ich hab ja ein paar Mal eine Bar gemacht in Hamburg), würd ich nur ne Transi-Bar aufmachen. Transvestiten sind die angenehmsten Menschen, die ich in meinem Leben im Nachtbetrieb kennengelernt hab. Überwiegend überdurchschnittlich gebildet. Es gehört ja auch was dazu, sich operieren zu lassen ... Ein hoher Anteil mit Abitur dabei. Schon früher, wenn sie tingeln gegangen sind, haben sie Zarah Leander nachgemacht, Ringelnatz, Kästner, Brecht und so weiter, Tucholsky aufgesagt auf den Bühnen. Außerdem sind sie absolut gewaltlos, höflich, wollen ihrem (ich sag das mal in Anführungszeichen) Makel, daß sie anders sind, dadurch entgegentreten, daß sie besonders ehrlich und korrekt sind in ihren Arbeiten und pünktlich und so. Immer wieder hab ich das festgestellt. Zuletzt in der „Easy Bar", da war ich nun schon sechzig, nach Costa Rica, wo ich noch mal auf der Freiheit gearbeitet hab als Barkeeper, das war ein gemischter Laden, halb Transis, halb Normale. Ein Dumpfi kann schwul sein, aber der Weg zum Transi ... Das ist schon eine Sache, wo ich keinesfalls drüber lachen und sagen kann, die haben sich das leicht gemacht, da kann man nur sagen: Lieber Gott, hab Dank, daß ich so bin, wie ich eigentlich sein sollte, und daß ich nicht so ein Ding drauf hab. Und diesen ganzen Leuten gibt Hubert natürlich sehr viel Raum.

JAN Hast du eigentlich auch den Hans Eppendorfer, den Hans-Peter Reichelt, gekannt?

WOLLI Den kenn ich nur aus Huberts Erzählungen und hab mich nicht sehr intensiv mit ihm beschäftigt, obwohl ich weiß, daß er in Huberts *Lesebuch* mit einer Sache vertreten ist, und dann der *Ledermann* und so weiter. Hubert war sehr ungünstig auf ihn zu sprechen. Ich bin sowieso nicht so erpicht auf diese Typen: einer, der eine alte Frau erschlägt. Na, interessant ist alles, wenn ich dreihundert Jahre Zeit hab, aber die Killer sind mir nicht so interessant. Muß ich nicht kennenlernen.

JAN Würdest du sagen, die beiden waren befreundet?

WOLLI Weiß ich nicht. Fichte hat ja was sehr Didaktisches, Fichte wollte Leute gern beeinflussen, er fühlte sich irgendwie wie der große Kunstprofessor, der Leute auf den richtigen Weg in der Kunst bringt und sie fördert und unterstützt. Insofern ist er didaktisch wie Goethe, Goethe ist ja auch der große Lehrmeister, immer mit dem Zeigestock in der Hand. Der Oberlehrer in Person. Ihm gestatte ich das. Aber nur Goethe. Doch Hubert? Hubert wollte Leuten immer gern was erklären, und wo er was sah, das fördern, wenn's um Künstlerisches ging, lenken.

JAN Es mußte aber auch immer etwas zurückkommen.

WOLLI Es kommt ja alles zurück. Er führt immer alles wieder zurück. Und so auch der ganze Reichelt / Eppendorfer. Hubert war überhaupt nicht gewalttätig. Seine Faszination für die Sado-Maso-Lederkeller, die hat ihn persönlich, so wie ich ihn kenne ... Das war überhaupt nicht sein Ding! Aber er war ungeheuer fasziniert davon. Auch wenn er die Linda mal fragte, kennst du Sado-Maso, dann interessierten ihn immer nur so ungewöhnliche Sachen, die bei hundert Freiern vielleicht ein-, zweimal dazwischen sind. Das war diese Ecke. Ich weiß nicht, wie sein körperliches, persönliches Gefühl für den Reichelt war. Ja, Hubert hat ganz gerne von diesen Sachen gesprochen. Aber das ist ein Ding, was mir wesensfremd ist.

Na, die Freundschaft von Hubert und mir hing nicht davon ab, daß ich alles lese. Und dieser ganze Reichelt-Komplex ist so ein

Scheiß-Komplex, Lederfäuste im Arsch und Blut und Schweiß.

JAN Aber würdest du sagen, daß Fichte das auch fasziniert hat, also sexuell?

WOLLI Fasziniert zweifellos, wie Fichte alles Abseitige fasziniert hat, mit dem er versuchte, sich irgendwie zu identifizieren.

JAN Aber die Lederszene ...

WOLLI Also wenn, dann hab ich Glück gehabt. Mich hat er nie gepeitscht. Fasziniert! Aber nicht gelebt, ihm auch fremd, nicht sympathisch! Faszinierend, wie ein Autounfall fasziniert. Das war ein eigenartiges Verhältnis mit dem Reichelt, zuletzt war da ja ein richtiger Haß. Hubert hat ihn richtig gehaßt.

JAN Und was ist mit den *Palette*-Leuten? Die Leder-Uta, die kanntest du doch sicher auch?

WOLLI Ja! Mit der waren wir noch Jahre später gut befreundet, die hab ich das letzte Mal gesehen ... na, nach Costa Rica, 92, 93, vor über zehn Jahren. Die demonstriert noch immer. Die ist jetzt auch schon über sechzig. Und obdachlos, die haben sie wohl aus der Wohnung rausgeschmissen, was weiß ich, in so einer Fabrik hatte die sich was eingerichtet. Die hat den Beruf der Demonstrantin. Das ist ein Beruf, wo du dich Jahre mit ernähren kannst: Zehn Mark gibt es dafür, da ist eine Demonstration, wir treffen uns dann da ... Die hat so einen Kalender, das geht quer durch Europa: Wo wird demonstriert? Und dann ist sie auch ausgebucht. Die Domenica hat sie das letzte Mal gesehen noch vor fünf Jahren, da stand sie im Schanzenviertel, am Pferdemarkt, mit einem Schild um den Hals: Atom bedeutet Tod, oder so. Putzig, was manche Leute für Berufe haben.

Ja, die Uta. Eine eigenartige Männerhasserin. Androgyn nennt sie sich. Sie geht so ziemlich offen angezogen, aber hat sich (was selten ist bei Frauen) einen Schnurrbart gezüchtet, nicht ganz so dick wie meiner, aber sie kann die Ecken schon aufwirbeln. Und so läuft sie schon lange rum. Na jedenfalls, auch so ein Typ, wenn der bei dir durch Buchholz käm, würde man gucken. Die Dame mit dem Schnurrbart! Alles Verrückte. Spannende Leute.

JAN Kannst du sagen, wie Fichte zur APO, zur Studentenbewegung stand, wie er das wahrgenommen hat?

WOLLI Er mochte den Amendt sehr, Günter Amendt. Aber ansonsten? Hubert, guck jetzt nicht, lach drüber, du weißt, so ist es! Wenn das vorgetragen wird von einem hübschen Jungen, mit dem du gern oymeln möchtest, dann hat er recht. Und wenn das einer ist, mit dem du nicht oymeln möchtest, dann ist das ein Chaot. So ungefähr stand Hubert zu dieser ganzen Sache. Das ging immer so, auch mit Boxern. Wenn wir mal Boxen geguckt haben! Ja, der boxt unfair, guck mal, was der da macht! Und nur weil er seinen Liebling haut. So war Hubert. Er beurteilte sehr danach: wie ihm jemand gefiel, so gut war das dann immer. Aber sonst? Eigentlich eher links als rechts, aber er kam sich zu edel und zu wichtig vor, um sich mit dieser schmutzigen Tagespolitik zu beflecken. Seine Aufgabe war eine andere.

JAN Wo sind eigentlich die Interviews mit dir gemacht worden und wo spielt der *Grünspan* – da, in der Bibliothek?

WOLLI Das war auf der Großen Freiheit, Nummer 11, über dem damaligen „Klein Paris", dem späteren „Salambo", dem jetzigen „Dollhouse". Diese beiden Etagen hatte ich gemietet. Da wohnte ich, im ersten und zweiten Stock. Da sind die Wolli-Interviews gemacht worden. Die anderen – Sandra, Gunda – sind im „Palais d'Amour" gemacht worden, in meiner Etage. Das Jonny-Interview: weiß ich nicht, weil ich den Jonny selbst nicht kenne.

JAN In der Zeit, als du Fichte kennengelernt hast, 67, was hast du da gemacht – das war ja noch vor dem „Palais d'Amour"?

WOLLI Da hab ich Filme vorgeführt, Pornofilme. Das war das einzige Pornokino in Hamburg. Das war schön. Das war so schön, daß das einige Jahre lief. Das war inzwischen so bekannt, daß da aus einer Schicht zwei Schichten geworden sind. Also, von abends acht bis morgens vier, fünf. Und dann ging das schon wieder los mittags um zwei. Da hatte ich dann jemanden, der das gemacht hat. Das war eine normale Haustür, kein Portier und nichts. Später hatte ich Leute, die auf die Schiffe gegangen sind, die an Matrosen Eintrittskarten verkauft haben. Und die Portiers auf der Reeperbahn und Freiheit wurden alle von mir abgesteckt: Wenn sie jemanden brachten, einen Gast, haben sie zehn Mark gekriegt. Das war jeweils eine Stunde, drei Filme, noch mit diesen Super-8-Apparaten, kostete fünfzig D-Mark, die anzugucken. Das war ein normales Wohnzimmer, da hab ich Hocker reingestellt, das ist ein Kino geworden. Mit Supereinnahmen!

Wo der Puff aufgemacht worden ist, hatte ich hundertvierzigtausend Mark liegen, die ich da reinstecken konnte. Ich hatte zwar des öfteren – sieben Mal – Hausdurchsuchungen, Beschlagnahmungen (von Filmen und Apparaten, alles), aber das hatte sich so eingelaufen, das war ein sehr sympathischer Kommissar, ich hab dem dann immer einen Kaffee gemacht, ich sag: Ach, suchen Sie nicht lange, ich geb Ihnen den Kasten mit, nee, das eine Heft lassen Sie mal, hab ich selber noch nicht gesehen. Und der wußte genau: Okay, die haben ihr Ding gemacht, was der sowieso für Unfug hielt, daß man da eine Hausdurchsuchung durchführt, wo in Skandinavien schon alles frei war mit Porno. Ja, meistens hatte ich schon einen Reserveapparat, da bin ich sofort losgegangen, Filme hatte ich auch noch versteckt. Dann stand's wieder groß in der Zeitung: Geheimes Pornokino gestürmt! Mit Bildern und so weiter. Da hab ich jedem Portier die Zeitung gegeben und gesagt: Das geht weiter! Ja, was meinst du, wie das lief. Es hat mir Spaß gemacht, ich hab nicht gedacht, daß sich das zum Betrieb ausartet. Ich hätte das auch angemeldet, aber das ging ja damals nicht, das war verboten. Das ist richtig auf einmal ein Geschäft geworden. Hat aber nichts mit organisiertem Verbrechen zu tun.

Von Bartels kann ich immer nur Gutes sagen. Dem König von St. Pauli. Der wußte natürlich, daß ich das mache, aber der fand das ganz gut, wenn ein bißchen frische Luft hier reinkommt. Der hat mir die ganze Zeit dieses Haus vermietet für zweihundert Mark im Monat. Bis ich dann sagte: Oh, das läuft jetzt alles richtig gut, mich langweilt es inzwischen schon. Die Pornofilme, die ich mir angucken will, die kann ich mir alleine angucken. Immer mit den Leuten ... Die erste Zeit war's ganz spannend, wie reagieren sie, wie viele holen sich jetzt einen runter, wie viele Ehepaare kommen und ficken mir was vor ... Also, du lernst Leute kennen, sagenhaft, sagenhaft! Was du alles so machen kannst. Aber das war dann nicht mehr interessant, und ich hab die untere Etage vermietet, Filmapparat drin und einen Stoß Filme. Dann hat der das selber gemacht. Und vermietet hab ich das für dreitausend Mark. Und zweihundert hab ich für's ganze Haus bezahlt. So hat sich das in einem halben Jahr entwickelt, ursprünglich hab ich die Filme eh nur für meine Lust gekauft.

Mein Leben hatte nie einen Plan! Auf einmal kam so viel Geld, meine Frau ging auch noch anschaffen. Da war dann genug Geld zusammen, daß man den Laden kaufen konnte. Und auf einmal war durch den Puff genügend Geld da, daß man nach Costa Rica gehen konnte und Reisen machen. Zufällig! Jetzt kam Indien dazwischen (daß es nun gerade Indien war, war auch ein Zufall). Aber mit den Indienerfahrungen und ein paar Trip-Erfahrungen vorher hatte ich keine Lust mehr, Kiez zu machen. Es war nicht mehr mein Ding, ich war in einer anderen Geisteswelt drin. Und dann hab ich mich abgesetzt, und das war's. Ich mach alles immer nur so lange, wie ich Lust hab.

Und die Grundidee von dem Puff-Machen (natürlich will jeder, der in St. Pauli arbeitet, ein Nachtlokal oder einen Puff haben) war eigentlich, daß ich viel Geld ausgegeben hab in Puffs, weil ich gern in den Puff gegangen bin, und das hat richtig viel gekostet, und ich schnell dahinter gekommen bin, daß das eigentlich Scheiße ist: Ich kann doch selber einen Puff aufmachen. Flupp! Dann war das mit dem „Palais d'Amour", wo das von der Stadt aus ging ... Gott sei Dank, jetzt brauch ich nicht mehr in den Puff zu gehen. Ich bin nämlich eigentlich nicht in den Puff gegangen, um zu ficken. Ich hab so gern mit den Huren gesessen und die erzählen hören über die Freier. Auch mal losmachen, aber die Atmosphäre hat mir gefallen. Dann hab ich meinen eigenen Puff gemacht, bis mich der Puff angestunken hat: Ich hab jetzt genug davon. Sofort hatte ich den Puff vermietet. Und so hab ich mir die Zeit gekauft.

JAN Wie lange hattest du die Etage im „Palais d'Amour"?

WOLLI Immerhin dreizehn Jahre. Bis 82. Da hatte ich schon verpachtet.

JAN Also, was Fichte beschreibt in *Detlevs Imitationen „Grünspan"*, die Pornofilmvorführung, hast du ab 68 aber nicht mehr gemacht?

WOLLI Nee, nee, das war schon vorher vermietet. Als der Puff war, war Ende mit Porno. Das war nur in der Freiheit. Na gut, die Szene ist ja sowieso mehr oder minder fiktiv, das ist zusammengefaßt, was er da gesehen hat im Laufe der vielen Abende, und dann hat er so eine surrealistische Szene draus gemacht. Es stimmt eben immer bloß die Hälfte. Obwohl, mit diesem Mann, der mich erschießen sollte ... Das war ein ehemaliger Fremdenlegionär, den wir mal im Auftrag von jemandem gräßlich aufgebügelt haben, krankenhausreif, und er wußte: Da ist einer davon in Hamburg, das ist ein Wolli. Wo ist der Wolli? Und jetzt haben ihm aber die Jungs das nicht gesagt. Ein ganz Starker, Kräftiger. Ich wußte, daß er eine Handgranate dabeihatte. Da haben sie mir einen Tip gegeben, weil sein Ziehsohn, der jetzt tot ist, ein Sankt-Paulianer ist, der vorher auch in Berlin war. Und dann hab ich mir so ein Sturmgewehr, so eine Kalaschnikow, geholt und hatte die hinter der Tür. Ich mußte ja Leute reinlassen, weil ich da Filme vorgeführt hab. Insofern stimmt die Situation. Das waren schreckliche drei Tage. Dann haben sie mir gefunkt, der ist abgereist, der ist wieder nach Berlin. Ah! Fällt mir ein Stein vom Herzen, das war ja nun gar nicht mein Stil. Wie ich lebe. Mit der Kalaschnikow hinter der Tür.

Ja, ja, der *Grünspan:* Da find ich am schönsten, was Hubert vielleicht nicht am schönsten fände, die Schilderung der Bombennächte. Da stimmt das alles auf einmal. Ich meine: Was die surrealistische Überspitzung in dieser Pornofilmvorführung bei dem Wolli soll, ist mir nie ganz aufgegangen.

JAN Mit der Schlange, die sich durch die Hunde frißt ...

WOLLI Ja, ja. Ich hatte zu dieser Zeit acht Schlangen in einem Terrarium. Aber die sind natürlich nicht um die Leute rumgekrabbelt. Und ich hab auch nicht so geschminkt mit einem Steifen die Leute an der Treppe empfangen in so einem Kasparanzug ...

LINDA Vielleicht einmal.

WOLLI Aus irgendeiner Laune raus, wir haben ja damals auch Trips genommen und Meskalin, es gab keine Droge, die ich nicht genommen hab. Bloß die Scheiße nicht. Das hab ich einmal gemacht. Der Norbert Grupe hat mir einmal Heroin gespritzt, in den Arm. Richtig mir das auch eingeredet. Ich sag: Ja, laß mich mal probieren. Das war nicht schlecht. Wie auf einem Trampolin. Aber keinesfalls, daß ich das Bedürfnis gehabt hätte: Ich will das wieder machen. Wenn ich weiß, wozu das führt. Da muß ein innerer Selbstzerstörungstrieb da sein, um Junkie zu werden.

JAN Ich hab mich auch gefragt, wo diese Szene im *Grünspan* eigentlich anfängt, ins Surreale überzugehen.

WOLLI Es gab nie eine Hausdurchsuchung. Also deshalb eigentlich in dem Moment, wo die Polizei kommt. Es waren Hausdurchsuchungen bei mir, aber nicht so, wie im Buch beschrieben. Die waren vormittags, keine Leute. Das ganze Buch ist ja eigentlich nicht surrealistisch angelegt. Ich frag mich: Was soll das? Die Faszination St. Pauli war auch bei Hubert, zumindest am Anfang, sehr mit dem Bewußtsein verbunden, das Exotische zu erleben. Der Exot selbst empfindet sich nicht als exotisch. Ich hab dreißig Jahre in St. Pauli gelebt und bin da sogar ein bißchen was geworden, also, man kannte mich. Ich war nicht der König. Heut ist ja jeder Frittenverkäufer, der erschlagen wird, der Frittenkönig. Aber ich hab in dieser Zeit, ich hab überhaupt noch nie in meinem Leben einen gewaltsam zu Tode Gekommenen gesehen, ich hab niemals eine Messerstecherei oder etwas gesehen, wo ein Mensch verletzt und blutig war – außer mal ne blutige Nase bei normalen Schlägereien.

Also, ich hab die Gewalt in St. Pauli nie kennengelernt. Hubert vermutete das immer. Und wo die Gewalt anfing, die Gründe kann man verschieden sehen, nicht zuletzt natürlich der Zufluß aus Albanien, Jugoslawien und so weiter. Das hat zu einer großen Brutalisierung geführt. Das war 82, und da hab ich zu Stummi, meinem Partner, gesagt: St. Pauli ist zu Ende, ich hab keine Lust, meine letzten Lebensjahre mit einem Leibwächter zu verbringen. Und mich immer umzudrehen, wenn ich aus der Wohnung komm. Ich hab wörtlich gesagt: Wir gehen dem Chicago der dreißiger Jahre entgegen, dem Al-Capone-Chicago. Bei uns kommt alles ein bißchen später. Und das ist nicht mehr mein Ding. Mein St. Pauli war ein Familienbetrieb. Und Hubert vermutete oft eine Gewalt, und bei so vielen Menschen, die betrunken sind und in Ausnahmesituationen (denn jeder, der nicht zu St. Pauli gehört, befindet sich, wenn er als Gast in St. Pauli ist, in einer Ausnahmesituation) ... Diese Brutalitäten hat Hubert zu wichtig genommen. Im Kontext waren die wahrscheinlich nicht größer als Brutalitäten in einem Bergwerk oder in einer Fabrik. Aber Hubert meinte noch immer, er muß etwas erforschen, die geheimen Hinterzimmer der Macht. Die gab's aber nicht. Und das glaubte er mir nicht.

JAN Das ist genau die gleiche Struktur wie in den Arbeiten zur afro-amerikanischen Religion. In *Explosion* gibt's am Schluß eine großartige Szene, den ganzen Roman über will er das Allerheiligste des Tempels sehen, den geheimen Raum, und am Schluß ist es dann soweit, er kann kommen, große Vorbereitungen und so. Dann kommt er da hin, aber es ist ein leeres Zimmer, die haben da alles rausgeräumt.

WOLLI Aber das Hubertle denkt immer noch, da ist ein geheimer Gang irgendwo, den man entdecken muß, ich muß nur mit dem Priester reden, da ist noch irgendwo was. Ja, ja, so ist das beim Hubert ...

JAN Fichte ist im März 86 gestorben. Wann habt ihr euch zum letzten Mal gesehen?

WOLLI Ich hab ihn noch mal gesehen, 84 war ich noch mal in Deutschland. Ganz kurz, drei Wochen. Was keiner gewußt hat. Bei Renate Durand. Noch nicht mal meine Eltern hab ich angerufen, nur Hubert. Und da haben wir uns bei Renate getroffen, das war das letzte Mal. Aber da haben wir mehr über andres gesprochen, da wollte er Altgriechisch lernen und wollte die *Odyssee* neu übersetzen.

JAN Da hat er ja auch mit angefangen.

WOLLI Und brachte uns Ausschnitte mit und so. Da war er geistig tätig, enorm. Der hatte ja kein Abitur, ne? Und gehörte zu den gebildetsten Menschen, mit denen ich mich überhaupt je unterhalten habe. Ob das eine Sprache war ... Und was er wußte ... Er war am lernen ... „Wurachen" war so ein Wort, das hab ich bisher nur bei ihm gehört. Hart arbeiten: Ich hab gewuracht. Ulli sagte immer – oder Uwe: Ich hab scharniegelt. Hart arbeiten, das war scharniegeln. Und bei Hubert war's wurachen. Es gibt ja so ein Wörterbuch der Gauner- und Zigeunersprache, aber das, was ich anspreche, ist fünfundzwanzig Jahre her, ich glaub von Wolff oder Wulff war das. Na, eine richtige Scheiße. Also, teuer, aber nicht empfehlenswert ...

Ich hab in einigen Gefängnissen schon mal meine Zeit zugebracht, obwohl ich absolut saubere Papiere hab. Ich bin niemals verurteilt worden, das hat jedesmal mit einem Freispruch geendet, aber ich war jeweils eine Zeit in Haft oder mit anderen Gefangenen zusammen, obwohl ich natürlich auch in Costa Rica alles dazu getan hab, weil mir klar war: Es gibt einen Freispruch. Ich meine, da müßt man schon ein sehr großer Pessimist sein, wenn man dir was vorwirft, was du wirklich nicht gemacht hast, daß sich das nicht aufklärt. Aber ich saß gerne im Gefängnis, ich wollt ja selbst im Militärgefängnis noch bleiben, mindestens vier Wochen. Daß drei Monate draus wurden, war ein bißchen lang. Weil es so ungeheuer interessant ist. Muß man sich mal vorstellen, du bist in Costa Rica in einem großen Untersuchungsgefängnis, für achtzig Mann gebaut, mit hundertachtzig Leuten belegt. Da liegst du mit Amis, Peruanern, allen möglichen Indianerstämmen. Und das Spektrum der Gefangenen setzt sich im großen und ganzen nicht aus der Oberschicht zusammen, sondern aus der Unterschicht. Aber auch Millionenbetrüger, Rauschgifthändler. Dominikaner, Kolumbianer, Hong-Kong-Chinesen ... Für einen ethnologisch interessierten Menschen! Da kann ich doch bißchen auf was verzichten, ob ich nun auf der Erde schlaf und da jeden Tag Reis freß ... Na, Mensch, da freß ich doch jeden Tag Reis! Wo hab ich sonst so eine Möglichkeit!

LINDA Wir hatten gehört, er ist verhaftet worden, und später kriegten wir dann einen Anruf, da war ich bei den Durands. Ganz begeistert. Er war total begeistert, sagte: das Größte, was mir überhaupt passieren konnte.

WOLLI Ja! Ich hab mich gelangweilt, sieben Jahre gelangweilt in Mittelamerika. Ein langweiliges, todlangweiliges Land. Kulturlos, vermaust. Die Leute, die meinen, sie wissen ein bißchen was, die nähren sich von ihren europäischen Schulen. Es ist altmodisches Spanien mit dem Gaunertum der jetzigen Zeit und Amerikanismus versetzt. Es ist ... nada. Und jetzt weiß ich, warum ich nach Costa Rica gekommen bin. Ich wußte, das ist der Sinn! So ein Glück zu haben. Gibt es etwas Spannenderes? Das ist Ethnologie direkt an der Quelle. Was muß das für eine Pfeife sein, der sagt: Oh, ich hab da alles verloren! Was hätten wir denn da weiter in der blöden Bude gehockt?

LINDA Ja, und ich hab Hubert nie wieder gesehen. Du immerhin noch mal.

WOLLI Er wußte da, daß da mit seiner Gesundheit was ... Da sagte er: Nee, nicht mehr mit Negern, hat er nichts mehr im Sinn mit gehabt, nee, gar nicht mehr: Ich muß ja immer damit rechnen – mit Präser mach ich's nicht gern – daß ich einen ansteck oder angesteckt werde, ich will nicht jemand anstecken für den Tod ... Also eigentlich, was wir nie gesprochen hatten. Das ist uns (der Renate sowohl als auch mir) dann so im nachhinein gekommen, ob er da schon was geahnt hat.

LINDA Vielleicht wußte er's schon und hat noch richtig gearbeitet die letzten Jahre, muß er ja. Geschrieben hat er mal. Oh, es ist schwierig, seine Handschrift zu entziffern.

WOLLI Ich hab eine ganze Reihe von Briefen nicht gelesen oder nicht verstanden, wo mir immer wieder Zeilen fehlen. Wir haben aber auch nicht über philosophische Probleme geschrieben, das waren meistens so kurze Reisedinger, hier ist's schön und hier ist's toll.

Übrigens, in den Briefen von Hubert an mich ergibt sich ein nicht ganz richtiges Bild. Da ergibt sich ein geiziger Wolli, der eine große Kunstsammlung hat, Besitzungen im Ausland und so weiter. Was gar nicht stimmt. Und der Hubert ist der arme Schreiber, der sich knechten muß, daß er seine Werke zu Papier bringt. Hubert hatte nicht viel weniger Geld als wir. Wenn ich gereist bin, sind wir einfach, so hippieartig, gereist, aber Hubert wohnte immer im Grand-Hotel.

Also, ich hatte keinerlei Anlaß, Hubert mit Geld zu unterstützen, denn Hubert hat im Schnitt im Monat (und das war damals, Ende der Sechziger, viel) fünfzehnhundert D-Mark verfickt. Die hab ich nicht verfickt! Wir haben das mal ausgerechnet. Ja, ich sag: Da jammerst du immer! Ich kann mir das nicht leisten. Du brauchst es auch, des öfteren sehr gut essen zu gehen, so für einen Hunderter. Ja, ich kann mir das nicht leisten. Und wenn ich mir Bilder kauf, das ist ein reines Spekulationsobjekt, wie andere sich Gold kaufen und aufheben, und ich hab noch was zu gucken dabei. Und für dich öffnen sich die Tore der Welt einnahmemäßig immer mehr, für mich ist es zu. Wenn ich mal fünfzig bin, muß ich mein Geld zusammenhaben. Dann kann ich nicht mehr in St. Pauli arbeiten. Ich will ja nicht mit sechzig als Portier da stehen. Aber mit sechzig kann ich auch keine Frauen mehr auf den Strich schicken. Ich sag, das mußt du alles einrechnen. Ich hab noch zehn Jahre. Du kannst immer noch weiterschreiben, aber ich kann nichts anderes als St. Pauli.

JAN Was genau sind eigentlich die „überseeischen Besitzungen", von denen Fichte schreibt?

WOLLI Ich hab, wo das mit Mauli schon fast am Ende war, ein Stück Land auf Lanzarote gekauft. Kostete damals der Quadratmeter fünf Mark. Und hatte vor, da eine Disko zu machen. Da gab's keine vernünftige Disko, ich sagte: Mensch, wenn das wie auf Teneriffa wird! Da kostete das Land fünf Pfennige und war sechs Jahre später sechshundert D-Mark wert. Wenn das jetzt auch eine richtige Touristeninsel wird (und das sieht so aus), dann hab ich die erste richtige Diskothek. Der Omar Sharif hatte ein paar hundert Meter weiter Land gekauft und fing an zu bauen, Riesentennisplatz. Und dann kam der Baustopp, und drum ist das Land immer noch 'n Appel und 'n Ei wert. Das sind die „überseeischen Besitzungen"! Da denkt man, der Wolli hat soviel Kohle, seine Kunstsammlung erweitert sich, seine überseeischen Besitzungen, meine Kaffeeplantagen in Mittelamerika, meine Bananenfelder!

Die Geschichte von diesem reichen Bordelliero und dem hungergepeitschten Zweiglein, das ist Unsinn! Das war 1970, im Dezember 1970 ist Mauli weg, davor hatte ich das gekauft, zwischen Juli und Dezember 1970. An dem Land hängen Geschichten, so was glaubst du nicht! Wo der Mauli weg ist, sag ich: Ich muß mich erholen, ich fahr nach Lanzarote. Ich hab da auch Geld hinzubringen, einen Teil hatte ich angezahlt, jetzt bezahl ich einen zweiten Teil. Das waren vierzehntausend Mark oder so. Und auch, um mich von Mauli zu erholen, von der Trennung. Die hat mich fast das Leben gekostet, wünsch ich meinem ärgsten Feind nicht. Jetzt komm ich da an, auf Lanzarote. Oder Teneriffa? Nee, Teneriffa!

LINDA Las Palmas, oder?

WOLLI Eine von diesen Inseln. Besauf mich gleich den ersten Tag, laß mir eine auf den Kopp hauen, wach auf der Straße auf, blutüberströmt, und weiß natürlich sofort, was los ist. Mein erster Griff ist – hatte die vierzehn Mille in der Tasche, die sind weg. Da freut man sich richtig drüber. Den nächsten Tag flüchte ich aus diesem Gemeinschaftskrankenhaus. Mit so einer Binde da. Und so einer Binde da. Zugeklebt. Mit keinem Pfennig Geld in der Tasche. Bettel an der Rezeption rum, daß ich anrufen darf nach Deutschland, Opa Bescheid sagen, weil ich keinen Pfennig hatte. Der ist auch am nächsten Tag da mit dem Geld und sagt: Weißt du, wer ein Stockwerk unter dir wohnt? Nee. Mauli mit ihrem neuen Freund. Im selben Hotel! Ich sag, das halt ich nicht aus. Reisebüro, scheiß auf die Zeit, ich will eher zurück, wann ist der nächste Flug nach Deutschland? Ich bezahl das. Übermorgen. Das haut auch alles hin. Und da war wahrscheinlich ein aufmerksamer Steward an Bord, der hat gesehen: Oh, da sind auch ein paar Deutsche, die setz ich nebeneinander. Also sitz ich im Flugzeug hier, Mauli sitzt neben mir, daneben der neue Freund. Sechs oder vier Stunden Flug. So nebeneinander! Da ist die zufällig auch an dem Tag weggefahren, wär ich doch länger dageblieben! Das glaubt kein Mensch!

Die waren weg, die vierzehntausend. Jetzt bin ich natürlich wieder hierher, ruf den Landverkäufer an: Ich hab das Geld inzwischen wieder zusammen, alles ist okay. Und ich hatte so eine riesige alte Familienbibel, da hab ich immer Geld drin gebunkert. Und das waren sechsundzwanzigtausend, ich wollte noch Land dazukaufen ... Der Sissi kommt auch, will das Geld abholen. Wir sitzen da, ich spring dahin, an meine Bibel, reiß in der Bibel rum, werd grün und blaß und rot und blau. Das Geld ist gemaust! Da war den Tag vorher Mauli mit dem neuen Freund da, die hatte noch einen Schlüssel und wußte, wo das Geld war, und hat sich bedient. Na, das Land hab ich immer noch nicht verkauft, das kostet schon so viel, das Fünffache! Ich bin froh, wenn ich ein Viertel davon jemals wiederkriege. Also, da war der Fluch auf dem Land.

LINDA Na, damals hatte er ne ganz schlimme Zeit hinter sich, als wir uns kennenlernten.

WOLLI Ja, das kam dann alles – der Mauli weg, mit dem Land, auf den Kopp gekriegt ... Da kam eins zum andern. Aber dann kamst du, und sofort ging's wieder aufwärts. Und an was denkt man? Nicht an die schlechten Sachen – an die guten!

LINDA Wo Hubert sehr, sehr stolz war, weiß ich noch – ich weiß bloß nicht, ob wegen *Petersilie* oder wegen *Xango,* wo ein Ausdruck für ihn geprägt wurde, und zwar „Ethnopoet".

WOLLI Ach, Ethnopoetik, da hat er doch mal in Bremen gelesen eine Zeitlang. An der Uni. Da war er ganz stolz, der Herr Professor. Ein Autodidakt muß ja da viel mehr für tun. Ethnopoetik. Obwohl ich mit diesem ganzen Begriff nicht viel anfangen kann. Poetik ist eine Sache, Poetik, Poesie, Kunst – Ethnologie ist eine andere Sache, das ist Feldforschung, hinschauen, hinschauen, immer wieder hinschauen. Ich hab ja auf Privatethnologe eine Weile gemacht, wir waren anderthalb Jahre in Indien, mit diesen Bergstämmen in Assam am Fußhügel des Himalaja. Da hab ich mir seitenweise Worte aufgeschrieben, was heißt Hand, was heißt das, was heißt das? Na, der eine hatte uns als Götter an der Wand, weil wir ihm zwei Ochsen gekauft haben, ein Stück Land et cetera, wo er sagt: Du bist der Gottgesandte für mich, so daß ich zu diesem sehr scheuen Dorf, wo man auf der Straße nicht hinkam, sondern man mußte so ein Flüßchen durchwaten, drum kamen die normalen Inder da auch nicht hin in den Dschungel ... Der eine Inder, das war so einer der wichtigen Leute in diesem Reservat, der wunderte sich immer. Ich sag: Ja, kommen Sie doch mal mit. Ja, tun die mir auch nichts? Ist das nicht gefährlich? Kann ich da hingehen? Nee, also, der war nie da gewesen, das war ein Mann von fünfzig Jahren, der noch immer dachte: Vielleicht fressen die mich da. Aber so kam ich auch zu dem Dorfhäuptling, das nenne ich ethnologische Forschung. Ich laß überhaupt nur die Feldforschung gelten.

Drum kann ich mit „Ethnopoetik" nichts anfangen. Heißt das, daß ich meine Forschun-

Wolli Köhler, Foto: Jan-Frederik Bandel

gen, die ich niederlege und die ich anderen Leuten erzählen will, damit sie davon auch was erfahren (du machst das ja nicht für dich alleine), in einer schönen, dem Land, dem Klima, der ganzen Mentalität vielleicht angepaßten Sprache wiedergebe? Das halte ich für selbstverständlich, soweit es einem möglich ist, daß es gelingt, daß man schreiben kann. Der eine macht's wie Egon Erwin Kisch oder so, da gibt es viele Möglichkeiten. Aber da erschließt sich immer noch nicht die Ethnopoetik. Besteht die nun wie in *Petersilie* und *Xango* aus diesen kleinen Sätzen? Ist das die Poetik? Ich tu mich schwer mit dem Begriff. Vegetarische Fleischkost.

Wolli Indienfahrer dagegen, das ist absolut lesbar. Ich kenne zwei Bücher, die stimmen über St. Pauli. Das ist *Einer von der Straße* vom Wondratschek und die Interviews *Wolli Indienfahrer* inklusive der Fraueninterviews, denen mit Jonny, mit Ulli und so weiter. Das sind Sachen, die stimmen. Aber wo steckt da nun die Poetik?

LINDA Nein, nein. Der Ausdruck kam erst später, mit *Xango* oder *Petersilie*, mit diesen Sachen. Davor noch nicht.

WOLLI Vielleicht war er selber darüber erstaunt. Ein Eierkopp, der Hans-Jürgen Heinrichs, hat das erfunden. Ich weiß, wie so Sachen entstehen manchmal. Ich weiß, wie entstanden ist: *Wolli Indienfahrer. Roman.*

JAN Und zwar?

WOLLI Ist ja ein Wahnsinn, das Ding Roman zu nennen, ne? Der Hubert kommt vollkommen empört zu mir und sagt: Stell dir vor, das sind solche Idioten da im Verlag. Die haben das jetzt schon fertig gedruckt, da steht „Roman"! Und ein paar Tage später sagt er: Oh, vielleicht ist das ja ganz geil. Jetzt machen sie sich Gedanken über den neuen Roman. Ja, das ist ja richtig geil. Ich muß mir jetzt nur noch was zurechtbasteln, warum das ein Roman ist, warum ich das „Roman" nennen kann. Was sie da reingeheimnissen in den „Roman"! Und so, wie die Leute arbeiten ... Das siehst du ja immer wieder: Auf dem Klappentext der *Palette* steht hinten drauf: ein Lokal in St. Pauli. Auf dem *Indienfahrer* bin ich als kleiner Junge drauf, und beim *Waisenhaus* der Hubert Fichte als kleiner Junge. In der Neuauflage ist das umgedreht: Da bin ich im *Waisen-*

haus. Und so siehst du, wie die Leute arbeiten, mit welcher Schlampigkeit diese Verlage arbeiten.

Ach, die haben das Buch auch gar nicht richtig begriffen, die Idioten. Es ging doch darum – ach, wie schön wär es, das weiter zu machen: die Entwicklung eines Menschen, der in einer Außenseitergesellschaft lebt. Und darum ja die Interviews über zehn Jahre, und dann nach den zweiten Interviews meine schrägen Bemerkungen zu den ersten Interviews, die Kritik selbst da dran. Ja, das ist doch das Interessante, wenn ich nicht nur Sachen les wie die *Bunte* oder Dieter Bohlens Fickabenteuer. Und wie geil wär das gewesen. Wenn Hubert noch gelebt hätte, hätten wir ja weitergemacht, solange ich noch krabbel. Dann diese Geschichte mit Costa Rica, Militärgefängnis in Mittelamerika paar Monate lang und alles so Sachen, die dann kamen – und auf einmal wieder St. Pauli und dann wieder nicht mehr St. Pauli und dann auf einmal an den Arsch der Welt ziehen, in so eine Gegend hier.

JAN Warum sind die ersten Interviews mit dir eigentlich nicht im ersten Interview-Band enthalten, in den *Interviews aus dem Palais d'Amour etc.*?

WOLLI In dem, was aussieht wie ein Präser? Böse Geschichte! Da haben wir uns so gestritten, da hab ich gesagt: Meine Interviews darfst du jetzt nicht machen. Das war im „Palais d'Amour". Und deswegen waren die Interviews dann nicht da drin in dem Präser. Vertragen haben wir uns drei Wochen später, aber da war's schon im Druck.

Ich hab ihn auch für die Interviews nie nach einer Mark gefragt, auch der Ulli nicht. Aber ich hab dann meinen Puff „Palette" genannt, was ihn gefreut hat. Weniger als eine Hommage für das Buch als für Hubert. Jeder hat seiner Etage einen Namen gegeben, daß man weiß, die arbeitet da und da. Und an der Tür war dieses Plakat, das Präserplakat, dieses Frommsplakat – dieses Werbeplakat für die Interviews haben wir dann überall aufgehängt. Das hat ihn gefreut. Ach, wir haben uns oft so gefreut ...

LINDA ... und dann wieder gestritten.

WOLLI Ja, ja. Ich bin sowieso ein bißchen, na ja, sehr spontan und so. Weißt du, bei Hubert, der war sehr schnell beleidigt und konnte dann so wunderbar traurig gukken, daß du sagst: Jetzt weint er gleich. Das ganze Gesicht in tiefer Trauer versteinert. Da hatte er so graue Socken, und die schlugen so Falten, ich sag: Da hast du heute aber ein paar Opasocken angezogen, die fallen ja runter. Würd ich lachen, wenn mir das einer sagt, würd ich nie auf die Idee kommen, das als eine Beleidigung zu sehen. Aber das hat ihn so verletzt, für den Abend war er verletzt, da genügte so eine Sache! Also, die Empfindlichkeit von Hubert war sehr, sehr hoch. Ich hab zwar eine hohe Eigenempfindlichkeit, aber sonst bin ich ein ziemlicher Gefühlstrampel, indem ich Leuten manchmal so – vermeintliche, für mich! – Wahrheiten sag, ohne darauf Rücksicht zu nehmen, ob ich sie verletze.

LINDA Ich weiß noch, wie er tief beleidigt war, als du gesagt hast, daß du seine Reiseberichte besser findest als seine Romane.

WOLLI Ja. Bin ich auch heute noch der Meinung. Zu dieser Zeit, wo er in *konkret* veröffentlicht hat, so Griechenlandreisen, die ersten Sachen. Die fand ich besser als dann die Romane. Die *Palette* halt ich auch, bei aller Liebe zu Hubert – na: Wer bin ich, zu sagen, das ist gut oder schlecht, ich kann nur sagen: Mir gefällt's nicht. Ich sag: Mensch, geh da wieder hin zurück, da bist du richtig gut, dann les ich dich gern. Aber über die „Palette" schreibst du, über jetzt lebende Menschen, noch in ihrem jetzigen Zustand zum Teil ... und die, die zu mir hochkommen, sind von diesen Leuten nicht die Dümmsten, nicht die Uninteressiertesten. Und ich hab keinen davon gesehen, der in der *Palette* erwähnt wird und das Buch zu Ende gelesen hat. Ob das der Willi Hurter ist oder die andern, die drin sind. Die sagen: Kann ich null was mit anfangen. Und wenn jemand ein Buch über mich und mein Leben schreibt, dann will ich das ja auf jeden Fall lesen! Dann ist es eben einfach die Neugierde, die Tratschneugierde, die mich beseelt. Logisch. Es war so geschrieben, na, in der Zeit von Huberts Sprachexperimenten. So seh ich die *Palette*. Ich erfahre nicht wirklich sehr viel von den Leuten. Also, Hubert ist wirklich, was sie ihm vorgeworfen haben, zum Teil reingekommen, hat sich Worte aufgeschrieben, hat gefragt und befragt – aber hatte noch nicht diese Interviewerqualität, die er später erreichte. Das ist kein Fleisch, kein Fisch. Ich kann mit der *Palette* nicht viel anfangen.

JAN Daß du das Interview für das Buch zurückgezogen hast, hatte aber nichts mit den Interviews zu tun, das war nicht so, daß du sagst: Hier, das mit den Interviews, das war nichts, mach das nicht?

WOLLI Nein! Das war einfach ... Da hat vielleicht der Hubert mal seine Hysterie rausgelassen und der Wolli auch. Das hat auch nicht lange gedauert. Jedenfalls eine Sache, die ich später erst wirklich überschaut hab und nicht gemacht hätte, hätte ich sie damals überschaut. Eine von meinen bösen Taten, für die man mal gestraft wird im Himmel, war, die Interviews zurückzuziehen. Denn für Hubert war das ja richtig Arbeit, die Interviews zu machen, und sein Brotverdienst, und dann kann ich nicht aus einer Laune heraus sagen, jetzt hast du umsonst gearbeitet. Das war unüberlegt und ist mir wohl später auch in den Sinn gekommen: Vollkommener Quatsch, ich kann dir doch nicht deine Arbeit stehlen. Schade, daß keiner da war, der mir aufs Maul gehauen hat! Ich dachte: Mensch, Wolli, was bist du für ein egoistisches Scheißtier? Macht man nicht. Aber ja, der Mensch verändert sich, ich hab das damals gar nicht als was Schlimmes gesehen, was ich da mach. Wir haben da noch mal paar Jahre später drüber gesprochen, daß das ganz was Schlimmes ist.

JAN Wenn ihr euch nicht gestritten hättet, wären beide Interviews drin gewesen.

WOLLI Ja, ja. Die waren auch eigentlich abgeschlossen. Aber nach der Indienreise, da kam Hubert vielleicht auf den Gedanken: Oh, mach mit Wolli jetzt was ähnliches, nur nicht so ausführlich, wie er es mit sich selbst macht. Jetzt bleib mal dem Wolli auf den Fersen, möglichst bis er tot ist, und schreib die Entwicklung von dem Wolli parallel zu der Entwicklung von Hubert. Drum bin ich überzeugt, daß er natürlich richtig Bock gehabt hätte, nachdem ich aus Costa Rica wiedergekommen bin, nach sieben Jahren Südamerika, und jetzt wieder hier, was ist da, jetzt bist du auf einmal wieder auf der Reeperbahn hier und so ... Das wär weitergemacht worden.

Und insofern interessiert mich der Wolli auch, weil ich einfach sag: Ja, von dem würd ich noch ganz gerne erfahren, bleibt er nun in Indien, gibt er den Puff auf, wo ich erfahr dann, in diesem besoffenen Interview ... – das als Abschluß zu lassen von dem Wolli, das wäre sehr schade für diese Figur, weil der mir hier teilweise ganz sympathisch ist drin, daß ich sag: Ja, daß der so endet, richtig wie so ein verkommenes Dreckschwein da, schade eigentlich, ich hab mehr erwartet von ihm. Da krieg ich ja eine ganz widerliche Gestalt geschildert, wo ich sag: Ja, diesen Idioten möcht ich nie kennenlernen. Der seine Frau verprügelt und ein Macho ist, als ob er nicht ganz dicht in der Birne ist. Das ist natürlich Wolli auch zu einer Zeit. Ich weiß, daß ich bei meinen meisten Besoffenheiten eher unangenehm bin als angenehm. Deswegen trink ich ja auch nicht mehr, weil ich weiß, ich kann nicht umgehen mit dem Stoff, ich bin da wie ein Russe, der nett ist, aber auf einmal haut er die Wohnung auseinander, wenn er besoffen ist. Und am nächsten Tag weint er: was hab ich gemacht und so. Und drum ist dieses Interview ne hochinteressante Sache für Eingeweihte, auch mal einen Menschen in diesem Zustand zu sehen, interessant wie ein Krankenbericht aus der Klapsmühle, aber man kann nicht einfach das so hinstellen, Leute, die nie was von Wolli gehört haben, sagen: Oh, jetzt gehn wir ins Theater, und dann kriegen wir da diese Lesung gebracht, jetzt erfahren wir was von Wolli. Das ist totaler Unfug! Im Rahmen des Ganzen mit weitergehenden Interviews kann das drin sein.

JAN Du sagst, der Wolli in *Wolli Indienfahrer* ist für dich eine literarische Gestalt, er interessiert dich als Kunstfigur.

WOLLI Ich unterscheide noch mal zwischen der Kunstfigur Wolli und dem wirklichen Wolli. Ich neige ja sowieso dazu, immer ein bißchen hinter mir herzulaufen, ich bin ein Schauspieler und nicht unbedingt der Regisseur. Und in dem Moment bin ich Worte, und ich kann nur mit Worten denken, ich muß alles in Worte übersetzen. Vielleicht fehlt mir das Gefühl, drum kann ich mit Musik (außer wenn sie balladesk ist) nicht viel anfangen ... Und so seh ich eine Figur aus Worten, die ich bin, aber diese Figur steht fest, der lebende Wolli steht ja nicht fest, der ist in fünf Minuten was andres, als er jetzt ist, oder kann es sein, wenn ein kühler Luftzug reinkommt oder wenn ich niesen muß und so weiter und so weiter, während diese Figur auf einmal dasteht. Und so interessiert mich die Figur Wolli, die geschriebene Figur, eigentlich mehr als die lebende Figur. In der geschriebenen Figur entdecke ich: Oh, das ist ein sehr interessanter Mann, den würde ich gerne mal kennenlernen. Wenn ich im Urlaub wär, das wär nett, wenn das ein Urlaubsbegleiter wär. Im gleichen Hotel. Puffboß, St. Pauli, Clochard gewesen, interessiert sich für Literatur, ist ein gebildeter Mensch augenscheinlich, auch seine Urteile. Doch, der interessiert mich! Der, der da geschrieben steht. Und da kann es passieren, daß ich über diese geschriebene Figur Wolli nachdenke und mich selbst, den lebenden Wolli, ein bißchen außen vor laß, sondern mich in diese Figur hineinversetze, wie er das empfunden hat und wie ich das empfunden hätte, ich kritisiere noch mal wieder mich, wenn ich mich geschrieben sehe. Was stimmt da, was kommt da so rüber, ist das wirklich so, denk ich wirklich so? Ich denke ja gerne über mich nach. Na Gott, wer ist nicht ein bißchen eitel und denkt gerne über sich nach? Ich bin auch einer der Überraschungsreichsten, wenn ich über mich nachdenke und mir so begegne, da kann ich mich immer wieder mit neuen Sachen überraschen, weil ich so vieles so dumpf immer gemacht hab. Na ja, hinterher versucht man da Sinn reinzulesen.

JAN Aber du würdest nicht sagen, daß diese Figur, die ja von Fichte nur in bestimmten Momenten festgehalten ist und dadurch eigenständig gegenüber dir ...

WOLLI Richtig.

JAN ... daß die eine eigene Dynamik entwickelt, die eventuell gar nicht viel mit dir gemein hat?

WOLLI Nee.

JAN Also, das würdest du nicht sagen. Denn so ungefähr hat es der Reichelt wahrgenommen.

WOLLI Das wird eine ganz andere Figur, mit einer Eigendynamik, die bin ich nicht mehr?

JAN Ja, bei dem geht das so weit, daß er sagt: Da sind Sachen drin, die hab ich überhaupt nicht erlebt. Die Erlebnisse hab ich nie gehabt, die hat Fichte da reingeschrieben.

WOLLI Also, der Eppendorfer sagt praktisch, Fichte hat ihm Worte in den Mund gelegt, die er nicht gesagt hat?

JAN Genau.

WOLLI Das glaub ich nicht. Das halte ich für gelogen. Da möcht ich mich fast für verbürgen, daß Fichte das niemals machen würde. Also nicht in wörtlicher Rede. Vielleicht wenn er ihn als Romanfigur benützt wie den Wolli im *Grünspan*. Ich meine, daß sich da keine Boas durch die Hunde fressen, das weiß auch der Dümmste, daß das – na, wie sagt man: surrealisiert ist.

Nee. So mein ich das mit der Kunstfigur. Es sind Teile von Wolli, interpretiert durch einen anderen, einfach schon durch die Auswahl der Fragen in einem Interview. Ganz davon abgesehen würde dann die Zeit eine Rolle spielen, wann war das Interview, wieviel Zeit ist dazwischen, ist der Wolli zu der Zeit, als er interviewt wurde, der gleiche, der auf der Couch saß? Ja, aber eben ein Ausschnitt. Aber wenn Jahre vergangen sind, da würdest du ja die Entwicklung leugnen.

JAN Gut, okay, aber Fichte fragt ja am Ende des zweiten Interviews auch: „Glaubst du, daß das Interview das Wesentliche deiner Person ausdrückt oder möchtest du noch etwas Wichtiges dazu sagen?"

WOLLI Ja, aber was sollst du auf so eine Frage antworten? Na, es ging ihm erst mal um die *Palais-d'Amour*-Interviews, und als der Wolli dann anfing nach Indien zu fahren, kam ein neuer Aspekt hinein. Nach der zweiten Reise, die dauerte neun Monate. Da ist das dritte Interview entstanden, überwiegend im Tropeninstitut. Da hatte ich ein Privatzimmer. Ich konnte gut mit dem Dr. Dietrich, dem Krankenhauschef, der hatte nichts dagegen, daß der Fichte nachts bis drei blieb, da haben wir sogar noch Essen hochgekriegt. Und er interviewte mich. Den lob ich ja auch, gleich zu Anfang, den Dr. Dietrich, das ist ein ganz Guter! Und als ich dann zur dritten Indienreise noch mal hin bin, da sagte er gleich: Ach, der Wolli Indienfahrer! Da wußte ich gleich, daß er das Buch gelesen hat. Und Sie sind gut drin weggekommen, stimmt's? Jetzt behandeln Sie mich auch gut. War ein witziger Typ.

Übrigens, sieht schön aus, dein Exemplar *Wolli Indienfahrer,* meins sieht ganz befleckt aus.

LINDA Ach, das getaufte.

WOLLI Ja. Als das rauskam, brachte das Hubert gleich und ... mit einer guten Flasche

Rotwein, welcher, weiß ich nicht. Und da haben wir getrunken, und da haben wir immer so, pamm, auf das Buch gemacht, das mußte getauft werden, drum ist das total rotweinverlaufen. Aber das sind die Dinge, die mit einem selbst sterben, die außer für so einen verrückten Sammler überhaupt keinen Wert mehr haben. Dann ist es eben ein fleckiges, mit Rotwein bekleckertes Buch. Aber da sieht man die Freude, wo das Buch da fertig war und so.

Ja, Hubert hatte auch so Dinger, die ich nur ganz schwer nachempfinden kann. Es ging ihm viel um die Schönheit, die Ästhetisierung der Sprache: Ethnopoetik, das hat ihm gefallen. An dem Tag, wo ich weggeflogen bin, da brachte Hubert fünfundzwanzig teure langstielige rote Rosen zum Abschied. Ja, was soll ich damit machen? Der Flug ist sechsundzwanzig Stunden gewesen, damals. Hubert hatte nicht viel Geld, die Rosen waren teuer. Ich hab die dann Renate Durand geschenkt. Wir sind noch schnell mit der Taxe bei Renate Durand vorbeigefahren: Nimm die Rosen. Man hat Gepäck, das war ja die Totalabreise, wo soll ich die vielen Rosen ... ? Eigentlich was Nutzloses, und doch eine wunderschöne Geste, die man in der Erinnerung nicht missen möchte. Aber ich käm nicht auf die Idee!

JAN Ihr habt auch gefeiert, daß das Buch fertig war, mit einem „Dinner given in honour of Linda and Wolfgang" am 3. März 1977, mit „Lobster Leonore" ...

LINDA O ja, Lobster in Knoblauchmayonnaise hat sie gemacht.

WOLLI Und vorher ne Linsensuppe mit Räucherfleisch, kurz glaciert in einer Linsensuppe. Oder war das das zweite Mal? Wir waren zweimal bei Hubert essen. Dann Lobster mit Knoblauchmayonnaise.

JAN „Lemon Cream with Almonds" ...

WOLLI Ja, mit Mandeln war auch was. Ach so, wo ich auch sag, das ist ne Sache, die ich nicht ganz honoriere, im *Grünspan*: Er läßt mich Französisch verstehen und läßt mich auch einige Sachen französisch sprechen. Gehört leider zu den Sprachen, die ich null kenne! Also, will er mich da aufpolieren, oder was? Auf spanisch hätt er's machen können, auf englisch hätt er's auch machen können.

LINDA Aber das zweite Mal, wo wir eingeladen waren, da hat Hubert so eine komische Suppe gemacht, eine Brühe, ne total ungewürzte ...

WOLLI Das kam dazu.

LINDA ... mit rohen Markklößen. Also das war mir ganz schrecklich! Huh!

WOLLI Nun wär es nicht Hubert, wenn es nicht (inzwischen kannten wir ihn ja genügend) ganz was Tolles wär. Mit Markklößen, so wie sie sein müssen. Der wirkliche Feingeschmack der Sache selber. Es schmeckte wie Spülwasser mit halbrohen Fettstückchen – für mich!

LINDA Ich hab mir dann Salz genommen.

WOLLI Wenn ich mir Pfeffer und Salz und so was hätte reintun können, aber ich sah, wie die Traurigkeit in seinen Augen aufquoll, als sie nur nach dem Salzfaß langte, also hab ich die Suppe runtergewürgt. Ah! War ich froh, wo die alle war. Und hinterher gab's was Gutes, das waren, glaub ich, die Linsen. Ich weiß nicht. Ja, ja, und das ist so eine Empfindlichkeit, die ich auch nur bedingt bereit bin zu – akzeptieren muß ich sie, aber – zu unterstützen. Da kann mich mancher für grob halten, Hubert wußte, daß ich nicht grob bin ...

Ah! Mir hat nie jemand so gefehlt, wie mir der Hubert fehlt. Jetzt grad im Alter gibt es so viele Sachen, über die ich gern mit ihm sprechen möchte. Weil das auch zwei kämpferische Geister sind, keine Jasager. So kam auch Krach mitunter, aber so macht das erst Spaß: Warum das? Warum das nicht? Am Ende kamen wir ja immer irgendwie zu einer Synthese. Mir hat noch nie jemand so gefehlt wie der Fichte.

Das war wirklich eine tolle Freundschaft, weil überhaupt nie, weder von Hubert noch von mir, einmal der Versuch gemacht worden ist, nachdem wir geistig voneinander fasziniert waren, körperlichen Kontakt zu suchen. Wir haben uns geküßt beim letzten Mal, als ich noch mal in Deutschland war, jetzt sehen wir uns ein paar Jahre nicht, und beim ersten Mal ... aber so, wie ich auch meinen Vater küsse oder meinen Bruder. Es war kein Zungenkuß. Er hat mir nie an den Schwanz gefaßt oder ich ihm. Bei aller Balgerei manchmal und Blödelei und so. Das war, was er eigentlich dem Norbert in den Mund legt, dafür war mir unsere Freundschaft zu wertvoll.

Was anderes wär, wenn ich schwul gewesen wäre. Aber so lebte ich immer mit Frauen zusammen, so hat er mich kennengelernt, und für ihn bedeutet mit mir ins Bett zu gehen mehr, als es für mich bedeuten würde. Denn Hubert hat sich in einen Großteil der Stricher verliebt. Wenn ich da an Eddie denk ... Bah, ich bin bald blöde geworden. Den hat er ein paarmal mitgebracht. Ich sag: Hubert, Mensch, siehst du das nicht? Nein, der studiert, dem hab ich jetzt Bücher gekauft, die er für sein Studium braucht. Natürlich hat er die sofort verscheuert. Mensch, ich komm aus dem Leben, ich hab den Mann einmal gesehen, da wußt ich: ein Stricher, der beutet Hubert aus. Der hat wohl auch eine große schwule Neigung, aber genauso kann er auch mit Frauen. Ein bildschönes Negerlein! Ja, der Eddie. Und noch so ein paar, wo ich sag: Fick sie, aber verlieb dich nicht.

JAN Ja, das ist unterschiedlich: Es gibt diese sehr obsessiven Beziehungen, und dann diese Tagebucheinträge: zwei Türken, ein Togolese ...

WOLLI Das Parkbumsen, Hauptsache, ich fick einen Arsch, fertig. Aber wenn Eddie sich abwendet, da hat er gelitten. Natürlich wär das nicht schlimm gewesen, wenn Hubert mir einen geblasen hätte, aber das stand in einem anderen Kontext, das wär eine Beleidigung Hubert gegenüber gewesen, und umgekehrt eine Beleidigung mir gegenüber. Und drum war das auch eigentlich nie angefragt: Wollen wir mal losmachen?

Es gibt sehr wenige Fälle, daß du mit einer Frau ins Bett gehst, und das läßt dann nach, und ihr seid trotzdem noch weiter befreundet und seht euch öfter, aber geht nicht mehr miteinander ins Bett und so. Und ich nehm sowieso Liebe ja sehr ernst. Obwohl man sich da vielleicht wundert, wenn man einen Teil meiner Biografie so sieht. Heißt das „Biografie"? Doch, kann man sagen, oder?

JAN Ja.

WOLLI Man kann sagen: Das ist Teil meiner Biografie. Könnte man. Jetzt könnte man nur sagen: Warum verwendest du Fremdwörter? Ja, Hubertle. Aber das läßt auch alles nach. So, *Versuch über die Pubertät* und so weiter. Ich hab Hubert ein paarmal gefragt: Warum die vielen Fremdwörter, wenn das ohne weiteres deutsch möglich ist? Und warum Fremdwörter, die ich zum Großteil nicht mal im Fremdwörterlexikon finde? Wie ich zu Hubert auch ein paarmal gesagt hab, ich find das nicht nett, so halbe Seiten französisch zu schreiben oder spanisch oder englisch, dann kann man da ja eine Fußnote machen.

JAN Das war die Zeit, *Detlevs Imitationen „Grünspan"* ...

WOLLI Das ist so eine Überheblichkeit!

JAN ... da gibt es irgendwo eine Notiz, da heißt's: Ich möchte nur unverständliche oder schwer verständliche Bücher schreiben. Das ist der Vorsatz.

LINDA Ja, das ist ihm gelungen.

WOLLI Und da hatte ich sogar gewonnen, wenn man von Gewinnen sprechen kann. Er sagte: Mich interessiert nicht der Leser, mich interessiert die leere Seite, die ich beschreibe. Und ich sag – das sind so Sachen, wo man Hubert natürlich beleidigen kann: Du, paß auf, im Prinzip ist ein Schriftsteller nichts anderes als ein Metzger oder ein Bäcker, die Ware muß schmecken. Es sei denn, du sagst: Ich hab so viel Geld, ich mach das nur für mich, das ist mein Hobby, meine Schmetterlingssammlung, die will ich gar nicht verkaufen.

Und dann kam das Ding: Für meine Kunst, für meine Literatur, würde ich über Leichen gehen. Und da war der Krach da. Ich sag: Und Krupp ist über Leichen gegangen für seine Kanonen, für seine Produktion. Wo ist der Unterschied? Ja, ich bau ja keine Kanonen! Ich sag: Eine Leiche ist ein Toter. Man geht für überhaupt nichts über Leichen! Das waren die Sachen, wo wir uns am Kragen hatten. So einen Satz kann man ja nicht stehenlassen. Das geht nicht.

Tja. Ich hab mich mit Hubert vor dreißig Jahren gequält, mit den Texten, und hab angenommen: Na, vielleicht versteh ich vieles nicht. Jetzt weiß ich, mit siebzig: Jetzt versteh ich sie. Das gleiche Unbehagen befällt mich, das absolute Gegenteil von dem, was ich meine und sehe in der Literatur und was Literatur für mich ist! Viel schwieriger kann man ja nun kaum schreiben. Das ist wohl eine seiner Eitelkeiten. Und das ist eben das Elitäre daran, was mich ärgert. Es ist eine elitäre Literatur! Den *Aufbruch nach Turku* kann man prima lesen, schöne Sachen drin. Das *Waisenhaus:* durchaus. Im *Grünspan,* ja, da geht es los. Die tausend Vorbehalte! Einesteils ganz genau sehen zu wollen, andernteils nicht mit dem Stoff fertig zu werden, sich in den Surrealismus reinzuretten, in den Freudschen Traum oder Böcklin oder was weiß ich. Und die kleinen Sachen, die beschrieben werden, die stimmen eben auch nicht richtig. Da ist so viel Wahrheit mit verbogener Wahrheit gemischt ...

Na, aber jetzt gibt's erst mal fünf Minuten Klatsch!

LINDA Klatsch?

WOLLI Hubert machte immer Krümel. Wenn wir jetzt so gesessen hätten ... hab ich schon manchmal ein Streichholz hingelegt oder so was. Hubert konnte nie die Finger ruhig halten, Hubert hat immer entweder ein Streichholz kleingekrümelt oder ein Stück Papier geknüllt. Hubert lief auch gerne lange Strecken. Von Othmarschen bis zur Großen Freiheit ist es ja ein ganzes Stück.

Was war noch? Eine eigenartige Sache ... Ob das eine spezifische, oft gestellte Frage unter Homosexuellen ist? Was für Hubert immer ganz wichtig war: Wer ist dein bester Freund? Bin ich dein bester Freund? Ich komm nie auf die Idee. Ich hatte mehrere gute Freunde, Ladiges, Fichte ... Jetzt: Wer ist der beste Freund? Also, mit wem würdest du aus dem Knast ausbrechen, einen kannst du mitnehmen? Wen würdest du vom Schiff retten? Diese müßigen Fragen. Dein Kind oder deine Mutter? Und so. Hubert hat mich auch über jeden, der mir über den Weg gelaufen ist durch ihn, gleich interviewt: Wie gefällt der dir? Wie ist der? Nicht, daß du mir fremdgehst. Ja, beim H. C. Artmann, wo wir uns kennenlernten, da hat er noch seine Eintragungen gemacht: das Flittchen! Wie ein Flittchen ist der Zuhälter jetzt. Nee, bei Hubert kam immer eine richtige besitzergreifende Eifersucht dazu, also: Wie, ist das jetzt ein besserer Freund als ich? Und ich hab ja durch ihn Leute kennengelernt, du hast dich kaum getraut zu sagen, den find ich aber toll. Da kriegte er das beleidigte Gesicht. Seine Augen konnten eine Trauer auf einmal widerspiegeln. Wenn du einen lobst, der sieht gut aus oder so ... Und ich hab eigentlich keinen Riegel vor dem Mund.

JAN Mit H. C. Artmann habt ihr einen Trip gemacht, wo's dieses berühmte Foto gibt, Fichte, Artmann, du und ...

WOLLI ... der Ramon. Mit dem Amischlitten! Artmann und Fichte kannten sich, ich kannte Artmann nicht, auch literarisch nicht. Der hat Fichte besucht. Und der Artmann wollte einem Zirkus hinterherfahren, es war irgendein Zirkus hier, so ein kleiner Wanderzirkus. Ich weiß nicht, warum. Und Fichte sagte: Fahr doch mit. Und der Ramon war ein sehr guter Autofahrer, ob das sein Auto war, weiß der Teufel. Jedenfalls, der Ramon ist gefahren (das war wiederum ein Freund von mir, aus St. Pauli einer), und dann sind wir diesem Zirkus hinterher, haben den aber leider nicht gefunden, und sind dann abends wieder heimgefahren. Und das Witzige mit dem Artmann war, daß wir immer so große Unterbrechungen machen mußten. Denn wenn irgendwo ne Dorfkneipe war, mußte Artmann erst mal reingehen und ein paar wegkippen. Das wurde immer lustiger. Von dem Artmann war ich total hingerissen: Das ist ein geiler Typ! Ich sag: Wie viele Sprachen sprichst du denn? Sagt er: So viele auch nicht, aber die paar europäischen Dialekte, die mußt schon drauf haben. Er konnte Russisch und Finnisch, was weiß ich alles! Der ganze Typ, mit dem Schnäuzer und so. Der sah auch gut aus, bißchen grantig.

Ganz was Tolles noch! Hubert – darf ich erzählen, wir haben oft genug zusammen darüber gelacht, auch mit Leonore noch. Leonore will Bilder machen im „Palais". Hubert und ich gehen mit, ich muß ja mitgehen, daß sie da Fotos machen kann. Hanne, kennst du auch, der von der „Ritze", guter Freund von mir, noch immer, der steht vor der „Ritze". Und wir gehen da, das ist so gangartig beim „Palais", bis man zum Kontakthof kommt, und der Gang läuft auf die „Ritze" zu, dieses berühmte Bild. Das ist übrigens meine Idee! Wäre ich damals auf die Idee gekommen mit Urheberrechten ... Das hab ich mit dem Bimbo zusammen in der „Ritze", wo das noch nicht „Ritze" hieß und ich die „Ritze" gekauft hatte, entworfen: Wir müssen ein geiles Bild am Eingang haben. Und da ist uns das eingefallen, das ganze Ding nennen wir „Ritze", und die zwei Beine! Das gehört ins Museum of Modern Art inzwischen, das Bild. Kommt kein Film über St. Pauli ohne aus. Und, na ja. Wir kommen da so rein, und Hubert sagt ... Das ist das Enorme! Hubert sagt: Nee, wenn ich so komm mit Leonore und so, was meinst du, würde doch keiner denken, daß ich schwul bin? Würden die denken, ich bin ein Junge von hier, oder was meinst du? Würde wohl keiner denken. Ich sag: Hubert, hm. Und da kommt Hanne auf uns zu, und der ist so direkt, und der sagt: Was bringst mir denn da für einen Schwulen mit, Wolli? Eine Minute vorher hatte er gesagt, es würde keiner denken! Auf der Bühne würde man sagen, ein zusammengekrampfter Gag. Haben wir so oft drüber gelacht. Ich sag: Nee, Hubert, keiner würde's denken. Und er lief ja nun wirklich so, daß du aus zehn Meter Entfernung sahst, da kommt ein bekennender Schwuler. Also, das war unübersehbar. Hubert wirkte nur absolut kein Stück tuckig, wenn es um ernste Belange ging. Dann war er wirklich der ganz ernste Wissenschaftler, wo keine ...

LINDA ... schwule Geste oder Laut ...

WOLLI Nee! Aber sobald man dann lustig war und lachte: Das konnte er – Huaahaha! Huuu! – in so Dinger ausbrechen, in jubelndes Tuckengelächter.

LINDA Ooh Woolli, hat er dann gesagt.

WOLLI Ooh Woolli, was tust du mir an! Meiner weichen Seele! Ja! Aber wenn es um Literatur, ernste Sachen ging, da hätte wohl auch ein Kritischer nicht sagen können, der würde tucken oder so. Aber sein Tucken wirkte immer erfrischend, lustig, auch für Leute, die Homosexualität ablehnen, und da gab es vor dreißig Jahren wesentlich mehr als heute.

Ja. Hubert war auch ein schöner Mann. Wenn du irgendwo sitzt, und er kommt rein und geht vorbei, das ist so der Typ, wo man guckt. Und nicht, weil man sagt: Oh, was kommt denn da für ne Tucke rein, sondern: Oh, was für ein interessanter Mann! Auch die ganze Ausstrahlung, die Stimme, er hatte ja eine unwahrscheinlich schöne, warme, kultivierte Stimme, wenn er sprach. Und auch was absolut Männliches. Hm. Aber so: Respektsperson. Ja, auch. So, wie man sich Thomas Mann schwer vorstellen kann, wie er zu Hause lacht und sich auf die Schenkel haut, was er wohl auch mal getan haben muß. Und so konnte man sich den Respekshubert schwer vorstellen, wenn er gelöst ist. Wie der Wondratschek mir mal sagte zu der Zeit, wo sich beide zufällig bei mir in der Wohnung trafen, Hubert kam und ging dann gleich wieder, weil Wolf ein paar Tage wohnte bei mir: Wolf sagte: Ja, Herburger und so, wir kennen uns irgendwo, aber Hubert ist für uns ein bißchen eine Respektsperson. Auch für uns junge Schriftsteller, obwohl er gar nicht viel älter ist, und wir haben zum Teil höhere Auflagen als er, aber er ist so ein bißchen wie der Professor. Und hat sich wohl auch mit Willen stilisiert darauf hin.

JAN Wondratschek und Fichte konnten aber nicht miteinander?

WOLLI Hubert hat das mal so gesagt: Wolf macht Auflagen, und ich schreib Literatur. Die sind sich nie nah begegnet. Selbstverständlich: Herr Fichte, Herr Wondratschek. Na, ich denk, mich beißt der Affe. Das ist Hubert, das ist Wolf. Alles, was zu Wolfs Kreis gehörte, gehörte in keinem Fall zu Huberts Kreis.

Ich sag dir: Man muß immer Tagebuch führen! Es wär so interessant gewesen aufzuschreiben, jedesmal kurz, was gesprochen worden ist, zu der Zeit in der Freiheit und in der Talstraße. Die vielen interessanten Leute, die da oben waren. Gespräche, die es sonst nicht gibt: Wann sitzt Raddatz – mit einem Dichter und einem Maler sitzt er öfter zusammen –, aber wann sitzt er auch zusammen mit Huren, mit einem Zuhälter, mit einem Einbrecher, mit einem Filmschauspieler? Und das alles traf sich, das war so ein wilder Salon, aber auch irgendwo ausgewählt. Und ich hatte das gern (da hab ich sogar mein Sabbelmaul mal gehalten ne Weile), was sich da für Gespräche entspannen. Und Hubert hat natürlich auch sehr gelauscht.

Ja, ja, der Raddatz hat immer so ein Pech gehabt bei uns. Aber dreimal hintereinander! Jedenfalls: Die eine Geschichte, das andre sind ein bißchen eitle Geschichten von mir selber, da komm ich zu gut bei weg, aber die Geschichte, die sagt auch etwas über Ethnologie und so. Denn auch Raddatz, wenn er auf dem Kiez ist, ist ja immer der Beobachter, der will ja immer was erfahren, was er noch nicht weiß. In einer exotischen Gegend guckst du. Und er fand irgendwie Gefallen an mir. Und so sagte Hubert: Der Raddatz beabsichtigt, dich mal zum Essen einzuladen. Hm ... Hubert, der muß mir nicht an den

Arsch fassen, die Zeiten sind lange vorbei. Nee, nee, ich glaube auch so, der mag dich wohl. Na ja, doch. Die Zeit verging. Nein, ne Zeit später: Raddatz will dich doch nicht zum Essen einladen, der wird vielleicht auch gar nicht mehr hochkommen mögen (der war ja mehrmals auch bei mir). Ja, diese Mädchenhändlerei und so, das geht ihm doch ein bißchen zu weit.

Also: Die Tatsache ist – und da siehst du auch dieses Unverständnis, diese zwei Welten, die da aufeinanderprallen, wo Hubert viel rauskriegen will: Wir sitzen zu dritt zusammen, das Telefon klingelt, ich krieg einen Anruf, und Raddatz hört: Oh ja – der hört mich nur –, ja, kann ich brauchen, ne Negerin, läuft ganz gut, schick mir fünfzig Negerinnen, egal, was sie kosten, na, nicht zu teuer, Teenies, ja, Teenies, so zehn Stück. Und Dicke! Ich hab jetzt ein paar Freier, die stehen nur auf Dicke. Guck, daß du mir fünf, sechs Dicke schicken kannst. Und so weiter, ja, ja, Geld alles klar. Klick. Ende. Nicht weiter drüber. Jetzt wird nicht gefragt von Raddatz. Jetzt wird geguckt. Und die Feststellung lautet: Ein Mensch, der so Mädchen verhandelt, der unter meinen Augen fünfzig Negerinnen, zwanzig Dicke, fünfzehn Teenager ordert, das muß ja eine Art Dutroux sein, obwohl der damals noch nicht Mode war. Nee, bei aller Sympathie zu Wolli, das geht mir zu weit.

Es ist den Leuten natürlich absolut entgangen, daß es sich um Pornohefte handelte, die es damals in Dänemark gab, die in Deutschland verboten waren, und ich hab ja bei meinen Filmen und Vorführungen auch Pornohefte verkauft. Also, das heißt: Negerinnen, Dicke, Teenies, das sind die Hefte, die sie nach dem Film gucken, die ich am besten loswerd. Wo natürlich keiner was gegen hätte, auch Raddatz nicht. Aber so passieren dann so Dinger. Ich sag: Der ganze Schwachsinn! Der sieht, wie ich lebe und wohne. Unter seinen Augen werden hier hundert Frauen verkauft, die gibt's ja wohl nicht für fünf Mark die Frau, das geht hier um Millionensummen. Menschenhandel im richtig großen Stil. So passieren so Dinger!

JAN Wieder eine erfolgreiche Feldforschung.

WOLLI Ja! Nicht zu fassen.

LINDA Aber das hat er dann erfahren, über Hubert, nicht?

WOLLI Natürlich hab ich da Wert drauf gelegt! Hinterher kam er wieder hoch in die Talstraße. Kennengelernt haben wir uns noch in der Großen Freiheit, aber dann kam er mit Hubert auch zur Talstraße. Also, das hatte er wohl gesehen, daß er da aus dem lieben Wolli auf einmal einen KZ-Kommandanten macht, der da nebenbei für Millionen Frauen verschiebt. Fünfzig Negerinnen gleich geordert!

Ja, das ist eine ganz nette Geschichte. Und ich, in meiner Naivität: Am Anfang, wo ich Raddatz kennenlernte, waren wir in etwas, was man Swinger-Club nannte, also die „Amphore", da unten am Hafen, und „Triangel", das waren die ersten, die sich als Club tarnten, aber du kamst mit Eintritt rein und konntest rummachen. Wie ganz am Anfang im „Salambo", also eine große römische Orgie, alles fickt durcheinander. Und Raddatz kommt mit. Ich in meiner Naivität hatte nicht mitgekriegt, daß der Mann schwul ist. Weil der auf mich nie schwul wirkte! Der hat nie getuckt oder was, in meinem kindlichen Glauben, wie eben ein Schwuler aussieht: Ein Schwuler tuckt! Und wenn er nicht tuckt, ist er nicht schwul. Und ich bemühe mich, weil ich denk, der hat vielleicht auch nicht so viel Geld, und ich hatte durch den Puff ja einiges Geld, dem immer eine Frau auf den Schoß zu setzen, und sag: Wie finden Sie die Blonde, komm mal her, der hat ein bißchen Angst, blas dem mal einen, der ist ein bißchen schüchtern. Und Raddatz windet sich in Qualen! Als Hubert mir sagte: Mensch, der ist stockschwul! Oh, das tut mir aber leid. Der hat vielleicht gedacht, du willst deine sadistische Ader auslassen an ihm, die überhaupt nicht da war, ich wollte ihm nur ne Freude machen. Ja, so passieren so Sachen. Auf einmal war ich jetzt nicht nur Mädchenhändler, sondern auch noch ein Sadist. Ich wurde ja immer schlimmer. Am Tag verkauf ich Mädchen, und nachts quäl ich Lektoren. Ja, der Raddatz. Das war richtiges Pech. Er war mir sehr sympathisch, ich halt auch heute noch viel von dem. Aber unser Zusammentreffen stand immer unter einem unglücklichen Stern.

JAN Fichte hat also häufiger Leute mitgebracht, um sie dir vorzustellen und dich denen vorzustellen?

WOLLI Jein. Obwohl Fichte sagte, er zögert sehr und er bringt ungern Freunde zusammen, hat er doch eine ganze Reihe Leute zu mir mitgebracht. Er hat Raddatz mitgebracht, er hat Rühmkorf mitgebracht (der hat sich ganz dusselig benommen), er hat Artmann mitgebracht. Ladiges haben wir auch über Fichte kennengelernt. Das war übrigens neben Hubert einer der gebildetsten Leute, die ich im Leben kennengelernt hab. Der hatte so eine Art fotografisches Gedächtnis. Wenn du den im Haus hattest, brauchtest du keinen Brockhaus. Sagenhaft, was der Hund alles wußte! Na, nun hat er auch dreizehn Jahre studiert, was Vernünftiges ist eh nicht rausgekommen dabei, aber ein enormes Wissen. Und er sagte: Mir fällt das gar nicht so schwer, ich seh die Abschnitte direkt vor mir. Glücklich, wer das hat. Peter konntest du über Vulkane, über weiß der Teufel was fragen, so ganz Komisches ... Den konntest du auch über Technik (wo ich mir grade merken kann, daß ein Fahrrad zwei Räder hat und ein Auto vier), aber den konntest du auch über den Vergaser fragen oder über die Entwicklung des Automobils und so. Der Hund wußte alles.

Und witzig waren dann immer die Gespräche zwischen Ladiges und Fichte. Das war jedesmal, wie wenn Boxer aus Freundschaft mal sparren: Wer weiß mehr, wer kann mehr? Ich hab dann schon aufgegeben nach zehn Minuten, überhaupt noch hinzuhören, das ging da nur noch mit Fremdworten, einer wollte den anderen übertrumpfen mit den seltsamsten Sachen. Was weiß ich über Homer-Übersetzungen? Aber da hatten die sich auch richtig vorbereitet. Getroffen hat man sich dann meistens bei Wolli, weil Peter aus Frankfurt kam, der wohnte dann bei uns, die Zeit über. Und dann haben sie natürlich auch ein, zwei Nachmittage für sich alleine gehabt, da konnte man noch hochgestochener zur Sache gehen. Aber laß uns doch flachsen, logisch ist das so, wie du sagst, sagte Hubert.

Peter war ja auch ein großer Raucher, ein großer Turner, LSD, Pilze, Meskalin, was es gab, hat er mit experimentiert und auch gute Sachen angebracht, Pilzstaub, den er selber mitgebracht hatte aus Mexiko und Peru, wo du so gar nicht rankommst, an so Sachen. Er war auch ein leidenschaftlicher Hobbykoch. Ich meine, eine Zeitlang war er dann Koch.

Auch eine erschreckende Gestalt. Wir haben ihn immer genannt: den Riesenzwerg. Er hatte ein Gesicht wie ein Gartenzwerg, mild, sanft, nett. Und dazu eine Figur wie Orson Welles. Einen Meter neunzig, ah, und eine Wampe ... und lief immer mit so einem riesigen Texanerhut rum, einem Zopf da hinten. Und dann auch gerne so eine Lederjacke mit langen Fransen. Sein Gepäck hatte er immer in einem ledernen Seesack überm Rücken hängen. Kuddeldaddeldu kommt von Bord. Ein mildtätiger Zwerg und ein Riese zugleich. Ja, das ist eigentlich der einzige, der hängengeblieben ist, den Hubert mal mitbrachte und der dann über die Jahre weg immer wieder kam, und wir haben ihn in Frankfurt besucht, öfter mal ne Woche.

JAN Und wer kam sonst? Schriftstellerkollegen?

WOLLI Na ja, mit Fichte war das nicht so einfach, über Literatur zu reden, Fichte hat über sich geredet, wenn's um Literatur ging. Gar nicht so sehr über andere. Von Wondratschek weiß ich jede Menge, was er leiden konnte und nicht leiden konnte oder so. Aber von Fichte? Grass konnte er nicht leiden, weil Grass überhaupt nicht schwul war. Und wohl äußerlich nicht der Typ, auf den er gefegt wär. Ja, ob wir über Schauspieler sprachen oder selbst über Dichter, meistens war der zweite Satz: Na, mit dem möchte ich nicht ins Bett, oder: Oh, mit dem möchte ich mal losmachen. Also, er hat alles sehr so gesehen. Einer, mit dem er losmachen möchte, dem hat er vieles durchgehen lassen! Ja, wahrscheinlich auch als Künstler, denn Hubert war sehr Mensch. Und einer, mit dem er nicht losmachen wollte, den hat er kritischer beurteilt.

Es war auch meistens, wenn wir zusammensaßen, angefüllt mit den Tagesereignissen. Er hat nie seinen Forschungsauftrag vergessen. Und da war die Exotik St. Paulis, diese Gesellschaftsordnung zu verstehen, wohl interessanter, da haben wir wohl mehr drüber gesprochen. Ich wollte mit Sicherheit über alle möglichen Schriftsteller reden, aber Hubert nicht.

Er hat ja mal was Böses gesagt, was ich ihm nie verzeih: Schade, mit dir kann man sich nicht über Literatur unterhalten, du hast null Ahnung von Literatur. Das war, als wir bei Hubert und Leonore waren und wo ich gesagt hab: *Palette* und *Grünspan*, ich weiß nicht, bleib bei deinen Reiseberichten, was machst du jetzt für modernen Kack, ich find das ganz, ganz toll und spannend, diese *konkret*-Reiseberichte, da bist du super drin, ich leb das, ich riech das mit. Und da kam sicher im Lauf der nächsten Woche, daß ich null Ahnung von Literatur hab. Und wo ich mal was ganz groß gelobt hab und ganz begeistert war von irgendeiner Arbeit, dann kam nicht viel später: Na ja, du verstehst ja auch was von Literatur. Ja, ja, ja, das hatte bei Hubert sehr viel mit so was zu tun. Das war Fichte, wie er leibt und lebt.

Ach so, Stricher hat er mir auch ab und zu mitgebracht, seine Eroberungen. Aber immer auch mit diesem Stolz, guck mal, was ich Tolles aufgerissen hab. Einmal hat er einen mitgebracht, ich sag: Hubert, suchst du das Ende von Pasolini? Willst du dem nacheifern? Der war hier vom Dom. Aber auch bestimmt so einsfünfundachtzig groß, tätowiert und ein Schläger, Berufskiller, Totschläger, so stramm die Beine und die großen Fäuste, ich hätte Angst gehabt, neben dem durch dunkle Straßen zu gehen. Hubert hat mir aber gesagt: Der ist ganz sanft, ganz lieb, das glaubt man nicht! Das war von den Räuberhauptleuten der furchteinflößendste.

Ich mein, der Eddie, das war ja ein schöner Junge. Mit dem ging das ja ein paar Jahre. Das ist dasselbe, als wenn du sagst, die Heidi Klum ist häßlich, oder die Claudia Schiffer. So schön war der Eddie. Die Haut wie Samt und Seide, der Sarotti-Mohr-Ausdruck im Gesicht, geschmeidig in seinen Bewegungen, wenn der mich nun plötzlich umarmt hätte, hätte ich wohl auch nicht nee gesagt. Man ist ja nicht ab vom Weltlichen.

Eddie war, wenn du's so nimmst, Huberts große Liebe. Wenn man bei Fichte von Liebe sprechen kann. Er hatte ja zum Sex eine sehr, sehr eigenartige Einstellung. Er hat sich die Chance genommen, wirklich mit einem Mann zu lieben und zu leben, weil es für ihn zu sehr eine Geschäftssache war: Hingehen, einen sehen, was willst du haben, ficken, weggehen. Wie war der? Das erste, was du hörtest, war die Länge des Schwanzes, großer Schwanz, dicker Schwanz und so weiter. Und er wollte aber lieben! Denn Eddie, das ist ihm richtig an die Nieren gegangen, eigentlich die einzige Liebesgeschichte, die ich von Hubert weiß. Aber das ist eine Sache, die Hubert nie so ganz überblickt hat: Wenn du einmal Freier bist, bist du immer Freier für den Menschen. Das war's, daß das wohl nicht hinhaute mit dem Eddie. Hubert war für Eddie immer ein Freier. Und für Hubert wurde aus dem Eddie ein Liebster und nicht mehr der Stricher.

JAN Und von den Leuten, die Fichte bei dir kennengelernt hat – wer war da wichtig für ihn?

WOLLI Norbert ist wohl die wichtigste Person dabei, der zarte schöne Boxer. Ja, der hatte ja auch was Zartes an sich, der Norbert! Im großen und ganzen war er ein schlimmer, brutaler Typ, mit seinem Pferdeschädel, hatte aber was ganz Zartes, Sensibles, wenn man ihn kannte. Einen wunderschönen Mund.

LINDA Und manchmal konnte er auch ganz liebenswürdig sein. Auch, wo mein Onkel mal zu Besuch war ...

WOLLI Ja, wunderbar! Der konnte immer auch mal für ne halbe Stunde aus dem Zimmer verschwinden. Und kam auf einmal strahlend wieder, hatte in der Küche Schnittenplatten hergerichtet ...

LINDA ... schöne Leckereien gemacht.

WOLLI Ja, ja!

LINDA ... konnte wunderschön Gedichte vortragen ...

WOLLI Ringelnatz und Kästner konnte er schön aufsagen, lange Gedichte. Nee, Norbert war ein ganz früh desillusionierter Romantiker. Aber so, wie Amerika wahrscheinlich desillusionieren kann. Norbert war kein uninteressanter Mann. Und das Romantische drückte er aber immer mehr nieder und förderte das Brutale, auch in seinen Ansichten, in seiner Lebensanschauung und so weiter, so daß er unangenehmer wurde. Norbert war eigentlich nur angenehm in Zeiten seines Sieges, wenn er Kämpfe gewonnen hatte und Geld hatte, dann neigte er zwar zu Staralüren, die vollkommen verfrüht waren, aber er war angenehm. Aber wenn das nicht war, wenn Norbert eine Mark brauchte, dann hätte er auch seine Mutter erschlagen und beraubt. Dann nahm das Dimensionen an, die auch gegen jede Banditenehre und Banditenmoral waren.

LINDA Den Reiko fand er auch noch ganz gut. Da war doch mal der eine Tag, wo er sich von allen die Ärsche hat vorführen lassen, da war der Reiko auch mit dabei.

WOLLI Ja, das war ein geiles Ding! Das war so ein Spaß, den er da gemacht hat. Da waren wir in der „Ritze". Das war ja jedem klar, daß Hubert schwul war, das hat er an die große Glocke gehängt, immer. Und in der „Ritze" waren bestimmt acht Jungs, gute Jungs, da fängt er auf einmal an, daß die Deutschen schlappe Ärsche haben. Die Neger haben wunderschöne runde Ärsche, aber die Deutschen, da könnte er gar nicht drauf stehen, und die haben meistens so eine Falte. Also, er beschrieb genau die Ärsche, was ein schöner Arsch ist, was ein schlechter Arsch. Und die Jungs waren mit zugange, auf jeden Fall: Ich hab keinen schlappen Arsch! Da, guck doch! Ein paar Minuten später standen acht Jungs mit heruntergelassenen Hosen in dem Zuhälterlokal „Ritze" und streckten dem Fichte den Arsch entgegen zur Begutachtung, ob sie gute Ärsche haben oder nicht. Und da fängt Fichte an zu lachen und sagt: Ich denk, ihr seid alle so clever. Guckt mal, was so eine alte schwule Dame wie ich fertigbringt. Haben wir gelacht!

JAN Wolli, was ist eigentlich aus deinem Kiezroman im Thomas-Mann-Stil geworden, den du im letzten Interview angekündigt hast?

WOLLI Was da geworden ist? Das war eine sehr glückliche und günstige Haschidee, nachdem ich die *Römerin* von Moravia gelesen hatte. Die Schilderung der Dirne und des Zuhälters fand ich damals so zutreffend, wie ich sie in der Literatur noch nicht gelesen hatte. Na ja, was wünscht man sich nicht alles? Ich wünsch mir auch, wenn ich ein Lotterielos kauf, daß es gewinnt. Ach, ich bewundere die Leute, die so dicke Romane schreiben können wie Tolstoi, das sind Heroen für mich, diese Disziplin! Da hat der kleine Sachse gedacht, er kann sich einreihen unter die langen Kerls.

Nein, nein, nein, mein Sachsenköhler, so geht das nun auch wieder nicht. Das sind so die großen Pläne, denen man auch heute noch nachhängt. Dann tröstet man sich mit Casanova, der war auch siebzig, wo er seine Lebensgeschichte geschrieben hat – und immerhin über 3.000 Seiten! Na ja, ich bin jetzt zweiundsiebzig, muß ja nicht gleich sein, wir können's ja im Auge behalten. Das Lebenswerk.

JAN Also, du hast das nicht über das Interview hinaus verfolgt?

WOLLI Nein, nein! Ich verfolg sowieso wenig über den Augenblick hinaus. Ich bin absolut planlos und doch absolut planvoll. Der einzige Plan, das einzige, was ich wußte, was ich planmäßig verfolgt hab: Ich will, daß für mich kein Wecker klingelt. Ich will über meine Zeit verfügen. Ich will keine schönen Klamotten haben, ich will keine Rolex haben, ich will keinen Mercedes haben, ich will kein eigenes Haus haben. Ich will Zeit haben! Nicht erst im Rentenalter – um die vierzig, da mußt du's geschafft haben. Und alles, was ich probiert hab an vielen Berufen, weil ich ja keinen Beruf hab, hat mir nicht richtig gefallen. Und da ist mir klar geworden: Da kriegst du nie deine freie Zeit raus. Und der Kiez hat mir im ganzen gefallen. Und da war mir klar: Hier krieg ich meine freie Zeit raus. Und da war ich dann auch bereit, diszipliniert zu arbeiten und Gesetze nicht in Frage zu stellen, sondern sie erst einmal anzuerkennen, die sogenannte Banditenmoral absolut einzuhalten und gar nicht darüber zu diskutieren, auch mit mir selber nicht. Dann kann die nächste Stufe kommen. Und immerhin: Ich hatte's geschafft, mit sechsunddreißig war Arbeit für mich gestorben. Und ich mußte das nicht wieder aufnehmen.

JAN Fichte hatte aber nicht viel Interesse an den Sachen, die du geschrieben hast?

WOLLI Wir haben uns eigentlich nie über meine Sachen unterhalten. Weil ich sowieso die bestimmte Art kannte, wie Hubert über Literatur sprach, daß mir das gar nicht so angebracht schien. Er hat sich eigentlich nur für seine Sachen interessiert und für das, was ihm dazu diente. Hubert war ja auch ein bißchen futterneidisch, sobald einer Konkurrenz werden konnte. Drum wollte er auch nie Leute beim Schreiben unterstützen. Beim Malen immer. Nun stell dir mal vor, er schreibt über St. Pauli, und dann kommt der Wolli auf die Idee, auch ein St.-Pauli-Buch zu machen, und das kriegt dann ne bessere Kritik ...

JAN Na, beim Eppendorfer hat er es ein bißchen probiert. Aber das ist auch sehr maliziös, was er schreibt über dessen Gedichte.

WOLLI Ja, ja. Das ist mehr in die Sammlung der wunderlichen Abnormitäten abgeschoben.

JAN Aber stimmt, dein Schreiben kommt auch nicht gut weg.

WOLLI Nee! Nee!

JAN Dein Malen ist gleich ganz groß, da muß er einen Film drüber machen.

WOLLI Ich kenn doch mein Hubertle! Überhaupt: Ich bin, glaub ich, der einzige – oder meine Wohnung damals – wo Hubert normal war. Hubert hat sich immer stilisiert. Bei uns kam Hubert aber hin und brauchte mal nichts vorzuspielen, nicht einen Fichte zu stilisieren für die Nachwelt, die darüber berichten kann, sondern da konnte Hubert kommen: Oh, da bin ich, ich hab eben gut gefickt. Jeder Besuch ging so, praktisch die erste halbe Stunde, er sagte: Ich weiß, ich weiß, das fällt dir auf den Nerv, aber ich muß das loswerden, ich bin so begeistert und so. Dann konnte man auch Klabberjas spielen zusammen, Karten spielen zusammen ne Stunde. Wir haben uns ja oft gesehen, so drei-, viermal die Woche.

Also, den komplizierten Fichte kenn ich eigentlich nicht. Fichte war keiner, der über sich besonders gern lachen konnte. Aber weil ich nun so extrem gern über mich lache und mich zum Narren halte, konnte er auch Sachen hinnehmen, da war er dann zwar beleidigt, aber ohne daß er da empört weggelaufen ist. Drum ...

Und was Hubert macht: Er magict in die Welt ganz viel rein. Du sagtest mir, was ist im letzten Raum? Da ist nichts. Aber er sucht immer. Er sucht auf dem Kiez die geheime Organisation. Das und das und das. Und so kleine Sachen: Wir machen ne Flasche Wein auf, ich tu da was wegspritzen aus der Flasche. Oh! Das machen die Ewe auch. Da ist das magisch, für die Vorfahren und die Toten. Ich sag: Da hab ich gar nicht dran gedacht, weil da meistens so Korkkrümel drin sind, drum mach ich das.

Er magikte am liebsten in alles irgendwelche unheimlichen Sachen rein. Er sieht alles, als ob er immer was Ungeheures entdecken muß und grad vor der ganz großen Entdeckung steht, aha, das war der Urknall, so ist das entstanden.

Und dann ... Nicht bei mir, aber sonst hat Hubert sich ja stilisiert. Das erfahr ich mehr durch dich, durch die Texte, die ich alle nicht kannte, und durch deine Arbeiten, jetzt seh ich Hubert ganz anders. Ich kenn ihn als liebenswürdigen, witzigen Kumpel und besten Freund.

JAN Und das war auch so, wenn andere Leute dabei waren?

WOLLI Ja, er wollt ja nicht gern, wenn andre dabei waren. Ja, Opa, dann ging das. Opa, Norbert, wenn der Kiez dabei war. Aber sobald da irgendwer kam, ob das nun Wondratschek war oder wer, dann war das ein ausgewechselter Hubert, dann war das diese stilisierte Figur, die er sonst gar nicht war.

Und dazu gehört nun sein Interesse an Synkretismus, diesen ganzen Sachen: Halbjude, Halbwaise, bisexuell ... Ist er durch das alles nicht prädestiniert für eine Beschäftigung mit Synkretismus und diesen Sachen? Und jetzt glaub ich, es gibt ein ganz großes Märchen in der ganzen Hubert-Geschichte. Wer erzählt mir, daß Hubert bisexuell war? Außer er selbst? So sehr, wie Hubert übers Sexuelle sich ausspricht, gern aussprach (also Oymeln war sein liebstes Thema, es sei denn Literatur), nie habe ich etwas gefunden in seiner Literatur, in Briefen, Unterhaltungen, irgendeinen sexuellen Hinweis auf Leonore.

JAN In *Hotel Garni* gibt es eine Bettszene, so: „Ich ficke eine Frau!"

WOLLI Das kenn ich nicht, das Buch. Denn sonst, fünfzehn Jahre, das ist ja eine lange Zeit, hat Hubert nie irgendwelches Interesse für irgendeine Frau, selbst wenn die in meinem Umfeld nackend und halbnackend waren, und wir sind in das „Triangel", in den Fickclub da gegangen am Hafen, zusammen, er hat nie irgendein Interesse für eine Frau gezeigt, Lust, eine Frau anzufassen, am Titt oder wo. Drum glaub ich, das ist ein Spannendmachen. Hubert ist absolut homosexuell, ich weiß überhaupt nicht, ob der je mit irgendeiner Frau ... Er hat mal einer Geburt beigewohnt, und seit der Zeit kann er – ja: wie sagt man, da haben wir vorhin noch drüber diskutiert: „Fotze" klingt grob, „Geschlechtsteil" klingt pfft, ja? „Vagina" ist lateinisch, wir haben da einfach kein Wort für – kann er keine (also ich sag mal das Wort „Fotze", denn er verwandte das auch), kann er keine Fotze mehr sehen, wird ihm sofort schlecht. Das war zu einer Zeit, wo er noch verhältnismäßig jung war, auf jeden Fall unter dreißig oder um die dreißig muß das gewesen sein. Vorher find ich auch nirgends Hinweise auf Frauen. Kinderhinweise. Aber sonst? Ich halt das einfach für eine große Sage, die zu dem Halbjuden und allem drum und dran paßt, daß Hubert bisexuell ist.

JAN Das ist alles ein bißchen stark aufgetragen.

WOLLI Ja, aber immer beziehen sie sich so groß auf die Bisexualität. Davon hab ich in fünfzehn Jahren nie etwas mitgekriegt. Und auch von seinen Erzählungen, er hat mir niemals was von Frauen erzählt. Kaum ein Junge, der den Raum betreten hat, der einigermaßen nett aussah, wo Hubert nicht erst mal die Pfoten dran hatte. Oder mal auf den Rücken gesprungen ist oder mal an den Oymel gefaßt hat oder so. Das nahm man eben als eine Eigenart von Hubert, das nahm ihm auch keiner vom Kiez übel. Der ist eben so! Sonst ein netter Kerl, aber der hat solche Dinger drauf. Weißt du, Dichter und so. Weißt ja, wie die sind. Aber er hatte mit Frauen auch nicht viel am Hut, er sagte: Ich kann nicht gut sprechen mit Frauen.

LINDA Ja, so brüderlich, doch. Ich fand ihn witzig.

WOLLI Ja, so mal. Aber sonst war er lieber mit Männern. Denn bi, da mein ich ja eigentlich fifty-fifty, aber nun wollen wir nicht einteilen, laß es dreißig Prozent sein, das andere homo, aber von Hubert hab ich null ..., daß er jemals sich für eine Frau interessierte. Also darum! Tu das mal ein bißchen beleuchten.

Ich kenn da einen Fichte, so daß du sagen kannst: Wie zwei verschiedene Leben, die er führt. Der Fichte, den sie so kennen und in der Wirklichkeit aber ... Ja, das war so sein Kurort, sein Erholungsort, wo man normal sein kann. Denn auch mit Leonore, das empfand ich als ziemlich stilisiert, was da alles lief, die paar Mal, wo ich da war. Der Umgang miteinander. Eigentlich sehr formell, nicht leidenschaftlich, persönlich oder mal Berührungen oder so. Ich glaube, nur wenn er in der Freiheit war, da war der Fichte, der sagte, hier brauch ich nicht an meinem Nachruf zu arbeiten. Ja, weil wir auch richtig gelacht hätten, wenn er so gewesen wäre.

Wir haben auch drüber gesprochen. Ich hab ihm gesagt: Ich weiß, du willst ermordet werden, Fichte. Du bist pasolinigeil. Du willst im Torweg von einem bildschönen Stricher erstochen werden. Ja! Ja! Das ist es doch. Ja, das ist es. Aber ich sag: Komm nicht zu mir gelaufen, du wirst verfolgt. Von deinem Oymel wirst du verfolgt. Das konnte er aber gut ab, dann war ein gelöster, witziger Fichte auch den ganzen Tag da. Er hat wohl gesagt: Das Hubertle, das ist für einige wenige, ich bin der Dichter Hubert Fichte, und so will ich gesehen werden. Denn unter dieser Spannung so leben, das könnte keiner, da muß man mal irgendwohin gehen, wo man die Sau rausläßt, kannst nicht immer so sitzen.

Ja, Huberts Bisexualität. Da glaubt kein Teufel dran. Ich jedenfalls nicht. Nee! Das gehört zu der Stilisierung.

JAN Überhaupt, diese ganze Außenseiterstilisierung.

WOLLI Was ist das denn für ein Außenseiter? Dann ist jeder freiberufliche Dichter, Maler, Künstler schlechthin ein großer Außenseiter. Jeder, der nicht am Fließband steht, ist ja deshalb noch kein Außenseiter. Er ist nicht mit den Gesetzen in Konflikt gekommen, er hat sich politisch nicht auffällig betätigt. Außenseiter – von Wolli? Gott, Wissenschaftler sind auch Außenseiter, auf die Masse bezogen. Und jeder, der im Vergnügungsbetrieb arbeitet, also in diesem Zweig des Dienstleistungsgewerbes, da kann ich doch nicht sagen, jeder Gastwirt ist ein Außenseiter, ganz St. Pauli ist voll von Außenseitern, überall herrschen bestimmte Regeln. Soldaten sind auch nicht schlechtweg Außenseiter, obwohl da Kasernenregeln herrschen. Ein Außenseiter ist der Schöps, der Irving Rosenthal. Ein Außenseiter ist ein richtiger, aktiver Transvestit, ein Außenseiter ist dann eher schon die Lilo Wanders. Nun weiß ich nicht ... Aber solche Leute sind dann schon eher Außenseiter.

Ja, ja, das ist auch so hochstilisiert, da denkst du sonst was für, na, Leute, ob das der Hubert ist oder der Wolli, diese Außenseiter. In was sind die nun so ungeheuer Außenseiter?

Hubert Fichte und Arnfrid Astel, Foto: Hanne Garthe

Arnfrid Astel im Gespräch ...
... mit Gerd Schäfer über Archilochos, Sappho, Martial, Empedokles, Ezra Pound und Hubert Fichte

SCHÄFER Endlich sitzen wir beisammen, um über Hubert Fichte, deine Freundschaft mit ihm und über die Alten zu reden, über Griechen und Römer. Mit einer unvorsichtigen Höflichkeit habe ich zugestimmt, dir die Eröffnung zu überlassen. Es folgt nun, wie ich vermute, ein typisches Astel-Entree.

ASTEL Danke; höflich und unvorsichtig. Wir sitzen also hier, nach langen Planungen, in meiner Wohnung an einem kleinen Tisch, der üblicherweise ziemlich unaufgeräumt ist, weil Frühstückstassen und Abendbrotreste darauf liegen. Habe ihn extra für unser Gespräch freigemacht. Damit wir Platz haben; und damit du siehst, mit welch wunderbaren Keramikkacheln, die Mosaike vortäuschen, der Tisch belegt ist. Ursprünglich ist es ein Muster mit einem Wellenmotiv, einem Wellenfries, gedacht für Badezimmer. Ich habe die Kacheln jedoch als sogenannten „laufenden Hund" um das Viereck drapiert, so daß etwas Ähnliches wie ein Oktopus entsteht. Von einem „laufenden Hund" reden die Archäologen deshalb, weil die sich überschlagende Welle wie der geringelte Schwanz eines Hundes aussieht.

Lieber Gerd, nun ein zweites. Auf dem Tisch liegt außerdem eine Schale mit frischen Himbeeren. Und ich wollte das Gespräch in Umkehrung der sonst üblichen Art – du fragst ja mich, sprichst mit mir – selbst beginnen, weil mit der Eitelkeit des Schriftstellers immer zu rechnen ist; eben auch schon zu Beginn. Ich habe nämlich ein Gedicht über Himbeeren geschrieben, ist ein Weilchen her. Und das will ich dir jetzt vortragen.

SCHÄFER Aus dem Kopf?

ASTEL Natürlich aus dem Kopf, woraus denn sonst: „Gibt es Himbeeren / auch im Himmel? / Der Himmel / ist eine Beere. / Früher waren wir / selbst der Himmel." Das Gedicht heißt *Morula*, müßte aber eigentlich *Gastrula* heißen. Beides bezeichnet Zellstadien, nachdem sich die Eizelle vermehrt hat. Die Himbeere sieht wie eine Gastrula aus, diese ist innen hohl, weil der Zellhaufen sich eingestülpt hat. So!

SCHÄFER Hm, erst mal vielen Dank für diese eigenmächtige und bemerkenswerte Eröffnung. Wobei ich gleichzeitig hoffe, daß sich während unseres Gesprächs manches vergleichbar entwickelt, möglichst ohne Hohlheit. Doch es zeigt sich bereits jetzt, daß, wenn man dir gegenübersitzt, gelegentlich der gelenkte Zufall, die gelenkte Vorsehung der Unterhaltung ins Spiel kommt, kommen kann; und kommen soll.

Beispielsweise ist in der *Palette*, dem wahrscheinlich bestverkauften Roman Hubert Fichtes, der Oktopus, der Tintenfisch eine zentrale Metapher. Das Skelett des Tintenfischs wächst von außen nach innen, von der Haut in den Körper. Und so ähnlich verfährt Fichte beim Schreiben; das Offensichtliche wächst als Gerüst in das entstehende Buch, es ist sein Kompositionsprinzip.

ASTEL So ist es sogar in der Embryonalentwicklung. Die Außenhaut stülpt sich nach innen; und das ergibt dann die inneren Teile des Körpers. Eigentlich ist das Innere ein Produkt des Äußeren; wie beim Oktopus, wie in der *Palette*.

SCHÄFER Stimmt. Wie man sieht, gibt es die unterschiedlichsten Traumpfade hin zu Fichte. Man könnte noch hinzufügen, daß in der *Palette* die Tentakeln, die Fangarme, nicht zu unterschätzen sind. Das Erzählen, Niederschreiben zieht nicht nur Wörter und Worte heran, sondern gleichfalls den Leser selbst.

Zu der wilden Einführung wäre noch zu sagen, daß ihr beide, Fichte & Astel, einmal verwildert in Beziehung gesetzt worden seid von einem gewissen Hans Peter Duerr, dem bekannten widerspenstigen Ethnologen. In dessen Kampfblatt *Unter dem Pflaster liegt der Strand*, einer *Zeitschrift für Kraut und Rüben*, erschienen 1982 ausgewählte Epigramme von dir, mit der Überschrift *Verweilen der Wellen auf dem Pflasterstein*. In Fichtes Beitrag – es handelt sich um die Polemik gegen Rimbaud, der, folgt man Fichte, in Afrika als Ethnologe gescheitert ist – wird von Gelehrten „etwas mehr Bücherwissen und Hinterfotzigkeit" gefordert.

ASTEL Noch mehr Bücherwissen? Die Hinterfotzigkeit leuchtet mir direkt ein in Bezug auf die Gelehrten, das könnte man ihnen wirklich wünschen. Aber noch mehr Bücherwissen?

SCHÄFER Lassen wir es damit bewenden – und gehen jetzt verspätet in medias res. Es gibt unter Eingeweihten ein legendäres *Schreibheft* anläßlich des fünfzigsten Geburtstages von Fichte, das vielleicht ein wenig zu kompakt geraten ist. Man wünschte es sich offener, damit man die Schätze besser entdecken kann. Beispielsweise wird bis heute nicht wahrgenommen, daß damals die beiden Herausgeber, Christoph Derschau und Norbert Wehr, sich die Mühe gemacht haben, den ethnographischen, ethnologischen Fichte vorzustellen, *Auf der Suche nach einer poetischen Anthropologie*. So wurden verhältnismäßig unbekannte Artikel aus einem eher randständigen Periodikum wiederabgedruckt, aus der *Zeitschrift für Ethnomedizin*. Und es wurden außerdem Kronzeugen Fichtes präsentiert; mit Lydia Cabrera eine Kubanerin, die über Besessenheitskulte forschte, und mit Pierre Verger der weltweit bekannte Ethnologe und Fotograf. Und es gibt im *Schreibheft* von 1985 extraordinäre Recherchen, außergewöhnlich besonders eine schriftliche Verwilderung, die im Titel den Namen des ersten Lyrikers führt.

ASTEL *Archilochos und das Verlangen, die Nachtigall anzulangen*. Ich kam durch Ed Sanders auf Archilochos. Sanders hat seine eigenen Gedichte selbst gesungen, und es gibt von ihm ein langes Gedicht oder Lied über Archilochos, worin es heißt: „Oh I learned from Archilochos / about the nightingale / oh I long to hold the nightingale / nesting in my hands." Sanders will also die Nachtigall berühren, „to touch the nightingale". Ich wollte wissen, was damit gemeint ist. Mein Verdacht war nämlich, daß schon bei Archilochos das Geschlecht der Frau als Nachtigalljunges bezeichnet wird. Dieser Sache bin ich umständlich nachgegangen. Ich wollte ihr überhaupt nicht umständlich nachgehen, war aber zur Umständlichkeit gezwungen durch die Prüderie der Philologen, die überall sagen, wie derb und sinnlich und sexuell Archilochos ist, dann aber relativ zahme Sachen zitieren. Und die wilden, ungeheuerlichen Dinge, auf die ich neugierig war und bin, einem vorenthalten. Die Recherche war sehr anstrengend. Und jetzt kann man es sagen: Hubert war von Anfang an eingeweiht, und es hat ihm gefallen. Über einen Mittelsmann erfuhr ich dann aus Amerika, direkt von Ed Sanders selbst, die genaue – versteckte – Textstelle. So war ich letztendlich durch eine andere Umständlichkeit erfolgreich, und ich bin mittlerweile sehr dankbar für diesen umständlichen Weg. Er war peripatetisch, eigentlich Fichtes Methode.

SCHÄFER Wir reden hier über die Alten, über antike Autoren in ihrer Beziehung zu Fichte, und sollten die Gelegenheit nutzen, ebenfalls etwas über die Klassiker selbst zu sagen. Obgleich man im *Schreibheft* eher anderes erwarten dürfte.

ASTEL Aber vielleicht ist gerade ein solches Verfahren modern: Von der Gegenwart aus zu den Klassikern zurückzukehren.

SCHÄFER Dann versuchen wir es mal mit Archilochos. Wenn man die heute zugänglichen Ausgaben aufschlägt, trifft man sehr oft auf eine Empfehlung von Ezra Pound; übrigens für Fichte das Maß aller Dinge, der Lehrer schlechthin. Für Pound ist Archilochos der erste. Er hat nämlich etwas entdeckt, erfunden: die Lyrik.

Ich will gleich etwas hinzufügen. Merkwürdig bleibt, daß wir auf Archilochos hingewiesen werden durch Amerikaner. Durch Ed Sanders beispielsweise, der behauptet hat, er sei wegen Charles Olson zum Lyriker geworden. Und Olson ist wiederum jemand, den Walter Höllerer in den sechziger Jahren als Gastdozent ins Literarische Colloquium Berlin einlud. In dem übrigens ebenfalls Fichte als junger Schriftsteller war. Auf solch kuriose Korrespondenzen trifft man bei Hubert Fichte immer wieder.

ASTEL Ja, das stimmt. Das Werk von Archilochos selbst ist sehr dünn, Ed Sanders singt von „scattered lines", dafür ist der Kommentar ungleich ausführlicher, aber nicht ausreichend. Ich persönlich bin nicht über Amerika zu Archilochos gekommen, sondern durch mein Herumschnüffeln in der Antike. Aber ich habe mich gefreut, als mir bewußt wurde, daß die wilden Amerikaner eigentlich Altphilologen waren, wie Sanders und Olson. Deren anderer Blick machte die ganze Sache erneut interessant. Man kann Ezra Pound, den Urvater, gar nicht hoch genug schätzen. Meine eigene Verschrobenheit, im archaischen Archilochos herumzustochern, wurde durch Mitkämpfer geadelt. Das Besondere an Archilochos ist seine direkte Gegenständlichkeit, seine direkte Körper- und Dingbezogenheit, das heißt, er faselt nicht moralisch und philosophisch in der Gegend rum, sondern er ist eben darin archaisch, wie später Sappho, daß er den Gegenstand, die Glieder des Körpers benennt wie auch die Liebe selbst. Und das alles nicht als eine Sprechblase, sondern als etwas, das stattfinden kann; und was er stattfinden läßt, und woran er sich erinnert, daß es stattgefunden hat. Aggressiv wurde er als Lyriker, wenn man ihm entgegentrat, wenn Abmachungen gebrochen wurden. Schon in der Antike wurde ihm der Vorwurf gemacht, die Gabe der Musen zu mißbrauchen; eben weil er nicht immer schön ist, melodisch. Als Lyriker ist Archilochos aggressiv; und das ist eigentlich gemeint, wenn man von einem „Jambendichter" redet.

SCHÄFER Er war sogar Soldat.

ASTEL Ja. Er soll außerdem seine Feinde durch Schmähreden in den Tod getrieben haben.

SCHÄFER Wenn man die „scattered lines" liest, kann man durchaus zu der Meinung kommen, Archilochos sei ein ausgesprochener Choleriker gewesen. Er ließ sich nichts gefallen. Bei ihm geht es um persönlichen Ausdruck, wobei der Ausdruck immer eine Stellungnahme ist. Es ist das augenblickliche Verhältnis zur Welt, das erfaßt wird als penetrante Präsenz.

ASTEL Archilochos hat die Person in die Lyrik gebracht, er ist derjenige, der „ich" sagt.

SCHÄFER Was es mit Jamben und Archilochos auf sich hat, konnte man sehr schön sehen und hören, als du 1989 auf dem ersten Fichte-Symposion deine schriftliche Annäherung mündlich weiterführtest. Wobei du dem Jambendichter Archilochos alle Ehre gemacht hast. Der Jambus wird oft als Metrum des Beschimpfens verstanden.

ASTEL Ursprünglich war er das auch; diese Dichter wurden als Jambographen bezeichnet. Was aber der späteren Entwicklung entgegensteht; da verkommt der Jambus zum dahingeleierten Vers, ist nicht mehr der Vers der Lyra. Er wird gezähmt.

SCHÄFER Aristoteles behauptete, daß Menschen im Alltag jambisch reden.

ASTEL Das stimmt, der Rederhythmus ist alternierend, auf deutsch: betont / unbetont.

SCHÄFER Die alten Griechen beschimpften sich wahrscheinlich sehr gern. Dein Vortrag führte dementsprechend dazu, daß die Contenance im Publikum verlorenging. Die sehr akkurate Transkription – nachzulesen in der Sammlung *Einhornjagd und Grillenfang*, die deine Zöglinge an der Universität des Saarlandes herausgaben, du warst ja ein kleiner saarländischer Olson – schließt mit einem merkwürdigen Tatbestand: „Gegen Ende ist ein Tumult entstanden." Dein wilder Durchmarsch durch die Literaturgeschichte legte von den Anfängen an, von Hesiod und dem Liebling Apollos mit Namen Archilochos, sogenannte obszöne Etymologien offen, alles wurde von dir auf das Geschlechtliche zurückgeführt. Was im Publikum beinahe Schlägereien ausgelöst hätte, direkt hinter mir.

ASTEL Na. Die damals ebenfalls anwesende Brigitte Kronauer ist bis heute angetan von meinem unterhaltsamen Vortrag. Die Obszönität, von der du sprichst, liegt in den Worten selbst; und in den Gegenständen. Wenn also Archilochos in einer „scattered line" das Geschlecht der Frau als Nachtigallenjunges bezeichnet, ist das zuallerst eine sehr zärtliche Beschreibung. Die Obszönität ist ein Mißverständnis, das Benennen des Körpers und der Liebe ist nicht obszön.

SCHÄFER Und wenn es um die alten Wörter geht, willst du sie noch einmal mit Leben füllen.

ASTEL Ja, weil wir sie noch immer benutzen, aber leider harmonisiert und entsexualisiert. Von Kindheit an werden sie uns ohne Verstand lediglich eingepaukt, ad usum Delphini. Wir lernen keinen pädagogischen Eros mehr kennen, Lehrer und Dozenten sind zu Steißtrommlern degradiert.

SCHÄFER Fichte selbst, der als Schüler kein Griechisch gelernt hatte, wurde mit zunehmendem Alter ein ausgesprochen fleißiger Autodidakt. Wobei er im Buchstabensinn archaisch begann, er fing mit dem Ursprung an, mit den Ursprüngen, mit Herodot und Homer, dem ältesten Ethnographen und dem ältesten Epiker.

ASTEL Der älteste Lyriker ist Archilochos.

SCHÄFER In Fichtes Werk gibt es dann eine neue Tendenz, nämlich die Zuflucht zu den alten Begriffen wie *logos, kosmos, psyche*.

ASTEL Wenn wir heute ein Wort wie Psychoanalyse benutzen, dann sollten wir uns an die alten Bedeutungen erinnern.

SCHÄFER Es gibt noch ein anderes Wort, das bei Archilochos und Sappho eine ganz andere Bedeutung hatte, nämlich das Wort „Koma".

ASTEL Bewußtlosigkeit.

SCHÄFER Gemeint war einerseits Bewußtlosigkeit, andererseits eine gewisse Übererregtheit, Überempfindlichkeit. Jemandem, der besessen ist, stößt etwas Besonderes, nicht Alltägliches, zu.

ASTEL Koma wie Trance, sozusagen die Stufe der größten Erregung.

SCHÄFER Du bist ein wahrer Stichwortgeber. Hier kommt wieder der gelenkte Zufall ins Gespräch.

ASTEL Aber du weißt ja, daß ich über diesen Verdacht erhaben bin. Ich bereite nichts vor. Die Geistesgegenwart – das ist es; und nicht das Blättern in Büchern, das haben wir früher gemacht, vor langer Zeit.

SCHÄFER Es gibt einen kleinen Text von Fichte, der in einem dicken Buch erschienen ist, innerhalb der *Geschichte der Empfindlichkeit,* in dem Glossenband *Psyche*. Enthalten sind unter anderem Tagebuchaufzeichnungen aus dem Jahr 1985. Fichte hält sich in Afrika auf, in Benin, und denkt über seine Rolle als Beobachter nach. Es heißt, der „Zustand des Ethnographen" ähnele der Trance, welche Gnade und Grazie heraufbeschwöre, „zwei naturwissenschaftlich kaum zu reduzierende Begriffe". Überwachheit ist nach Fichte der eigentliche Zustand des Ethnographen.

ASTEL Das ist das fokussierte Interesse. Diese Überwachheit hatte Fichte in großem Maße, wie auch Bruce Chatwin, der in Australien die Traumpfade abgeschritten hat.

SCHÄFER Und übrigens Reisereportagen über Benin schrieb. Fichtes und Chatwins Traumpfade haben sich mehrmals in Westafrika gekreuzt.

ASTEL Diese Übererregtheit ist eine Übererregtheit erotischer Art, es ist das Verlangen selbst. Giordano Bruno hätte es „heroische Leidenschaft" genannt, es ist die Jagd nach Erkenntnis. Man könnte es auch alttestamentarisch verstehen.

SCHÄFER Wie ich dich kenne, meinst du das Zusammentreffen von Göttlichem und Menschlichem, lateinisch: Koitus, griechisch: Synagoge.

ASTEL Genau. Und dann kommen die Kinder, nicht nur das Wissen.

SCHÄFER Fichte rekurriert in dem Text auf einen anderen Begriff, auf den Begriff der Epiphanie. Höllerer hat in den frühen sechziger Jahren hierzu einen langen Essay geschrieben.

ASTEL Irgend etwas scheint auf, und man nimmt es aufgrund der Erregtheit wahr. Und will es dann schriftlich festhalten. Der Unterschied zwischen der Antike und der Moderne besteht darin, daß die Alten ihr Erregungsmoment als göttlich apostrophierten. Die Erregtheit kam von außen, Sapphos Zittern kam von außen. Die moderne Versuchung, die agnostische, besteht darin, alles physikalisch oder chemisch erklären zu wollen. Der Ursprung liegt dann im Kaffeetrinken, und die Götter hausen im Kaffeefilter.

SCHÄFER Ethnologen reden von kosmologischem und psychologischem Code, wobei die Begriffe mittlerweile selbst schon verhunzt sind. Die Hinneigung zu Epiphanien birgt aber Gefahren in sich. Fichte macht überall Epiphanien aus. Wenn er als Benin-Reisender einen alten Mann sieht, ist sofort der „Sänger der Ahnen des Königs" am Wirken: „Homer". Der vielleicht in „sapphischen Elfsilbern" singt oder in „homerischen Versen". Ein weiterer Sänger lacht sein „kultisches Lachen": „Archilochos lacht. / Singt er einen falschen Ton, stirbt er am nächsten Freitag."

ASTEL Sehr gefährlich; Hubert neigte zu Übertreibungen. Es gibt diese Manie, überall das zu sehen, was man sehen will. Noch einmal zum Titel meines Beitrags, ich spreche vom „Verlangen". Verlangen will, daß das von außen bestätigt wird, was innerlich erregt hat. Man will in das Recht der eigenen Traumpfade eingesetzt werden. Eigentlich suchen wir immer eine neue Bestätigung unserer selbst. Und die Antike bietet dieser psychischen Vorstellung, dieser Sehnsucht, dieser sentimentalischen Vorstellung sehr viele Gewährsstellen, Gewährsleute. Die Antike wertet jemanden auf zu einer psychisch-somatischen Person, die „ich" sagen kann. Okay, ich will nicht verallgemeinern. Aber das Menschliche wäre genau das, die heroische Leidenschaft – nach vorsokratischer Erkenntnis.

SCHÄFER Im Wortsinn ginge es dann um eine Anthropologie, die den Ehrentitel des Humanen verdiente. Man beschäftigt sich ja auch deshalb mit den Alten, weil gegenwärtig etwas fehlt. Für Fichte hieß dies, Epiphanien nicht nur in der Schrift festzuhalten, sondern sie, bei allen Gefahren, außerhalb der Buchstaben zu suchen.

ASTEL Selbstverständlich; in den Dingen, in den Phänomenen. Buchstäblich sind damit die Planeten als sichtbare Götter gemeint, nur in ihren Namen waren die Götter erkennbar. Und das sind die Erscheinungen. Was man mit den Augen sieht, mit der Nase riecht, mit den Ohren hört, mit der Zunge schmeckt; und was mit anderen Dingen des Körpers erfahrbar ist.

SCHÄFER Unser eigenartiger gelehrter Pfad führt jetzt vom Mann zur Frau, von Archilochos zu Sappho.

ASTEL Sie lebte ein wenig später, nach Archilochos; von uns aus gesehen ist sie jünger. Wir reden hier von einer vorchristlichen Zeit. Und ihr Werk ist ähnlich dünn, „scattered lines".

SCHÄFER Fichte hat 1983 im Saarländischen Rundfunk seinen Sappho-Essay selbst gelesen, einschließlich der griechischen Sappho-Stellen. Genau fünfzehn Jahre nach der *Palette*-Lesung. Überraschend ist aber, daß Fichte kurz darauf große Teile aus einem Roman vortrug, der erst 1971 erscheinen sollte, nämlich aus *Detlevs Imitationen*

„Grünspan"; es gibt sogar eine Saarbrücker Live-Lesung aus dem Jahr 1969. Man findet erfreulicherweise im Archiv das mittlerweile bekannte Kapitel über die Bombenangriffe auf Hamburg, berühmt nicht zuletzt infolge W. G. Sebalds Nachforschungen zum Thema „Literatur und Luftkrieg". Du hast Fichte außerdem die Gelegenheit gegeben, seine Schriftstellerschelte, die eigentlich eine Beschimpfung des Literaturbetriebs war, zum besten zu geben.

Detlevs Imitationen „Grünspan" ist auch der erste Roman, in dem ein gewisser Wolli auftaucht. Jäcki und Wolli führen gelehrte Gespräche. Und Wolli beklagt sich darüber, daß er kaum dazu kommt, „Pound und Proust" zu lesen. Worauf Jäcki erwidert, er mache den ganzen Tag nichts anderes, er wünsche sich mehr Geschlechtsverkehr. Hiermit ist wiederum der Bordellwirt Wolli ausreichend versorgt. Die Gespräche der beiden sind auch Versuche, Literatur noch einmal mit Leben zu füllen.

ASTEL Man könnte dialektisch sagen, Geschlechtsverkehr sei nichts anderes als Verkehr mit dem Menschengeschlecht; Verkehr hat nicht nur mit Ampeln zu tun. Die Jagd nach Erkenntnis ist auch eine Jagd nach jemand anders, als Verlangen ist sie eine sexuelle Jagd. Man forscht eigentlich, auch in der Literatur, nach der Eigenart des Menschen. Wir wollen erfahren, was artig ist, artig nicht verstanden in seiner verhunzten Bedeutung. Humanistisch wäre die Bestimmung des Artgemäßen, dessen, was dem Menschen gemäß ist. Deshalb sind dann die alten Dichter und Philosophen interessant, sie waren auf genau diese Fragen und Antworten scharf. Und Anthropologen, Ethnologen beschäftigen sich letztlich mit dem Menschen. Aber leider ist der Begriff heruntergekommen. Alle, von Merkel bis Schröder, reden davon, daß im Mittelpunkt der Mensch stehe; aber sie wissen nicht, was das überhaupt ist, der Mensch.

SCHÄFER Das ist wahrscheinlich die Triebkraft, die hinter jeder Ethnologie und Literatur steht.

ASTEL Ich bin froh, daß du Triebkraft sagst. Der niedere Trieb als höherer Trieb, das würde uns zur Psyche führen.

SCHÄFER In der *Palette* forscht Jäcki den Palettianern nach. An einigen Stellen wird er gefragt, ob er „à la chasse" sei, auf der Jagd.

ASTEL Das sind elementare Zusammenhänge, von denen man in der Volkshochschule und in der Universität nichts erfährt; es hätte etwas zu tun mit der fröhlichen und triebbetonten Wissenschaft.

SCHÄFER Vielleicht sollte man in einem kleinen Nebenpfad unseres Gesprächs darauf hinweisen, daß nächstes Jahr nach langer Zeit wieder ein Buch von Hubert Fichte erscheinen wird, ein Text-Bild-Band gemeinsam mit Leonore Mau, der über Geisteskranke in Afrika handelt; mit vertrautem Titel, *Psyche*. Enthalten sein wird darin eine schon bekannte Veröffentlichung Fichtes mit dem programmatischen Titel *Die Buchstaben der Psyche*.

1978 steht jemand, wahrscheinlich Fichte selbst, in Togo, in Lomé, auf einem Zaubermarkt und hält auliegende Gegenstände und sich einstellende Gedanken fest. Eingestreut sind Zitate von Lohenstein, Novalis, Empedokles und Bobrowski. Die Meditation endet mit folgenden Worten: „Die Dinge haben Macht über mich, weil ich sie selbst einmal war. / Buchstaben. / Stäbe, die auf den Boden geworfen werden? / Die Buchstaben der Psyche." Man muß das immer wieder herausstellen. Auch wenn Fichte ein welthaltiger Schriftsteller war, bei ihm ging es vor allem um Literatur, um das Buchstäbliche. Und darum, aus eigener Kraft, aus eigenem Vermögen etwas darzustellen, noch einmal das darzustellen, was die Alten hinter Begriffen versteckten.

ASTEL Was sich sehr gut in seinen Sappho-Studien zeigt. Warum beschäftigt man sich mit den alten Griechen? Ganz einfach: weil sie interessant sind. Jeder, dem etwas an Literatur liegt, landet irgendwann bei Sappho.

SCHÄFER Es ist aber schon merkwürdig, wenn man sieht, was aus den Bewegten der sechziger Jahre geworden ist. Sie werden mit der Zeit, man kann dies positiv sehen, reaktionäre Literaten.

ASTEL Richtig. Aber immer noch zu wenig. Ich hing dem nicht an, als im *Kursbuch* der Tod der Literatur verkündet wurde, und Hubert erst recht nicht. Was aber nicht so wichtig war. Ich will es paradox ausdrücken. Eigentlich geht es mir nicht um Literatur; sondern um das, was unabhängig von der

Literatur existiert. Und dann um den Transfer, um Metamorphosen. Hubert war, man vergißt das, auch ein Ethnobotaniker. Daß Dinge ihren lapidaren Namen erhalten, was selten geschieht, ist die erste Aufgabe des Schriftstellers. Vor der Literatur liegen die Gegenstände.

SCHÄFER Bei Fichte und auch bei dir kann man immer den pädagogischen Eros am Wirken sehen; und ihr befindet euch deshalb in der ehrenwerten Nachfolge von Ezra Pound, dem großen Lehrmeister der modernen Literatur. Fichte hat einige Maßstäbe von ihm entliehen. Neueren Sappho-Editionen ist sehr oft ein Pound-Zitat vorangestellt: „Willst du den Inbegriff der Sache, geh zu Sappho." Es ist sogar das Motto der Sappho-Übersetzung von Joachim Schickel, der eigentlich bekannt wurde als Mao-Eindeutscher.

ASTEL Ich kenne diese Übersetzung, habe sie gesendet im Saarländischen Rundfunk. Es war eine der Ursachen für meinen Konflikt mit dem damaligen Intendanten, dessen Name mir gerade entfallen ist.

SCHÄFER Fichte bezieht sich gegen Ende seines Essays ebenfalls auf Schickel, der, wenn man ihm glaubt, mehrere Jahrzehnte an der Übersetzung gearbeitet hat. Es handelt sich bei Sappho um hundert Originalseiten. Wobei die Passagen selbst lediglich durch Gewährsleute überliefert sind. Beispielsweise durch einen gewissen Maximus von Tyros; und genau von diesem Mann leitet sich der Titel der *Maximus Poems* von Charles Olson ab, einer Gedichtsammlung, die den *Cantos* von Ezra Pound gleichgestellt wird. Olson hat schon sehr früh, nach dem Zweiten Weltkrieg, lyrische Huldigungen auf Sappho geschrieben, wie auch der nicht hoch genug zu schätzende William C. Williams. Williams kommt hierbei auf etwas Besonderes zu sprechen, „skill in composition" nennt er es, die Fertigkeit im Aufbau von Lyrik. In dieser Zeit ist Fichte aufgewachsen, in dieser Zeit wurde er zum Schriftsteller. Schickel war, nebenbei bemerkt, Redakteur beim NWDR, dem Vorläufer des NDR, als Fichte zum Radiosprecher ausgebildet wurde. Es ist ein Übermaß von Traumpfaden, mit denen sich ein nachgeborener Spurenleser abzumühen hat.

ASTEL Das sind die Beziehungen, die zählen. Wie auch die Beziehung zwischen Olson und Rainer Maria Gerhardt, dem ersten deutschen Pound-Übersetzer. Und dann das Interesse von Helmut Salzinger an Gerhardt und an den Amerikanern, an der Literatur Chinas und Japans. Wodurch dann eine ideogrammatische Literatur quasi entdeckt wurde; der beobachtete Gegenstand soll durch Buchstaben buchstäblich evoziert werden, als Gedankenbild.

SCHÄFER Salzinger hat übrigens Fichtes *Palette* besprochen. Und in *Detlevs Imitationen „Grünspan"* gibt es lange Ausführungen zum Ideogramm.

ASTEL Ich denke aber, daß es nicht nur literarische Traditionen sind. Durch literarische Spuren wird eine menschliche Spur festgehalten. Und diese menschliche Spur gibt es natürlich in allen Zeiten. Die Literatur bewahrt, wenn sie gelingt, manchmal auch wenn sie mißlingt, eine anthropologische Konstante. Man sollte sich um Kultur- oder Geistesgeschichte nicht um ihrer selbst willen kümmern, sie sind eher Beweise dafür, daß Menschliches, Menschen schon vorher da waren. Und diese großen Denker, Archilochos und Sappho, sind Gewährsleute für das, was wir als Spätlinge auch wollen. Es geht dabei nicht nur um den Menschen selbst, sondern auch um den menschlichen Ausdruck. Hubert war auch – und das sollte man nicht vergessen – ein Botaniker, dem es um eine genaue Benennung ging, um eine zielgenaue Sprache, um Taxonomie.

SCHÄFER Als Schriftsteller jedoch hat er, so Fichte, von Sappho gelernt, „was eine Zeile ist". Das ist allerdings kein Satz eines Botanikers, sondern das Geständnis eines Schriftstellers.

ASTEL Ja, hm, ja. Man kann aber von Sappho ebenfalls mit Gewinn verlernen, was eine Zeile ist. Da ist viel dran, aber auch viel nicht dran. Wir reden hier von poetischen Traditionen, die wir alle nicht genau kennen. Wir wissen nicht, wie Lyrik damals gesprochen wurde. Wie die Prosodie wirklich war, die Melodik, die Musikbegleitung. Und kann ein Prosaschriftsteller wirklich etwas von Lyrikern lernen ...

SCHÄFER Man könnte sich einiges vorstellen als Begleitung für solch einen Vers: „Gliederlösender Eros treibt mich / um, süßbitter, unzähmbar, ein wildes Tier."

ASTEL Richtig, könnte man. Aber ich muß jetzt als Jambograph ein wenig aggressiv gegen dich werden. Und gegen dein Curriculum, deinen sorgfältig geplanten Gesprächsverlauf. Weil ich noch immer einem Gedanken nachhänge. Wo hat eigentlich Sappho gelernt, was eine Zeile ist? Wir Spätgeborene können leicht Stammbäume aufstellen, wir haben die Versgeschichte in Büchern niedergeschrieben. Natürlich gibt es Traditionen. Auch Sappho ist nicht auf der flachen Hand gewachsen. Nur kennen wir kaum ihre Zeitgenossen. Aber was ich sagen will: Von Sappho eine Zeile lernen – wunderbar; weil Sappho ihre Zeile von sich, ihrer Liebe, ihrem Körper und von den Phänomenen, der Wahrnehmung der Dinge, gelernt hat. Das heißt, was vor der Literatur ist; nicht historisch gesehen. Bevor ich ein Gedicht schreibe, bin ich ergriffen, bin ich ins Zittern gekommen. Man kommt nicht beim Gedichteschreiben ins Zittern. Ich behaupte, Sappho hat mindestens zur Hälfte gelernt, was eine Zeile ist, mittels ihrer Vorstellung menschlichen Verkehrs und durch ihre Praxis; das übrige war Tradition, Poetologie und bereits damals bekannte Literaturgeschichte. Als Person war Sappho eine Lehrerin für junge Mädchen, die sie ausbilden und heiratsfähig machen sollte, sie vermittelte sie durch Bildung, Gesang und Tanz an Männer. Sie machte Mädchen begehrenswert; und vielleicht hat sich Sappho dann in die eigenen gelungenen Bildungsergebnisse verliebt.

SCHÄFER Man könnte einen Begriff benutzen, der mittlerweile anders gebraucht wird. Sappho löste durch Bildung bei Mädchen ein „coming out" aus. Die Mädchen sollten zu sich selbst finden. Und wurden dann verheiratet.

ASTEL So wie man einen Schmetterling – griechisch: *psyche* – in der Hand behaucht, damit er wieder ins Leben und zum Flug kommt, so hat Sappho die Koren, die jungen Mächen, *les jeunes filles en fleurs*, behaucht, sie hat sie eigentlich durch Bildung belebt.

SCHÄFER Da sprach jetzt der Naturdichter. Auch in Fichtes Werk gibt es die Tendenz, geradezu die Manie, Menschen zu sich selbst finden zu lassen; allerdings immer gemäß Fichtes eigenem Verständnis. Zwanghaft wird etwas offengelegt. Typisch ist hierfür ebenfalls der Sappho-Essay, der durch ein Übermaß an zur Schau getragener Bildung gekennzeichnet ist.

ASTEL Aber gleichzeitig bildungsverachtend ist; oder die Gebildeten verachtend.

SCHÄFER An einigen Stellen zeigt er Witz im alten Sinn, beispielsweise im Titel: *Männerlust – Frauenlob. Anmerkungen zur Sapphorezeption und zum Orgasmusproblem.*

ASTEL Den hat Hubert bewußt gewählt. Er war und ist notwendig wegen der Prüderie, nach den Editionen ad usum Delphini und in Zeiten von Beate Uhse. Sappho selbst wäre ein Wort wie „Orgasmusproblem" nie über die Lippen gekommen.

SCHÄFER Fichte hat sich immer gegen Projekte ad usum Delphini gewandt, gegen, wenn die Wortkeckheit gestattet ist, Flipper-Bücher aus dem Kinderprogramm.

ASTEL Stimmt. Wenn diese Unternehmungen sich wenigstens auf dem Niveau des Delphins tummeln würden. Vom Delphin kommt man sehr schnell nach Delphi, was meine kecke wörtliche Entgegnung ist. Und dann wäre man buchstäblich nicht mehr weit weg vom griechischen Ausdruck für Gebärmutter. Dies nur als Nachtrag zu den vermeintlichen Obszönitäten.

SCHÄFER Obszön meint ursprünglich das, was der Szene entgegensteht; was nicht dargestellt wird, nicht dargestellt werden darf.

ASTEL Das ist eine ganz wichtige Sache. Die Literatur, die Dichtung spricht das aus, was eigentlich nicht gesagt werden darf und nicht gesagt werden kann. Aus diesem Paar, unsagbar – unbeschreiblich, entsteht die Kunst.

SCHÄFER Weil man weiß, daß es geschieht. Wie man es beispielhaft im *Ödipus* erfahren kann. Gezeigt wird nicht, wie Ödipus mit seiner Mutter schläft und wie er sich blendet, sich die Augen ausreißt. Das ereignet sich im Obszönen; geredet wird darüber auf der Bühne.

ASTEL Das macht auch den Unterschied zwischen Tragödie und Lyrik aus.

SCHÄFER Man kann darüber reden, schreiben, man kann es ausdrücken, wenn man es *kann*.

ASTEL Und wenn man den Mut dazu hat. Das Verbot zu überschreiten im Unvermögen, führt selbstverständlich zu großen Peinlichkeiten.

SCHÄFER D'accord. Die plumpe Frechheit reicht nicht aus.

ASTEL Gefragt ist in der Literatur *techne, poiesis*.

SCHÄFER Genau darauf richtet Fichte im Sappho-Essay sein Hauptaugenmerk. Er zitiert Benn, der ein Gedicht als „einfach und raffiniert" bezeichnete; und geht dann bei Sappho dem „Raffinement" nach. Man kann ein solches Vorgehen aber als heikel empfinden. Wir sind schon lange keine Griechen mehr; die Deutschen dachten einmal, sie wären Griechen.

ASTEL Die Griechen waren doch selbst keine Griechen, eigentlich waren sie Barbaren, Griechen nur für eine kurze, sehr kurze Zeit. Und auch sie konnten es – die Literatur konnte es – nur in günstigen Augenblicken. Literatur gelingt nur ganz selten, die Gesamtausgaben beweisen es, sie enthalten eine Unzahl an gescheiterten Versuchen. Wir sollten den Philologen – beispielsweise Petrarca, der nicht nur Poet, sondern auch Philologe war – dankbar sein, daß sie uns das Gelungene überliefert haben.

SCHÄFER Zur Not genügen eben „scattered lines", wie bei Archilochos und Sappho. Das Besondere, was Fichte bei Sappho ausgemacht hat, ist das „konkrete Sprechen". Fichte bezieht sich hier vor allem auf den griechischen Begriff der „Pathographie".

ASTEL Der Niederschlag von Leidenschaft in Sprache – das wäre Pathographie; Leidenschaft, die zu Buche schlägt. Und wir Zeitgenossen drehen uns zu den Alten um, damit wir sehen, was ein Mensch der Zukunft sein könnte. Es gab eine Zeit, in der alles ausgesprochen werden konnte; auch die Sinnlichkeit. Wir versuchen es noch einmal, mag es gelingen oder mißlingen.

SCHÄFER Im Jahr 1983 gab es exquisite Koinzidenzen, also im Jahr, in dem der Saarländische Rundfunk Fichtes Sappho-Essay sendete.

ASTEL Das stimmt, sei aber bitte vorsichtig. Ich war nicht der SR, der SR war nicht Astel. Huberts letzte Arbeiten waren Zumutungen im besten Sinn. Ich mußte sie eigensinnig im Radio durchsetzen.

SCHÄFER Als Nachgeborener ist man dankbar, die Bänder liegen wohlbehütet im Archiv.

Arnfrid Astel, Foto: privat

ASTEL Das sind wahre Schätze; und wir sollten einen gewissen Bert Lemmich grüßen, der uns bei unserem Gespräch sehr geholfen hat; als verantwortungsbewußter Archivar.

SCHÄFER Und der – das will ich nicht verschweigen – als neugieriger Mensch das Sappho-Band anhörte, um festzustellen, daß er beim ersten Hören kaum etwas verstand. Er mußte das beiliegende Manuskript durchlesen, um der Überfülle an Bildung, an Information einigermaßen Herr zu werden. Besonders gefielen ihm, auch bei anderen Fichte-Sendungen, die kleinen Beigaben, nämlich die Briefe von Fichte an Astel und umgekehrt.

ASTEL Könnten interessant sein. Aber gerade bei Hubert habe ich mich stets geweigert, nur das zu senden, was ich auf Anhieb verstanden habe. Zumutungen sind doch deshalb notwendig, weil durch sie Interesse geweckt wird, geweckt werden kann. Es macht keinen Sinn, die eigene Unwissenheit, die eigene Beschränktheit zum Maßstab zu nehmen.

SCHÄFER Es wäre bedauerlich, wenn schon die erste Begegnung mit Literatur das Ende wäre. Man braucht zuallererst Anregungen, man muß anfangen, etwas zu ahnen.

ASTEL Und dann selber mehr wollen. Hubert konnte neugierig machen. Später begegnete mir ein ähnliches Phänomen bei Raoul Schrott, im Buch *Die Erfindung der Poesie.*

SCHÄFER Mag Schrott auch ein Windhund sein, für ihn spricht, daß in der *Erfindung der Poesie* Archilochos und Sappho vorkommen.

ASTEL Ich bestehe darauf gegen dich, mein Freund, daß Raoul Schrott kein Windhund ist. Wäre er ein Windhund, hätte er kleine Flügel.

SCHÄFER Na ja. Zurück ins Jahr 1983. Und zu dem sogenannten *Neuen Martial*, wie Fichte einen gewissen Arnfrid Astel genannt hat. Seinen gleichlautenden Essay schrieb er 1983 nach einem großen Luther-Aufsatz und vor der Sappho-Untersuchung. Du bist eigentlich zwischen Bibel-Übersetzung ins Neuhochdeutsche und griechischsprachiger Pathographie zu beheimaten. Es ist übrigens der einzige Essay, den Fichte über einen zeitgenössischen deutschen Schriftsteller schrieb. Was hat es mit dem Titel *Ein Neuer Martial* auf sich?

ASTEL Ich kleiner Wicht fühlte und fühle mich noch immer geschmeichelt, seitdem bin ich ein richtiger Flügelwicht, ein Geistchen, ein Windwichtel. Also, es gab eine Redakteurin aus der Reich-Ranicki-Schule, die einen Gedichtband von mir rezensierte und mir bescheinigte, ich sei kein neuer Martial. Worauf ich mit einem kleinen einfachen Epigramm entgegnete: „Kein neuer Martial / sei ich, schreibst du / in deinem Feuilleton. / Kennst du den alten?"

SCHÄFER Du kokettierst bis heute damit, daß du seinerzeit den alten Martial selbst nicht gekannt hast.

ASTEL Stimmt. Durch Invektiven wird man herausgefordert, der Sache selbst nachzugehen. Im Grunde bin ich Martial nicht ähnlich, außer in der Aggressivität und Gegenständlichkeit. Wir haben gemeinsam, was vor dem Literarischen liegt, Verlangen und Wut. Ich schulde dem Wiener Franz Schuh die Erkenntnis, daß das Epigramm nicht so sehr auf Leser vertraut, sondern vielmehr dazu da ist, einen Keil zwischen Machthaber und Gefolgsleute zu treiben. Es ist dann eine andere Sache, daß Martial gleichfalls ein Panegyriker war und sich als Lobredner bei seinen Förderern einschmeichelte. Man sagt „parcere personis – dicere de vitiis", also die Laster benennen, aber die Personen verschweigen. Es wußte genau, warum er die Personen verschwieg. Die Kaiser waren seine Gönner.

SCHÄFER Gerade die Kaiser waren Martials Problem. Die große römische Literatur ist von drei Namen bestimmt, Horaz, Ovid, Vergil. Die hatten den Vorteil, daß sie zur Zeit von Augustus lebten, der sehr, sehr lange regierte; und einen umtriebigen Propagandaminister beschäftigen konnte, Maecenas, von dem sich unser Wort „Mäzen" herleitet. Man konnte unter Augustus seine Einschleimversuche planen. Zu Martials Zeiten war diese Sicherheit nicht mehr gegeben, die Kaiser wechselten fast täglich. Hatte Martial ein Buch fertiggestellt und es beim Kopisten abgegeben, mußte er sich Gedanken um die Widmung machen.

ASTEL Das Schreiben, das Geschriebene konnte lebensgefährlich werden. Martial mußte bei der Abgabe seines Buches, seiner Huldigung damit rechnen, auf den nachfolgenden Kaiser zu treffen, der seinen Vorgänger erst kürzlich gestürzt hatte, ihn umgebracht hatte. Ich kam in einer öffentlich-rechtlichen Anstalt nie in Versuchung, jemanden zu loben; es fiel mir leider nie jemand ein.

SCHÄFER Fichte hat dich mehrmals geehrt. Schon 1976 nahm er von dir sechs unveröffentlichte Epigramme in sein *Lesebuch* auf; es handelte sich dabei um eine Buchreihe, in der ausgewählte Schriftsteller ihre persönliche Anthologie erstellen durften. Dem *Lesebuch* ist außerdem ein Text Fichtes vorangestellt, *Elf Übertreibungen*, sehr polemisch. Geschimpft wird beispielsweise auf die Luther-Bibel, die er anscheinend erst Jahre später studiert hat.

ASTEL Es schimpft sich leichter über etwas, was man nicht kennt.

SCHÄFER Es zeigt sich außerdem, daß Fichte einen Widerwillen hegte gegen alles, was nicht stilisiert und bearbeitet ist. Ein typischer Satz lautet: „Die Geschichte der deutschen Literatur ist die Geschichte des unvorsichtigen Sprachgebrauchs."

ASTEL Sehr überheblich.

SCHÄFER Und dann gibt es noch eine Charakterisierung: „So schwul Martials, so martialisch Astels Distichen." Wenn man dir folgt, stimmt das nicht.

ASTEL Sei vorsichtig. Man sollte „martialisch" vielleicht nicht auf Martial beziehen, es könnte auch der Kriegsgott Mars gemeint sein. Von diesem leitete sich schon der Name des Martial selbst ab. Ich galt damals, 1976, als aggressiver Schriftsteller. Hätte man die Bücher aufmerksamer gelesen, hätte man gemerkt, daß ich eigentlich ein Softie war.

SCHÄFER Na, du warst der Stichwortgeber der APO und der Marschierer durch die Institutionen ... Doch jetzt bitte eine kleine Unterweisung zu Martial.

ASTEL Keine „scattered lines"; es sind fünfzehn Bücher erhalten. Epigramme gemäß der alten Definition, Aufschriften auf Gegenstände oder zu Gegenständen oder zu Ereignissen; auf Personen und auf Verhältnisse. Es handelt sich sehr oft um Begleitgedichte zu Geschenken, jemand verschenkt einen geschlachteten Hasen und schreibt dazu vier Zeilen, zwei Distichen.

SCHÄFER Es war witzig, als ich beim Lesen auf solch ein Gedicht als Beigabe traf. Das Gedicht bezog sich auf eine Ohrensonde. Wem es im Ohr juckte, der konnte eine Ohrensonde kaufen, mitsamt Martial-Epigramm.

ASTEL Man kann sich das nicht trivial genug vorstellen; aber eigentlich ist es nicht trivial, sondern gegenständlich.

SCHÄFER Es gab außerdem die Möglichkeit, Epigramme lediglich als Klebebilder zu kaufen.

ASTEL Vor der großen Literatur gibt es die kleine Literatur, die leider nicht angemessen gewürdigt wird. Auf ein Geschenk folgen zwei Distichen, eine besondere Art von Höflichkeit. Ein ganzes Buch, es können sogar zwei Bücher sein, handelt bei Martial von diesen Sachen.

SCHÄFER *Xenia* und *Apophoreta*, ergänze ich als Besserwisser. Und dann gibt es zwölf Bücher mit Epigrammen in unserem modernen Verständnis. Martial wollte, nach eigener Aussage, bewußt nicht kunstvoll dichten und schrieb deshalb Epigramme; die nicht immer kurz sind. Er schrieb epigrammatisch gegen das Epische an.

ASTEL Das Epigramm ist eine Kurzform der Elegie; der Wechsel von Hexameter und Pentameter ist das elegische Versmaß. Als Aufschrift hält das Epigramm eine Sache, einen Sachverhalt fest, bewahrt dadurch die Erinnerung daran; wenn beispielsweise irgendein Kaiser auf die unglaubliche Idee kam, im Amphitheater eine Seeschlacht stattfinden zu lassen.

SCHÄFER Du sprichst jetzt das *Buch der Schauspiele* an, das der eigentlichen Epigrammsammlung vorangeht, *De spectaculis liber*. Wahrscheinlich das grausamste Stück Literatur, das uns von den Klassikern überliefert wurde. Es geht nicht nur um die Schilderung von Seeschlachten, sondern um mehr, „quidquid fama canit, praestat arena tibi". Die Arena führt das vor Augen, was einst gesungen wurde in den alten Gesängen. Mythen werden neu inszeniert, dargestellt wird etwa, wie ein Stier Pasiphaë bespringt.

ASTEL Ich kann mir vorstellen, daß das Volk dabei grölt.

SCHÄFER Das *Buch der Schauspiele* sollte man keinem Verantwortlichen des Privatfernsehens zeigen.

ASTEL Mittlerweile auch keinem Unterhaltungschef bei den Öffentlich-Rechtlichen. Bereits Martial hat solche Aufführungen nicht kritisiert, er hat sie gelobt, weil er dem Kaiser schmeicheln wollte. Das Volk rebellierte erst, wenn an den schattenspendenden Sonnensegeln gespart wurde, man wollte beim Zuschauen nicht in der prallen Sonne sitzen.

SCHÄFER Im Astel-Martial-Essay bezieht sich Fichte auf griechische Ausdrücke, die überraschend wirken. So spricht er davon, daß deine Epigramme eher durch Logopoeia wirkten als durch Phanopoeia. Diese Begriffe traten schon in den *Elf Übertreibungen* auf. Als „Kriterien der Sprache und des Denkens" wurden hier Logopoeia, Phanopoeia und Melopoeia gefordert, sonst seien Sprache und Denken selbst gefährdet, „und damit menschliche und menschenwürdige Existenz".

ASTEL Hm. Ich versuche jetzt, mir selbst ein Bild von den Begriffen zu machen. Logopoeia wäre sozusagen das Dialektische, das Gedankliche, das zu Worten führt. Phanopoeia wäre die Faszination durch die Phänomene, die Erscheinungen. Das ist mein Verständnis, ich gebrauche diese Begriffe nicht. Und Melopoeia wäre dann der Wohllaut, der in der Dichtung eine große Rolle spielt. Die

Poesie leistet keine Überzeugung, sie verführt, sie betreibt Verlockungen durch die Melodie, die Sprachmelodie. Unter philosophischem Gesichtspunkt ist ein solches Vorgehen sehr fragwürdig, deshalb wollte Plato die Dichter aus dem Staat vertreiben. Dichtung ist eine Verführungskunst; es gelingt, das, was ungereimt ist, zu reimen. Der Reim kommt auch in der Antike vor, nicht als Endreim, sondern als Binnenreim. Und der Binnenreim hängt mit der Melodie zusammen und der Singbarkeit, der Wiederholung der Laute, dem Wohllaut in der Lautfolge. Dichterisch verführt man zu einem Gedanken. Es ist eine läppische Nettigkeit, davon auszugehen, daß das Denken selbst zur Erkenntnis führe. Gefragt ist die Verlockung, der verlockende Gedanke. Oder anders ausgedrückt das Mitreißende des Irrtums. Der mitreißende Irrtum der Vorsokratiker – das ist Poesie. Wenn heute Poesie irgend etwas taugt, dann kommt sie den Vorsokratikern nahe. Durch Verlockungskraft, Verführungskraft, durch Melodie und Sprachklang und durch Wortsetzung; durch die Zeile, die wohlgesetzte Zeile.

SCHÄFER Aha. Fichte hätte bei deiner Konfession andauernd genickt, er hat sich selbst als Vorsokratiker verstanden.

ASTEL Auch die Ethnologie ist eigentlich vorsokratisch, sie forscht den Irrtümern der Aborigines nach. Und dies sind Irrtümer lediglich unter dem Aspekt der Aufklärung. Aber Irrtümer haben mit menschlichem Denken mehr zu tun als die Aufklärung, wichtig war die Aufklärung als Aggression gegen Klerus und Aristokratie.

SCHÄFER Die Vorsokratiker wirken bis heute wegen der genannten Kriterien Logopoeia, Phanopoeia und Melopoeia. Fichte hat sie bei Ezra Pound entlehnt, man sollte einmal selbst nachschlagen.

ASTEL Pound ist nicht nur der Verfasser der *Cantos*, über deren Gelingen man verschiedener Meinung sein kann; weil es überhaupt nicht gelingen kann. Er hat außerdem wunderbare, wundersame kleine Gedichte geschrieben, „In a Station of the Metro": „The apparition of these faces in the crowd: / Petals on a wet, black bough." Großartig.

SCHÄFER Ein beeindruckendes Beispiel für das, was Pound unter Phanopoeia versteht; ein Wahrnehmungsbild noch einmal hervorzurufen durch Literatur.

ASTEL Ein Bild, eine Erscheinung festhalten – das ist eine Epiphanie. Poesie hat mit Phänomenen zu tun, sie nimmt wahr mit den Sinnen.

SCHÄFER Noch einmal zurück zu den Anmerkungen Fichtes. Er gesteht dir zu, sehr belesen zu sein.

ASTEL Eigentlich bin ich nicht belesen. Ich bin kein Gelehrter, aber ich habe das Verlangen nach Wissen. Und deshalb greife ich zu anderen Büchern, wobei sich seinerzeit Huberts und meine Lesepfade gelegentlich kreuzten.

SCHÄFER Besonders angetan war Fichte davon, daß du die *Anthologia Graeca* strukturieren kannst.

ASTEL Dazu kann ich etwas sagen. Ich habe sie für mich selbst strukturiert, mühsam auf Karteikarten den Inhalt der einzelnen Bücher notiert. Man kann das, wenn man sie gelesen hat. Ich habe mich also sozusagen strukturalistisch damit beschäftigt. Und als ich erfahren habe, daß Hubert sich mit der *Anthologia Graeca* abmüht, habe ich ihm freundlicherweise eine Kopie geschickt. Mehr war nicht.

SCHÄFER So sterben Mythen der Rezeption.

ASTEL So sind die Mythen selbst.

SCHÄFER Würdest du Fichtes Aussage zustimmen, daß alle deine Epigramme Gedankenlyrik seien, „viel Logopoeia – wenig Phanopoeia". Fichte schrieb immer „Phaenopoeia".

ASTEL Gedankenlyrik, hm; stimmt Gott sei Dank nicht. Hubert bezog sich größtenteils auf das dicke Buch bei Zweitausendeins, *Neues (& altes) vom Rechtsstaat & von mir*. Es war damals eine gelenkte Rezeption, von mir, ein wenig opportunistisch, politisch gelenkt. Politische Gedichte sind normalerweise keine Erscheinungsgedichte. Dazu ließe sich noch einiges sagen.

SCHÄFER Ab und zu widerspricht sich Fichte bei seinen Astel-Diagnosen; du bist eben ein vielseitiger Schriftsteller. Unerwähnt soll jedoch nicht bleiben, daß du, folgt man Fichte, „verheerend" den „Neuen Menschen" singst, „den Medienmenschen"; das hat er bereits 1983 geschrieben.

ASTEL Viele meiner dialektischen Gedichte beziehen sich auf die Medien, ich war ja Literaturredakteur.

SCHÄFER Es gebe außerdem „alternative Epigramme und erotische", „verkrampfter beide als beim Schmeichler aus Rom".

ASTEL Ich bin bis heute der Meinung, daß ich und meine Gedichte nicht verkrampft sind.

SCHÄFER Hierzu wäre eine merkwürdige Tatsache nachzutragen. Der Essay wurde seinerzeit von Fichte im Sender Freies Berlin vorgelesen, wobei einige Stellen weggekürzt worden waren, die sogenannten obszönen Passagen; beispielsweise Martials und Astels Entsprechungen in der Skatologie, wie Fichte es nennt. Diese Stellen, die im Originalmanuskript stehen, fehlen in der Werkausgabe der *Geschichte der Empfindlichkeit* im entsprechenden Essay-Band.

ASTEL Das ist eine große Schande; bedauerlich vielleicht nur wegen der fehlenden Epigramme Martials.

SCHÄFER Fichte betont vor allem dein Geschick, in Epigrammen eine „Geologie der Moderne" zu entwerfen. Und er hätte im Vorabdruck *Verweilen der Wellen auf dem Pflasterstein* von 1982 Phanopoeia am Werk sehen können.

ASTEL Die Phänomene interessieren mich bis heute viel mehr als die Literatur. Die Literatur interessiert mich, wenn sie neben den Phänomenen bestehen kann. Wenn sie wahrgenommen werden kann wie ein Gegenstand, wenn sie eine lapidare Inkarnation ist.

SCHÄFER Zu Beginn erwähnt Fichte deine prägende Zeit, die Zeit in Heidelberg; ein bemerkenswerter Ort, ein literarischer Ort.

ASTEL Ich bin von der Landschaft beeinflußt; und von einem Freund, einem Lehrer, meinem Lehrer Andreas Rasp.

SCHÄFER Der einen berühmten Vater hat.

ASTEL Nämlich Fritz Rasp.

SCHÄFER Den Hauptdarsteller in Fritz Langs *Metropolis*.

ASTEL Von Andreas Rasp erfuhr ich schon in den fünfziger Jahren, wer Hopkins und Kavafis waren. Wir trafen uns einmal in der Woche, um über Gedichte zu sprechen. Das waren Sternstunden. Damals habe ich meine Empfindlichkeit für Literatur ausgebildet, damals war ich brillant. Und begann damit, die *Lyrischen Hefte* herauszugeben.

SCHÄFER Als Heidelberg-Neophyt wirst du später Autor eines Verlages, der in seinem Namen anspielt auf ein großes Buch der Deutschen.

ASTEL Auf eine Sammlung Achim von Arnims und Clemens Brentanos. Mit dem Titel *Des Knaben Wunderhorn*, der dem Wunderhorn Verlag seinen Namen gab.

SCHÄFER Man wollte einmal die blaue Blume der Romantik rot färben, das hat sich geändert ...

Ich war übrigens einmal dabei, als Michael Buselmeier behauptete, daß beste Buch bei Wunderhorn sei noch immer der *Sperber von Maheux*, ein ethnographischer Roman Jean Carrières über den Untergang bäuerlicher Lebensformen in den Cevennen; Carrière ist ein Schüler Jean Gionos. Lothar Baier schrieb vor einigen Jahren, Carrière erinnere sich, daß, als er Sekretär bei Giono gewesen sei, ein junger Deutscher im Nachbardorf Montjustin die Schafe gehütet habe. Und dieser junge Deutsche habe Hubert Fichte geheißen.

ASTEL Hubert kannte das, was vor der Literatur liegt. Aber er hat die Schafe in der Provence gehütet, dem Stammland der Troubador-Dichtung, auf welche Pound immer wieder hingewiesen hat.

SCHÄFER Fichte kommt im Essay über dich auf deine *Lyrischen Hefte* zu sprechen; er lobt vor allem deine Edition von Quirinus Kuhlmann.

ASTEL Das war ein Sonderheft, die *Himmlichen Libes-Küsse*. Das erste Gedicht im ersten Heft stammte von Karlheinz Stierle, den wir alle nur Kay nannten. Er wurde dann ein großer Romanist, veröffentlichte vor kurzem ein dickes Buch über Petrarca. Andere Namen wären Bobrowski, Brinkmann, Brodskij, Genazino und so weiter.

SCHÄFER Und Wolf Wondratschek, der Jahre später sein *Lesebuch*, seine persönliche Anthologie, einem gewissen Wolli Köhler widmen sollte. Bei unseren Vorbereitungen haben wir ebenfalls festgestellt, daß im zweiten Heft ein weiterer Fichte-Satellit auftaucht, nämlich Rainer Fabian. Der Mann ist kürzlich wieder ins Gespräch gekommen; er veröffentlichte im letzten Jahr einen Roman, *Das Rauschen der Welt*, es geht um einen Reporter in Lateinamerika, es ist ein Krimi. Und dieser Rainer Fabian hat 1967, vor *Palette* und *Detlevs Imitationen „Grünspan"*, einen lesenswerten Aufsatz geschrieben, innerhalb einer Zeitungsserie über „Künstler in der Werkstatt": „Hubert Fichte – der Vivisekteur." Dem Artikel sind zwei Fotos von Leonore Mau beigegeben. Man sieht das, so heißt es wörtlich, „Sprach-Labor" – Fichtes Arbeitszimmer mit den berühmt-berüchtigten an die Wand genagelten Manuskriptseiten – und das sogenannte „Milieu", Fichte scheint sich auf Wolfgang Köhlers Pfaden herumzutreiben. Fabian berichtet weiter, daß auf dem Schreibtisch ein Band mit *Translations of Ezra Pound* liege, ferner ein Sachwörterbuch der Literatur und das erste Blatt eines neuen Romans, des späteren Romans *Detlevs Imitationen „Grünspan"*. Fichte denke daran, bei der Beschreibung der Bombenangriffe auf Hamburg die Wörter selbst zu zerstören. Im Rückblick beeindruckt die Einschätzung Fabians, „Fichtes Werkstatt" sei das Labor in seinem Kopf.

ASTEL Ergebnisse dieses Labors ließ ich Hubert dann im Saarländischen Rundfunk lesen, eben *Detlevs Imitationen „Grünspan"*, bevor der Roman überhaupt erschienen war ...
Noch kurz zu Ezra Pound. Die Idee des Ideogramms, beispielsweise bei der Schilderung der Bombenangriffe die Wörter selbst zu zerstören, hatte Hubert, wie es jetzt deutlich wird, direkt von Pound übernommen.

SCHÄFER Zwanzig Jahre nach Fabians Werkstattbericht ist Fichte leider schon tot. Bei dir ist mir ein Foto aufgefallen; es zeigt den Grabstein Fichtes mit einer griechischen Inschrift, mit einem Epigramm.

ASTEL Das auch in der *Anthologia Graeca* steht, es ist von Empedokles und bezieht sich auf die Wiedergeburt. Leonore Mau hat mir ein Foto des Grabsteins geschickt, auf dem das Originalzitat steht, ohne Übersetzung und Quellenangabe. Leonore Mau teilte mir mit, daß Hubert Fichte dieses Epigramm in Brasilien auf den Meeresstrand geschrieben hatte, auf den feuchten Teil des Strandes, wo die Wellen auslaufen; er hatte mit den Fingern geschrieben. Damals schon hatte ich mich an einer Übersetzung versucht. Und anläßlich unseres Gesprächs habe ich ein kleines Erinnerungsgedicht verfaßt, „Epitaph Hubert Fichte", wobei ich Empedokles mit einem Finger schreiben lasse und zusätzlich die Grabschrift ins Spiel bringe: „Wellengebirge / zeichnet und löscht / die Brandung. Am Strand / von Akragas schreibt / Empedokles in den Sand: / Als Mädchen – er schreibt mit dem Finger –; / als Fichte und Mann. / Einmal schon / war ich geboren, / Zweig und Vogel und Fisch, / der heiß aus den Wassern / emporschnellt."

Das für Hubert Eigentümliche, weshalb es auch auf dem Grabstein steht, sind die Worte „korê kai kouros", Mädchen und Mann; der Gedanke der Wiedergeburt. Er trägt all das in sich und gebiert es aus sich wieder, ideell, in seinen Gedanken und Worten; oder er läßt sich gebären. Der Gedanke der Wiedergeburt ist in Wirklichkeit auch die Vorstellung von der Auferstehung alter Gedanken von Leuten, die nicht mehr leben. Aber sie sind durch ihre Fußspuren und Fingerspuren zu uns gekommen. Die Auferstehung, auch die Literatur, findet in unserem Kopf statt, in unseren Gedanken, in unseren Vorstellungen. Und die Literatur hilft uns dadurch, unsere eigenen Wahrnehmungen zu vergleichen mit dem Vorbild der Menschen, die vor uns gelebt haben.

SCHÄFER Jemand, auf den Fichte schlecht zu sprechen war, Elias Canetti, sah in Schriftstellern die Hüter der Verwandlungen.

ASTEL Ich gehe noch weiter: Dichter sind die Hüter einer menschlichen Utopie.

SCHÄFER Der Inbegriff dieser Utopie ist merkwürdigerweise Fichtes Grabschrift. Er zieht sich durch das ganze Spätwerk. Besonders eindrucksvoll im *Forschungsbericht,* der in Mittelamerika spielt, wo bereits Olson anthropologische Studien betrieben, frühen menschlichen Spuren nachgeforscht hat. Es fallen auch die Namen von Pierre Verger und Lydia Cabrera, Herodot als erster Ethnograph ist nicht zu vergessen. Aber eigentlich kreist der Roman um eine genaue Übersetzung des Empedokles-Epigramms: „Schon irgendeinmal nämlich war ich Knabe und Mädchen und Baum und Raubvogel und auch aus Salzwasser"; oder so ähnlich. Übersetzend wird eine Entwicklungsgeschichte des Menschen entworfen.

ASTEL Empedokles war ein Vorsokratiker, es ist einiges von ihm überliefert.

SCHÄFER Er hat zwei größere epische Dichtungen verfaßt, *Über die Natur*. Und die

Reinigungen, was griechisch „katharmoi" heißt, sehr eng verwandt mit Katharsis. Die *Reinigungen* beschreiben den Weg eines Ichs nach dem Sündenfall, nach dem Verlust von Gnade und Grazie. Es findet durch rituelle Praktiken zurück in einen Zustand der Unschuld, zu einer reinen Religion, wobei es einen Inkarnationszyklus durchlaufen muß. Bemerkenswert ist, daß man sich die einzelnen Metamorphosen materiell, materialistisch vorzustellen hat.

ASTEL Na; alle Wiedergeburten sind irdische Wiedergeburten. Anders ließe es sich nicht verstehen, nicht sehen. Auch wenn man sich, wie Empedokles, in den Ätna stürzt. Die Erinnerung sichern dann die Dichter, von Hölderlin bis Brecht.

SCHÄFER Die Grabinschrift ist eine Zumutung. Bis über den Tod hinaus bleibt Hubert Fichte klassisch-antik ausgerichtet. Gegen Lebensende hat er sich wahrscheinlich als Philologe der Alten verstanden, er liebte die Sprache von Archilochos, Sappho und Empedokles. Ich will ein wenig provozieren: Fichtes Klassiker-Interpretationen kommen mir stellenweise ausgesprochen imperialistisch vor.

ASTEL Nein, das ist mir zu gewaltig. Es handelt sich um Aneignungsversuche, gelegentlich überheblich, snobistisch. Hubert wollte sich absondern von einer Banalität, die ihn geärgert, ihn angewidert hat. Es war durchaus eine Flucht ins Elitäre von jemandem, der einen festen Punkt im Leben finden wollte, indem er einen festen Punkt in der Literatur suchte. Ungebildet fing er an als Schäfer in der Provence.

SCHÄFER Fichte begann, im Wortsinn, idyllisch, bukolisch.

ASTEL Ja, vorliterarisch. Vielleicht wurde er am Lebensende ein wenig dünkelhaft. Er war nicht imperialistisch, aber er zog einen Grenzstrich zwischen sich und jene Bildungsbürger, die sich imperial der Antike näherten. Er verachtete die humanistischen Steißtrommler, die verblödeten Einpauker.

SCHÄFER Der Abschlußband von Fichtes *Geschichte der Empfindlichkeit* trägt den Titel *Hamburg Hauptbahnhof. Register.* Er enthält ein langes Interview mit Wolli und Linda aus dem Jahr 1982, es ist ein Band über die Wechseljahre des Mannes, eine Exkursion in Zeiten von AIDS und Disketten, in Zeiten von Viren, während die Welt als Buch zu Ende geht. In kurzen Kapiteln wird die Entstehung von Gespenstern beschrieben, von Monstren, die als quälende Nachbilder das ganze Leben bestimmen. Die „Schwierigkeit der familiären Angelegenheiten Jäckis" bestehe darin, „daß er in einer Generation, in einer Person den Hauptteil der Sagen des klassischen Altertums" durchspielen wolle.

ASTEL Es ist die Antwort eines Machtlosen. Hubert nutzte die Antike als Bündnispartner, auch gegen den Literaturbetrieb.

SCHÄFER Wobei Fichte gegen Ende von seinem anfänglichem Charme verlor, wenn er verbissen die Klassiker zu eng interpretierte, zu einseitig.

ASTEL Das ist sein gutes Recht. Und wenn ich mich an die letzten Telefongespräche erinnere, habe ich ihn in sehr guter Erinnerung, er war witzig – und sarkastisch. Er war ein Verzweifelter, ein Sterbender. Seine Provokationen können doch den Wunsch auslösen, selbst nachzuschlagen, die Alten selbst zu lesen.

SCHÄFER Selber mehr zu wollen.

ASTEL Ja. Hubert konnte neugierig machen. Der Sog dessen, was man nicht verstanden hat, das Unverstandene, Unbeschreibliche, Unveröffentlichte, übt eine Faszination aus.

SCHÄFER Es gibt nicht nur das Leben und die Literatur, es existiert außerdem eine exquisite Dialektik. Nicht nur die Literatur kann auf das Leben zurückschlagen, sondern auch das Leben kann auf die Literatur zurückschlagen, kann sich in Literatur niederschlagen. 1985, im März, erschien eine Sondernummer des *Schreibhefts* zu Fichtes fünfzigstem Geburtstag, mit dem besagten Aufsatz von Dir über Archilochos. Genau zu dieser Zeit ist dir etwas zugestoßen.

ASTEL Ja. Mein Sohn Hans hat sich im März 85 umgebracht.

SCHÄFER Wo hast du dich, als die Nachricht eintraf, aufgehalten?

ASTEL Peinlicherweise in Delphi.

SCHÄFER Delphi ist die Kultstätte des Apollo, des Schutzgottes von Archilochos.

ASTEL Apollo konnte nicht nur die Harfe spielen, er war auch ein treffsicherer Todesschütze. Apollo als Todesgott ist eine interessante Sache. Der materiale Transfer hängt mit dem Bogen und der Lyra zusammen; und mit dem Laut, den die Spannung, das Gespannte von sich gibt. Tod und Musik haben bei Apollo den gleichen Ursprung, es geht bei ihm um die Treffersicherheit von Pfeil und Gesang. Wie bei der Jagd, „à la chasse". Literatur ist kein harmloses Spiel, wenn man sie ernst nimmt.

SCHÄFER Seit 1985 betrauerst du in Epigrammen den Tod deines Sohnes; du hast sogar, als Erinnerung, seinen Vornamen in deinen Namen aufgenommen, Hans Arnfrid Astel. Es gibt noch einen weiteren prägenden Menschen in deinem Leben.

ASTEL Meinen Vater, der sich ebenfalls umgebracht hat. Er hat sich 1945 erschossen, als die Front schon sehr nahe stand. Er war ein sogenannter Rassenhygieniker, Professor der Vererbungslehre, Freund der Enkel Ernst Haeckels, Rektor der Universität Jena. Das ist natürlich mein lebenslängliches Trauma. Ich sehe in seinem Leben und Tod eine ungeheuere Tragödie. Als Sohn habe ich zuerst Biologie studiert; und dann Literatur. Das war meine Art der Trauer, es war keine Abrechnung.

SCHÄFER Wer hat 1945 den Leichnam deines Vaters in Jena identifiziert?

ASTEL Sein Nachfolger als Rektor, Max Bense.

SCHÄFER In *Detlevs Imitationen „Grünspan"* gibt es am Ende einen Abgesang auf alle Hoffnungen der sechziger Jahre. Alles wird verabschiedet, sogar das klassische Griechenland; es ist das Griechenland-Bild Goethes, einzig Marcel Proust bleibt ausgenommen. Und ein zukünftiges Unternehmen, nämlich die Suche nach einer Theorie der Empfindsamkeit; damals hieß es noch Empfindsamkeit, nicht Empfindlichkeit. Die Ernüchterung findet ihren Höhepunkt in einer doppelten Verneinung, „Keine 'Keine Anrufung des großen Bären' mehr". Angespielt wird nicht – oder nicht nur – auf Ingeborg Bachmanns Gedichtband *Anrufung des großen Bären,* sondern auf den Text „Teile" von Max Bense. 1960 veröffentlichte Paul Wunderlich Lithographien über die Schrekken des Dritten Reiches mit dem Titel *20. Juli 1944*. Benses Einführung fing mit den Worten „Keine Anrufung des großen Bären" an und schloß mit der Erkenntnis, „wenn der Mensch zerstört wird, kehrt erst mit der Verwesung das Menschliche zurück". Bense selbst versuchte, Gefahren mythischen Denkens dadurch zu bannen, daß er in der Antimetaphysik der Informationstheorie seine Zuflucht suchte. Und als Fichte Benses Verneinung noch einmal steigerte, gab er schon 1969, in *Detlevs Imitationen „Grünspan",* seine kommende Entwicklung preis. Es wird um die Reinigung von Körper und Seele gehen; Fichte hätte später griechische Wörter vorgezogen. *Soma, Psyche, Katharsis.*

ASTEL Wir haben über Elementares geredet, auch über Tragödien in meinem Leben. Ich will eigenmächtig unser Gespräch mit einem Epigramm beschließen; es steht auf dem Grab meines Sohnes Hans: „Mit silbernem Pfeil / hat dich Apoll erschossen. / Nun klagt er sein Leid / der schwarzen Drossel."

In Delphi gibt es einen Teller, auf dem Apollo einer Krähe ein Trankopfer darbringt. Die Krähe ist die Metamorphose seiner ehemaligen Geliebten, sie hat sich in eine Krähe verwandelt, nachdem der Gott sie aus Eifersucht getötet hat. Klein ist sie als mahnende Erinnerung auf dem Teller zu sehen. Man kann jetzt vielleicht das Epigramm noch einmal lesen.

SCHÄFER Vielleicht nicht nur das Epigramm.

Antje Rávic Strubel erzählt in ihrem neuen Roman, der von einem realen Vorfall inspiriert wurde, die spannende Geschichte einer Flugzeugentführung, die nicht geplant war – eine Geschichte über Flucht, Liebe und Verrat.

»Rávic Strubel gehört zu den wenigen Stimmen, die den geschichtlichen Wandel tatsächlich in Kunst verwandeln.«
Anke Westphal, Berliner Zeitung

ANTJE RÁVIC STRUBEL
TUPOLEW 134
Roman. 319 Seiten. Gebunden € 19,90[D]

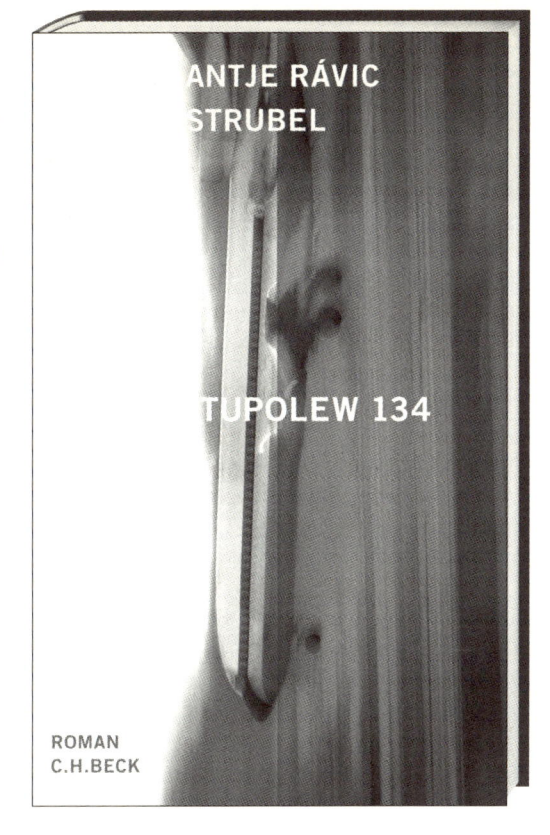

C.H.BECK
Leseprobe unter www.beck.de

Firwitz bringt
Brasilien, die Anden, den Kongo ...

Buch und Hörbuch

Mehr unter: www.firwitz.de oder Tel: 0221-55405484

www.sk-kultur.de/literatur

KÖLNER SCHREIBSCHULE FÜR JUGENDLICHE 2004

EINE SCHULE OHNE SCHULSTRESS UND LEISTUNGSDRUCK

Maximal 15 Jugendliche im Alter zwischen 14 und 20 Jahren haben in der Kölner Schreibschule die Möglichkeit, an fünf über das Jahr verteilten Wochenenden (Freitag bis Sonntag) zusammen mit dem Kölner Autor und Filmemacher **Dieter Bongartz** ihre Texte zu entwickeln und sich einen eigenen Stil des Erzählens und Dichtens anzueignen.

KONTAKT:
SK Stiftung Kultur ■ Im Mediapark 7 ■ 50670 Köln
Ansprechpartnerin: Uschi Schröter
Telefon: 0221 / 226 2434 ■ Fax: 0221 / 226 5727
Email: u.schroeter@sk-kultur.de

■ SK Stiftung Kultur

Autoren

Arnfrid Astel, geb. 1933 in München, lebt in Saarbrücken und Trier. Schriftsteller.

Buchveröffentlichungen u.a.: *Neues (&altes) vom Rechtsstaat & von mir. Alle Epigramme* (1978), *Die Faust meines Großvaters & andere Freiübungen* (1979), *Die Amsel fliegt auf. Der Zweig winkt ihr nach* (1982), *Wohin der Hase läuft. Epigramme und ein Vortrag. Mit einem Essay von Hubert Fichte* (1992), *Jambe(n) & Schmetterling(e) oder Amor & Psyche. Eine Schmetterlingskunde* (1993), *Sternbilder. West-östliche Konstellationen* (1999), *Was ich dir sagen will ... kann ich dir zeigen* (2001). Siehe auch: www.zikaden.de

Jan-Frederik Bandel, geb. 1977 in Wuppertal, lebt in Buchholz. Essayist, Mitarbeiter des Hubert-Fichte-Forums, Hamburg.

Diverse Publikationen zu Arno Schmidt und Hubert Fichte.

Miron Białoszewski, geb. 1922 in Warschau, gest. 1983 dortselbst. Journalist, Theatermacher, Schriftsteller.

Buchveröffentlichung in deutscher Übersetzung: *Nur das was war. Erinnerungen aus dem Waschauer Aufstand* (1994).

Weitere Einzelheiten in Esther Kinskys Editorial „Die Verwortung der Welt".

Hubert Fichte, geb. 1935 in Perleberg / Brandenburg, gest. 1986 in Hamburg. Schriftsteller.

Buchveröffentlichungen u.a.: *Das Waisenhaus* (1965), *Die Palette* (1968), *Versuch über die Pubertät* (1974), *Hans Eppendorfer, Der Ledermann spricht mit Hubert Fichte* (1977), *Wolli Indienfahrer* (1978). Siehe auch *Schreibheft 25* (1985).

Fichtes sechzehnbändige *Geschichte der Empfindlichkeit* erschien ab 1987 posthum. Nach einer zwanzigjährigen Sperrfrist wird daraus demnächst als letzter Band *Die zweite Schuld* erscheinen.

Wolli Köhler über Hubert Fichte:

„Er wirkt sehr groß, sehr schmal, sehr kultiviert und sehr verletzlich.

Seine Kleidung ist von einer dezenten, sehr persönlichen Eleganz.

Er trägt zum Beispiel zu einem schwarzen Anzug aus teurem Stoff ein weiches Hemd mit lila Paisleymuster und dazu Sandalen aus dunkelbraunem Leder.

Ich habe nie Schmuck bei ihm gesehen, noch nicht einmal eine Armbanduhr. Man könnte sich aber denken, daß er eine antike, goldene, flache, sicher kostbare Taschenuhr trägt. Das könnte man sich denken. (Ich weiß, er besitzt keine, ist aber trotzdem sehr penibel im Einhalten von Verabredungen.)

Auf dem knabenhaft wirkenden Körper sitzt ein eindrucksvoller Kopf. Kluge blaue Augen, viele Haare, dicht, lockig, ein dunkelblonder Vollbart, am Kinn etwas länger als modisch.

Man weiß es vorher: die Stimme kann nur gedämpft sein, kein Dialekt. Eine Bühnenstimme. (Er war als Kind drei Jahre Schauspieler, u.a. am Thaliatheater in Hamburg.)

Schlanke, wohlgeformte Hände, denen man Kraft zutraut, edel geformt.

Doch – dieser junge Dichter ist ein schöner Mann.

Schön durch den Schmelz der Kultur, die Harmonie der Gesten.

Dabei ist er mit 41 Jahren gar nicht mehr so jung; aber H. F. wirkt sehr jung und ungeheuer lebendig und manchmal auf eine fast bedrückende Art kultiviert, so daß einem manchmal im Gespräch mit ihm der eigene Mangel an guten Umgangsformen fast schmerzlich bewußt wird.

Er spricht noch nicht einmal das begonnene Wort zu Ende, wenn er unterbrochen wird. Er hört aufmerksam zu. Er würde nie einem Gesprächspartner in den Satz sprechen.

Er strahlt Wärme aus, wenn er lacht; er vermittelt Sinnlichkeit, wenn er plaudert – aber der Raum wird kühl und abstrakt, Labor des Geistes, wenn er über Fragen der Sprache, über Dinge der Vernunft redet.

Man weiß, fast ohne es zu wissen, daß er gut Französisch spricht und es liebt, sich in dieser Sprache auszudrücken.

Französische Freunde bestätigten mir, daß er akzentfrei ein sehr gepflegtes Französisch spricht. Er spricht und schreibt außerdem noch einige andere Fremdsprachen.

Er ist nie gehässig, bemerkt aber sehr wohl die Mängel an der Arbeit anderer.

Er lobt lieber, als daß er tadelt.

Wie fast alle lebhaften Menschen ist er interessiert an Klatsch, aber nie gibt er dem, der ausgerutscht ist, noch einen Tritt. Er steht ganz gefühlsmäßig auf der Seite der Besiegten.

Er neigt zu geistigem Hochmut, aber nur denen gegenüber, die beanspruchen, mit ihm die Klingen zu kreuzen.

Essen ist für ihn ebenso eine Frage der Kultur wie die Wahl der Kleidung.

Merkwürdig barbarisch fast erscheint mir die Wahl seiner Sexualpartner – da ist der anatolische Räuberhauptmann gerade der Begehrteste.

Er ist Freunden gegenüber unbedingt treu – und fair gegenüber Menschen, die ihm weniger liegen.

Zu Tieren und zur Natur im allgemeinen hat er kaum Beziehungen, ihn interessieren die Mensch, Riten; ihn faszinieren die kaum noch erkundbaren Beziehungen zwischen Völkern, Rassen, Religionen.

Er ist ein mutiger Mann und dabei absolut gewaltlos.

Er achtet weder seine Gesundheit noch sein Leben, wenn es ihm darum geht, etwas zu erfahren.

Anerkennung läßt ihn aufleuchten, und Ablehnung deprimiert ihn tief.

Er ist sehr zart in Empfindungen, sehr robust in Dingen des Körpers.

Seine Haut ist dünn, aber sein Fleisch ist widerstandsfähig."

(Tropeninstitut Hamburg, September 76)

William H. Gass, geb. 1924 in Fargo / North Dakota, lebt in St. Louis / Missouri. Schriftsteller und Essayist.

Buchveröffentlichungen in deutscher Übersetzung: *Im Herzen des Herzens des Landes* (1991), *Mit sich selber reden. Für sich selber lesen* (1991), *Pedersens Kind* (1992), *Orden der Insekten* (1994), *Wie man aus Wörtern eine Welt macht* (1995), *Über Robert Walser* (1997, zus. mit Jürg Laederach). Siehe auch diverse *Schreibheft*-Ausgaben, zuletzt Nr. 54 (2000).

„Der Faschismus des Herzens" ist ein Auszug aus *The Tunnel* (1995), „Emma betritt einen Satz von Elizabeth Bishop" aus *Cartesian Sonata* (1998).

„Der Held – oder eigentlich der Anti-Held – von William Gass' Roman *The Tunnel*, William Frederick Kohler, ist ein amerikanischer Geschichtsprofessor in seinen Fünfzigern, der an einer amerikanischen Universität im mittleren Westen lehrt. Es könnte beispielsweise die Washington University in St. Louis sein, an der Gass selbst jahrzehntelang Studenten in Philosophie unterwiesen hat.

In seiner Jugend und zur Zeit des Dritten Reiches hat Kohler einige Jahre in Deutschland verbracht, tief beeindruckt von dem deutschen Geschichtsprofessor Magus Tabor, dessen sarkastisch-großdeutscher Fanatismus ihm den bewundernden Spitznamen 'Mad Meg' einbrachte.

Kohler bleibt sein Leben lang der Frage nach Schuld und Unschuld in Hitlerdeutschland verhaftet. Er hat ein Buch zu diesem Thema geschrieben (er schreibt es noch), das ihm seine Professur, aber auch ständige Auseinandersetzungen mit seinen Kollegen Culp, Governali, Herschel und Planmantee einbringt.

Antisemitismus, der Holocaust und seine eigene uneigentliche Kindheit und Jugend beschäftigen Kohler mehr noch als die Erinnerung an seine ehemalige Geliebte Lou (Andreas-Salomé?) oder als seine abstoßend fette Frau Martha, die deutscher Herkunft ist. Er lebt sein Leben physisch und psychisch in einem selbst gegrabenen Tunnel, dessen Ende nicht absehbar ist." (*Heide Ziegler*)

Esther Kinsky, geb. 1956 in Engelskirchen, lebt in Battonya / Ungarn. Schriftstellerin und Übersetzerin (u.a. von Zygmunt Haupt, Hanna Krall, Magdalena Tulli, Svetlana Vasilenko und Aleksander Wat).

Wolli (Paul Wolfgang) Köhler, geb. 1932 in Waldheim / Sachsen, lebt mit Linda, seiner Frau, in Hamburg. Privatier.

Köhler ist gelernter Autoschlosser, ehemaliger Bergarbeiter, Zirkusrequisiteur, Rummelplatzarbeiter, Bordellier, Indienfahrer, Privatethnologe, Maler usw. Ferner Autor zahlreicher sorgsam vor dem Abdruck bewahrter literarischer Texte sowie einiger veröffentlichter Gedichte z.B. über jene, „Die auf der Nachtseite leben / Wie am Bahndamm das Gesträuch".

Hubert Fichte hat insgesamt vier lange Gespräche mit Köhler geführt, zwei im Sommer 1969, eins am 4. September 1976 und das letzte am 12. Dezember 1982, am Vorabend von Köhlers Abreise nach Costa Rica. Die ersten drei sind enthalten in *Wolli Indienfahrer* (1978), das vierte im posthum erschienenen *Hamburg Hauptbahnhof. Register* (1993).

Herman Melville, geb. 1819 in New York, gest. 1891 dortselbst. Schriftsteller.
Buchveröffentlichungen in deutscher Übersetzung, zuletzt: *Moby-Dick; oder: Der Wal. Deutsch von Friedhelm Rathjen. Mit Illustrationen von Rockwell Kent. Herausgegeben von Norbert Wehr* (2004), *Ein Leben. Briefe und Tagebücher. Deutsch von Werner Schmitz und Daniel Göske. Herausgegeben von Daniel Göske* (2004), *Bartleby der Schreiber. Deutsch von Karlernst Ziem. Mit einem Nachwort von Wilhelm Genazino. Herausgegeben und gestaltet von Klaus Detjen* (2004), *Bartleby der Schreiber. Eine Geschichte aus der Wall-Street. Deutsch von Jürgen Krug* (2004).
Siehe auch die Melville-Ausgaben des *Schreibhefts* (Nr. 37 und 57, beide vergriffen).

Alexander Pechmann, geb. 1968 in Wien, lebt in Mönchweiler. Essayist und Übersetzer.
Buchveröffentlichungen u.a.: *Herman Melville. Die Reisetagebücher* (Hg., 2001), *Herman Melville. Leben und Werk* (2003).

Gerd Schäfer, geb. 1960 in Dillingen / Saar (deutsch-französische Grenzregion), wo er lebt; veröffentlichte Elaborate zu Gottfried Benn, über Proust, Sennett, Turner, Vico und über Oswald Wiener; zuletzt Arbeiten über Febvre, Herder, Lessing, Momigliano, Pynchon und zu den *Sudanesischen Marginalien.* Siehe auch sein Dossier *Der Flug des Aerophils – Eine andere Moderne vor Orwell und Pynchon* in *Schreibheft* 61.

Rainer G. Schmidt, geb. 1950 in Riegelsberg / Saarland, lebt in Berlin. Lyriker, Essayist und Übersetzer (u.a. von Aloysius Bertrand, Roger Caillois, Joseph Conrad, Ford Madox Ford, Victor Hugo, Herman Melville (*Mardi*), Henri Michaux, Edgar Allen Poe, Arthur Rimbaud und Victor Segalen).
Buchveröffentlichung: *Der Fall Schnee* (2000).

Schmidt plant, seine Übersetzung von Melvilles fünfhundertseitigem Versroman im Jahre 2006 abschließen zu können.

Ingo Schulze, geb. 1962 in Dresden, lebt in Berlin. Schriftsteller.
Buchveröffentlichungen: *33 Augenblicke des Glücks* (1995), *Simple Storys. Ein Roman aus der ostdeutschen Provinz* (1998), *Von Nasen, Faxen und Ariadnefäden. Zeichnungen und Fax-Briefe* (2000; zus. mit Helmar Penndorf).

Heide Ziegler, Professorin für Amerikanische Literatur an der Universität Stuttgart; Direktorin des „Stuttgart Seminar".
Zahlreiche Essays zur amerikanischen Literatur. Buchveröffentlichungen u.a.: *Ironie ist Pflicht. John Barth und John Hawkes. Bewußtseinsformen des amerikanischen Gegenwartsromans* (1996). Herausgeberin der Publikationen des „Stuttgart Seminar in Cultural Studies".

191

Urs Engeler Editor Das Programm 2004

Maurice Blanchot Im gewollten Augenblick
Erzählung, aus dem Französischen von Jürg Laederach
Gebunden, 124 Seiten, Euro 17.- / sFr. 29.-, ISBN 3-905591-79-0

Ghérasim Luca Das Körperecho / Lapsus linguae
Gedichte Französisch und Deutsch, übersetzt von Mirko Bonné,
Theresia Prammer und Michael Hammerschmid
Gebunden, 792 Seiten, Euro 29.- / sFr. 49.-, ISBN 3-905591-78-2

Arthur Rimbaud Illuminationen / Illuminations
Prosagedichte Französisch und Deutsch, übersetzt von Rainer G. Schmidt
Gebunden, 168 Seiten, Euro 17.- / sFr. 29.-, ISBN 3-905591-86-3

Noëlle Revaz Von wegen den Tieren
Roman, aus dem Französischen von Andreas Münzner
Gebunden, 312 Seiten, Euro 19.- / sFr. 33.-, ISBN 3-905591-81-2

Michael Donhauser Vom Sehen. Aufsätze
Gebunden, 192 Seiten, Euro 19.- / sFr. 33.-, ISBN 3-905591-84-7

Ulf Stolterfoht fachsprachen XIX-XXVII. Gedichte
Limitiert, numeriert, signiert, mit persönlichem Schlusswort
Broschur, 128 Seiten, Euro 19.- / sFr. 33.-, ISBN 3-905591-80-4

Jayne-Ann Igel Unerlaubte Entfernung. Erzählung
Gebunden, 90 Seiten, Euro 17.- / sFr. 29.-, ISBN 3-905591-85-5

Brigitta Falkner Bunte Tuben. Anagramm
Gebunden, 12 bunte Bilder, 80 Seiten, Euro 19.- / sFr. 33.- , ISBN 3-905591-73-1

Birgit Kempker / Robert Kelly Scham / Shame
Gebunden, 240 Seiten, Euro 19.- / sFr. 33.-, ISBN 3-905591-83-9

Rosmarie Waldrop Ein Schlüssel zur Sprache Amerikas / A Key Into The Language of
America. Gedichte Amerikanisch Deutsch, übersetzt von Elke Erb und Marianne Frisch
Gebunden, 176 Seiten, Euro 17.- / sFr. 29.-, ISBN 3-905591-82-0

Gertrude Stein / Oskar Pastior Reread Another / Nochmal den Text ein anderer
Gebunden, mit CD 42 Minuten, 64 Seiten, Euro 24.- / sFr. 42., ISBN 3-905591-72-3

Andrea Zanzotto Auf der Hochebene und andere Orte. Erzählungen
Planet Beltà Band III, herausgegeben und übersetzt von Donatella Capaldi, Maria
Fehringer, Ludwid Paulmichl und Peter Waterhouse
Gebunden, 224 S., Euro 19,50 / sFr. 36.-, ISBN 3-905591-23-5

Anything else? **http://www.engeler.de**